上海新金融研究院
SHANGHAI FINANCE INSTITUTE

探索国际金融发展新趋势，求解国内金融发展新问题，支持上海国际金融中心建设

The Ecology of Internet Finance

互联网金融生态

基于生态视角的互联网金融模式创新

李麟 等著

中国金融出版社

责任编辑:张　铁
责任校对:张志文
责任印制:陈晓川

图书在版编目(CIP)数据

互联网金融生态(Hulianwang Jinrong Shengtai)/李麟等著.—北京:中国金融出版社,2015.3
(新金融书系)
ISBN 978-7-5049-7895-0

Ⅰ.①互… Ⅱ.①李… Ⅲ.①互联网络—应用—金融—研究 Ⅳ.①F830.49

中国版本图书馆 CIP 数据核字(2015)第 058294 号

出版
发行　中国金融出版社
社址　北京市丰台区益泽路 2 号
市场开发部　(010)63266347,63805472,63439533(传真)
网上书店　http://www.chinafph.com
　　　　　(010)63286832,63365686(传真)
读者服务部　(010)66070833,62568380
邮编　100071
经销　新华书店
印刷　北京市松源印刷有限公司
尺寸　170 毫米×230 毫米
印张　15.5
字数　218 千
版次　2015 年 3 月第 1 版
印次　2015 年 6 月第 2 次印刷
定价　48.00 元
ISBN 978-7-5049-7895-0/F.7455
如出现印装错误本社负责调换　联系电话(010)63263947

中国的金融发展史就是一部"新金融"的历史，金融业的版图无时无刻不在演变、重塑。不断革新的金融工具、运行机制和参与主体塑造了不断变化的金融业态和格局。理念与技术的创新在推动金融结构演进、金融改革深化的同时，也为整个金融业的发展带来了机遇与挑战。

"新金融书系"是由上海新金融研究院（Shanghai Finance Institute，SFI）创设的书系，立足于创新的理念、前瞻的视角，追踪新金融发展足迹，探索金融发展新趋势，求解金融发展新问题，力图打造高端、权威、新锐的书系品牌，传递思想，启迪新知。

上海新金融研究院是一家非官方、非营利性的独立智库，致力于新金融领域的政策研究。研究院成立于2011年7月14日，由中国金融四十人论坛（China Finance 40 Forum，CF40）举办，与上海市黄浦区人民政府战略合作。研究院的宗旨是：探索国际金融发展新趋势，求解国内金融发展新问题，支持上海国际金融中心建设。

2014年1月22日，在美国宾夕法尼亚大学发布的《2013年全球智库报告》中，上海新金融研究院在"最佳管理"排名中位列第29位，是该榜单中国区第一。在其他几项指标中，研究院也处于国内领先地位。

上海新金融研究院努力提供一流的研究产品和高层次、有实效的研讨活动，包括举办闭门研讨会、上海新金融年会、互联网金融外滩论坛，开展课题研究，出版《新金融评论》、新金融书系等。

"中国金融四十人论坛"是一家非官方、非营利性的独立智库，专注于经济金融领域的政策研究。论坛由40位40岁上下的金融精锐组成，即"40×40俱乐部"。本智库的宗旨是：以前瞻视野和探索精神，致力于夯实金融学术基础，研究金融领域前沿课题，推动中国金融业改革与发展。

新金融书系编委会

主　　任：屠光绍　上海市委常委、常务副市长
　　　　　　万建华　国泰君安证券股份有限公司董事长
　　　　　　钱颖一　上海新金融研究院院长
副 主 任：许　臻　上海清算所董事长
主　　编（按姓氏拼音排序）：
　　　　　　李迅雷　连　平　廖　岷　马　骏
　　　　　　缪建民　张　春　郑　杨　钟　伟
执行主编：王海明　上海新金融研究院常务副院长
编　　委：廉　薇　马冬冬

互联网金融生态课题组

课题负责人：李　麟
课题组成员：刘春彦　索彦峰　钱　峰　谢　响

本书内容简介

  当前，中国已在全球范围内形成了互联网金融的相对领先优势，互联网金融的发展也走到了十字路口。其中面临的一个突出问题是现有理论不能很好地解释互联网金融的跨界经营问题，也不能说明"羊毛出在猪身上，猴数钱、牛买单"的互联网金融盈利模式的内在机理。在经济新常态和全面深化改革的背景下，互联网金融向何处去，如何更好地服务实体经济转型发展，成为摆在决策者面前的一个重要问题。在全球推进"工业4.0"战略、中国实施"一带一路"战略的大趋势下，互联网经济的发展将对中国经济的创新转型产生巨大的推动力，并将成为中国经济增长的新动力，而与互联网经济新模式相适应发展起来的互联网金融生态也将进一步拓宽金融机构的经营视野，促进其构建互联网金融"生态＋场景"的创新思路。本书基于生态观的视角，对互联网金融生态的定义、理论基础和特点、技术特征、内涵和范围、模式创新、规制框架等相关内容进行了系统全面的分析，对于我国打造"网上丝绸之路"、规范互联网金融生态环境、构建新型盈利模式、确立消费者主权、促进金融普惠、推动经济转型升级等具有重要的战略意义、理论意义和实践价值。

序

科学技术是第一生产力。近三个世纪以来，分别以蒸汽机技术、电话电报技术、计算机通信技术为代表的第一、第二和第三次工业革命都带来了生产力的巨大飞跃。如今，即将到来的以"工业4.0"为特征的第四次工业革命，势必会推动经济社会发展的全面互联网化，并将为人类社会生产力的又一次飞跃提供重要的驱动力。

面对信息技术蓬勃发展的趋势，以德国、美国为代表的发达国家正在通过大力发展"工业4.0"、"工业互联网"等战略加快信息化进程，推动产业转型升级，提升国家竞争力。与此同时，中国也在实施以"一带一路"为代表的一系列战略举措来适应经济的新常态特征。在此背景下，互联网经济的发展将对中国经济的创新转型产生巨大的推动力，并将成为中国经济增长的新动力。在中国境内，互联网金融生态环境已经初步形成，互联网金融也已呈现爆发式发展的态势，这对于推动中国经济在新常态下迈入中高端水平具有重要的战略意义：一是有利于打造"网上丝绸之路"，助推"一带一路"战略。互联网金融具有高渗透、快反应、优体验、低成本等特征，特别是对贸易壁垒、行政垄断、市场分割等弊病能够产生颠覆效应和蝴蝶效应，能够解决传统金融、传统市场难以解决的诸多难题，是构建"网上丝绸之路"必不可少的利器。同时，通过加强网络互通，促进"互联互通"，也能够有效促进线上的丝绸之路与线下的丝绸之路形成良好的互动，助推"一带一路"战略取得成功。二是有利于缓解金融抑制，促进区域经济协调发展。互联网金融具有技术无边界、资金无国界的特点，对于进一步深化金融改革，缓解金融抑制，更好地解决区域金融发展不平衡问题，促进区域经济协调发展具有积极作用。三是有利于促进产业结构的转型升级。李克强总理在《2015年政府工作报告》中指出，新兴产业和新兴业态是竞争高地。要制定"互联网+"行动计划，推动移动互联网、云计算、大数据、物联网等与现代制造业结合，促进电子商务、工业互联网和互联网金融健康发展，引导互联网企业拓展国际市场。

目前，中国已在全球范围内形成了互联网金融发展的相对领先优势。例如，在第三方支付领域，我国第三方支付机构超过250家，超过美欧等国该类企业数量的总和。在P2P贷款领域，我国P2P贷款平台的数量和发放贷款规模均超过美国。在互联网理财方面，截至2014年底，余额宝规模已达到5789亿元，跻身世界前十大基金之列。然而，当前互联网金融的发展也走到了十字路口。互联网金融在呈现出"百家争鸣、百花齐放"的良好发展态势的同时，也呈现出"野蛮生长"的部分乱象，需要从顶层设计高度进行统筹和协调，主要表现在两个方面：一是互联网金融作为新兴的金融服务形态，具有"互联网"和"金融"的双重属性，并且具有跨业跨界经营的特征，有着不同于传统金融的经营特征和风险特征，单纯从金融监管角度出发来对互联网金融生态进行规制是不全面的，需要建立扎实的理论基础，构建科学有效的规制体制，才能保障互联网金融的持续健康发展；二是随着"网上丝绸之路"的建设，互联网金融在相关国家的普及和推广，传统国际金融法律规范在调整国际互联网金融新秩序方面，出现了许多新的盲点和空缺，跨境的互联网金融交易行为亟需新的法律规范调整。因此，我国亟需从国家战略层面，从立足打造世界互联网金融生态的高度，总结提炼互联网金融发展的特点、规律和趋势，建立互联网金融生态发展的国际标准，提出互联网金融生态的跨国规制框架，使之成为与"工业4.0"相媲美的中国名片，从而主导国际互联网金融发展的话语权，为我国互联网金融生态的发展奠定坚实基础。

《互联网金融生态》一书凝结了作者对当前互联网金融生态发展问题的深入思考，既有理论高度，又有丰富的实践案例，令人耳目一新，尤其是在互联网金融生态规制框架的创新方面也做了较好的探索。全书基于生态观的独特视角，对互联网金融的定义进行了再界定，并明确了互联网金融生态的内涵和范围，系统分析了互联网金融生态的七大理论基础和九大特点，提出建构在信息通信技术（ICT）之上的比特世界（Bit World）是互联网金融生态发展的核心驱动力，并详细阐述了互联网对人类的生活和生产方式带来的巨大变革。此外，该书还对互联网金融生态中的主要模式进行了梳理，对互联网金融生态发展中存在的问题进行了分析，提出基于生态视角的互联网金融将在四个维度（即比特世界、互联网生活、互联网生产、互联网金融）、八个领域（包括互联网企业、大众客户、小微企业、科技企业、制造企业、智慧城市、直销银行、金融同业演化）发展出新的创新模式。而既有的已经成熟的互联网金融模式，如第三方支付、互联网理财、P2P、众筹、供应链金融等模式也将更深度地参与到上述四个维度、八个领域的互联网金融模式创新之中，从而形成更加完善的互联网金融生态系统。最后，该书还构建了一个包括总体规制、产业规制、法律规制和金融规制等内容在内的规制框架，提出了很多具有建设性的规制原则。

李麟同志带领的研究团队长期在银行领域工作，具有丰富的理论功底和实践经验，对互联网金融的发展前沿一直保持着高度的关注度和敏锐度。该团队曾全程参与了浦发银行与中国移动战略合作方案的撰写和论证，出版了国内首部系统研究移动金融的著作《移动金融——创建移动互联网时代新金融模式》，在业内广受瞩目。作为探索互联网金融发展的又一力作，《互联网金融生态》对于业界拓展互联网金融业务发展思路、革新商业银行发展理念、提升传统金融与互联网金融的融合水平具有重要的指导意义，有助于进一步推动我国互联网金融的研究和实践。特别是在当前中国互联网金融快速发展、业务模式不断创新的年代，该书的出版非常及时，对于我国打造"网上丝绸之路"、规范互联网金融生态环境、确立消费者主权、促进金融普惠、推动经济转型升级、建立互联网金融生态的全球标准等具有重要的战略意义、理论意义和实践价值。

需要指出的是，规制本身就是法律概念，对互联网金融生态的规制必须提升到法律议程上来。在未来的研究中应继续深化对法律规制原则的研究，探索构建适应互联网时代的互联网金融生态跨国司法体系。同时，互联网金融属于新兴金融领域，很多相应的行业规范标准尚未建立，也希望后续的研究在此方向进行积极探索，立足建立行业规范的国际标准，促进互联网金融真正实现互联互通。未来，全球互联网技术将呈现智能化的趋势，信息流、物流、资金流三流融合；金融业态发展也将呈现出"载体的移动化、行为的数据化、支付的虚拟化、服务的个性化和产业的集群化"等特征。中国银行业也应积极推动战略转型，但目前尚未形成清晰明确的着力点和施力方向，其根本原因是缺乏系统、全面的理论基础和分析框架。这本书仅仅是一个开始，希望金融同业以及其他有关行业，动员更多的研究人员关注这个领域，在助力银行业经受改革淬炼，重塑竞争优势的同时，助推中国互联网金融走向世界，进一步丰富和提升中国经济持续发展的内在动力。

天津市副市长
2015 年 3 月于天津

目录

第一章 互联网金融的定义 ... 1
- 第一节 关于互联网金融定义的文献综述 ... 1
- 第二节 对互联网金融定义的再界定 ... 4

第二章 互联网金融：生态视角 ... 7
- 第一节 互联网金融生态的内涵和范围 ... 7
- 第二节 互联网金融生态的理论基础 ... 11
- 第三节 互联网金融生态的特点 ... 26

第三章 比特世界（Bit World）：互联网金融生态的驱动力 ... 32
- 第一节 信息通信技术（ICT）是互联网金融生态发展的技术基石 ... 32
- 第二节 新兴信息技术成为互联网金融生态发展的助推器 ... 52
- 第三节 比特世界使互联网金融成为现实 ... 60

第四章 互联网生活和互联网生产：孕育互联网金融生态的土壤 ... 69
- 第一节 互联网带来生活方式的革命 ... 69
- 第二节 互联网带来生产方式的革命 ... 129
- 第三节 未来的互联网社会将进入定制化时代 ... 144

第五章 互联网金融生态的兴起与发展 …… 146
第一节 互联网金融生态中的主要模式及市场格局 …… 146
第二节 当前互联网金融生态发展中存在的问题 …… 166

第六章 基于生态视角的互联网金融模式创新 …… 172
第一节 比特世界维度 …… 173
第二节 互联网生活维度 …… 176
第三节 互联网生产维度 …… 179
第四节 互联网生产维度和互联网生活维度的融合：智慧城市建设 …… 190
第五节 互联网金融的自身演进 …… 194

第七章 互联网金融生态的规制框架 …… 201
第一节 整体规制框架 …… 201
第二节 产业规制原则 …… 202
第三节 法律规制原则 …… 206
第四节 金融规制原则 …… 213

附录一 上海新金融研究院简介 …… 218

附录二 上海新金融研究院组织架构与成员名单（2015年） …… 219

附录三 课题组成员简介 …… 222

参考文献 …… 224

后记 …… 232

第一章 互联网金融的定义

2013年是我国互联网金融得到迅猛发展的一年,因而被称为"互联网金融元年"。2014年,互联网金融首次被写入政府工作报告,标志着互联网金融进入决策层视野,体现了政府开放心态、实现包容性增长的执政理念,坚定推进金融改革的决心以及鼓励创新发展的总原则,也标志着互联网金融将正式进入中国经济金融发展序列,并有望成为促进中国经济转型升级的新动力。伴随着互联网快速发展中产生的一系列问题,对互联网金融的监管随之也提上议程,相关的学术和实务探讨日益增多。理论来源于实践,也是指导实践的前提,然而到目前为止,无论是业界还是学术界均尚未形成明确的、获得广泛认可的互联网金融定义,对互联网金融生态的理论基础也缺乏较为全面、系统的研究,呈现出实践领先于理论的现实情况。我们认为,面对互联网金融这一新生事物,系统地研究互联网金融的定义及其理论基础将对构建科学有效的互联网金融生态规制框架大有裨益。

第一节 关于互联网金融定义的文献综述

从既有的文献来看,对互联网金融的定义,基本上可以归纳为以下五种观点。

(一)模式论:互联网金融是一种新的金融模式

谢平、邹传伟、刘海二(2012、2014)认为互联网金融是一个谱系概念,涵盖因为互联网技术和互联网精神的影响,从传统银行、证券、保险、交易所等金融中介和市场,到瓦尔拉斯一般均衡对应的无金融中介或市场情形之间的所有金融交易和组织形式……是既不同于商业银行间接融资也不同于资本市场直接融资的第三种金融融资模式,即"互联网金融模式"。中国人民银行在《中国金融稳定报告2014》中指出,互联网金融是互联网与金融的结合,是借助互联网和移动通信技术实现资金融通、支付和信息中介功能的新兴金融模式。吴晓灵(2014)认为,互联网金融是利用互联网技术和移动通信技术为客户提供服务的新型金融业务模式。张晓朴(2014)认为,互联网金融具有开放、共享、平等、普惠、去中心化等特点,是一种更加民主化、而非少数专业精英控制的金融模式。李麟、冯军政(2014)认为,互联网金融是一种新兴的商业模式与盈利方式,将在商业银行未来长期发展中扮演鲶鱼的角色。互联网金融模式将改变商业银行的价值创造和价值实现方式,导致商业银行支付功能边缘化,重构已有融资格局,挑战传统的金融中介理论。郝志运和黄迪(2014)认为,互联网金融是基于互联网实现资源配置与优化的全新金融业务模式,日益成为金融体系的重要组成部分。陶娅娜(2013)认为,互联网金融是传统金融行业与以互联网为代表的现代信息科技,特别是搜索引擎、移动支付、云计算、社交网络和数据挖掘等相结合产生的新兴领域,是借助于互联网技术、移动通信技术实现资金融通、支付和信息中介等业务的新兴金融模式。万建华(2012)则认为互联网金融是信息时代的一种金融模式。李真(2014)认为,互联网金融是对互联网和移动互联网统一环境下的金融业务的综合性定义,是有别于传统直接融资模式和间接融资模式,利用互联网技术等现代信息集成技术,在创制的平台上进行各种资金融通活动的总称……它是一种更为民主化,而非为精英阶层所控制的金融模式,所引致的效益将更加惠及普通民众,是真正的"普惠式金融"模式。

(二)业态论:互联网金融是一种新型的金融业态

上海市政府在《关于促进本市互联网金融产业健康发展的若干意见》中指出,互联网金融是基于互联网及移动通信、大数据、云计算、社交平台、搜索引擎等信息技术,实现资金融通、支付、结算等金融相关服务的金融业态,是现有金融体系的进一步完善和普惠金融的重要内容。这是地方政府首次以文件的形式对互联网金融的定义进行界定。浙江省金融办在其联合"一行三会"浙江监管机构联合发布的《促进互联网金融持续健康发展暂行办法》中指出,互联网金融是金融业与互联网产业、现代信息技术产业相互融合的新兴产物,主要包括第三方支付、P2P 网络借贷、股权众筹融资、金融产品网络销售平台、大数据金融以及互联网金融门户等新兴业态。侯维栋(2013)认为,互联网金融是充分利用互联网技术对金融业务进行深刻变革后产生的一种新兴的金融业态。

(三)产品服务论:互联网金融是一种新的金融产品和服务

杨再平(2013)认为,互联网金融就是网络技术与金融的相互结合,是金融机构运用现代化的信息技术和网络技术为客户提供的新型金融服务。孙明春(2014)认为,互联网金融是互联网企业依托其所培育的电子商务或媒体与社交网络、对其客户所提供的一种自然的附加服务。邓建鹏(2014)认为,互联网金融就是基于互联网技术和平等、开放、分享、协作的互联网思维提供的金融相关产品和服务。

(四)传统金融功能延伸论:互联网金融是传统金融功能在互联网上的延伸

林采宜(2013)认为,互联网金融只是金融服务的提供方式和获取方式发生改变,是直接融资和间接融资在互联网上的延伸,而非直接融资和间接融资之外的第三种金融模式。宫晓林(2013)认为,互联网金融是依托现代信息科技进行的金融活动,具有融资、支付和交易中介等功能。吴晓求(2014)认为,互联网金融是以互联网为平台构建的具有金融功能链且具有基本独立生存空间的投融资运行结构。

(五)广义和狭义论:互联网金融概念包括广义和狭义两个层面

马云(2013)的观点比较有代表性,他认为互联网企业从事金融业务的行为称为"互联网金融",而传统金融机构利用互联网开展的业务称为"金融互联网"。值得注意的是,监管部门、学术界和业界也多从广义和狭义层面对互联网金融概念进行阐述,基本上囊括了"互联网金融"和"金

融互联网"的概念。中国人民银行（2014）指出，广义的互联网金融既包括作为非金融机构的互联网企业从事的金融业务，也包括金融机构通过互联网开展的业务；狭义的互联网金融仅指互联网企业开展的、基于互联网技术的金融业务。杨再平（2013）、吴晓灵（2014）也均从广义和狭义层面对互联网金融的概念进行了阐述。龚明华（2014）虽未明确地从广义及狭义层面对互联网金融概念进行区分，但也指出互联网金融既包括电商等互联网企业利用电子商务、社交网络、移动支付、大数据、云计算、搜索引擎等为代表的互联网技术、移动通信技术开展金融业务，也包括传统金融机构利用互联网技术、移动通信技术开展金融业务。

第二节 对互联网金融定义的再界定

当前，互联网金融发展仍处于初级发展阶段，相关的技术还在快速演进，因此对互联网金融这一新兴事物形成明确而统一的定义是非常困难的。正如曾刚（2013）所指出的："目前关于互联网金融这个概念的定义并不清晰，它的外延还在不断扩大……互联网金融的内涵很难界定，因为它服务的对象和交易模式各不相同，统一在一个框架下很难。"但是，我们认为从构建科学有效的互联网金融监管框架，促进互联网金融规范发展并加大对实体经济的支持力度来看，尝试对互联网金融进行定义具有重要的理论和现实意义。

综合来看，我们认为，互联网金融的定义至少应该包括以下几个方面的核心要素。

（一）互联网金融并没有改变金融的本质属性，不是一种新型业态

不论是"互联网金融"还是"金融互联网"，虽然有不同的机构组织形式，但其本质上仍然是金融，仍然具有金融资源配置、支付结算、投融资、风险管理和定价、信息加工与处理等基本金融功能。这一点各界已基本达成共识。此外，从国民经济部门分类的标准来看，互联网金融具有强烈的

金融属性,目前尚不足以成为一个独立的部门或业态。

(二)互联网金融是一种提供金融产品和服务的新型渠道模式,也是一种新型的金融服务模式

首先,互联网金融是传统金融机构和互联网企业借助新兴的 ICT 技术,通过网站、智能移动终端设备为金融消费者提供金融产品和服务的新型渠道模式。

其次,从商业角度看,渠道模式是商业模式的重要组成部分,甚至在某种程度上,渠道模式就代表着企业的商业模式,而商业模式的选择就是企业打造核心竞争力的发展方向。商业模式(Business Model)是指将企业运行的内外部各要素整合起来,形成一个完整的、高效率的且具有独特核心竞争力的运行系统,并通过最优实现形式满足客户需求、实现客户价值最大化,同时使系统达成持续赢利目标的整体解决方案。

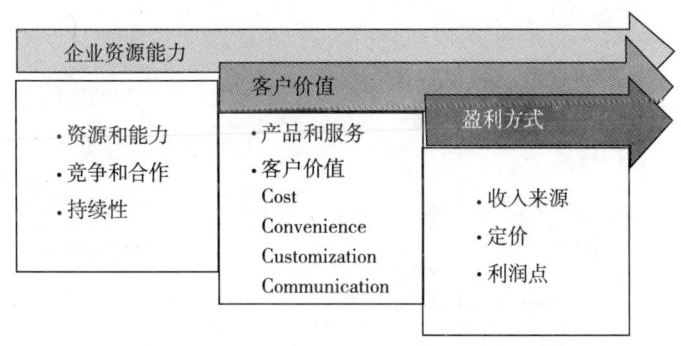

图1-1 商业模式变革的三层次模型

最后,任何成功的商业模式的内核都包括一个由企业资源和能力、客户价值、盈利方式构成的三维立体模型(见图1)。我们认为,在大数据、云计算、移动互联网、社交网络等技术手段的推动下,互联网金融首先改变了传统金融机构或互联网企业的资源和能力结构,进而能够提供新的客户价值,并且已经产生了新的盈利模式。互联网金融已经实现了由"渠道"到"盈利模式"再到"商业模式"的实质性转变,因而是一种不同于传统金融模式的新型金融模式。

(三) 互联网金融是传统金融功能与新一代互联网技术的智能化、系统化、生态化叠加与嬗变

不可否认，传统金融机构的信息化程度已经非常高了，大部分金融业务都可以通过互联网进行，但这只是提高了金融机构的信息化和科技化水平，不是真正意义上的互联网金融。只有传统金融功能与具有"开放、平等、协作、分享"等基本特征的新一代互联网技术进行智能化、系统化、生态化叠加，并不断嬗变出的新型金融模式，赋予与传统金融模式不同的新的内涵，才是真正的互联网金融。互联网金融所具有的新的内涵包括：它是一个加载了传统金融功能的新的生态系统和智能系统，体现了"开放、平等、协作、分享"的互联网精神，具有金融民主化、金融普惠等特点。

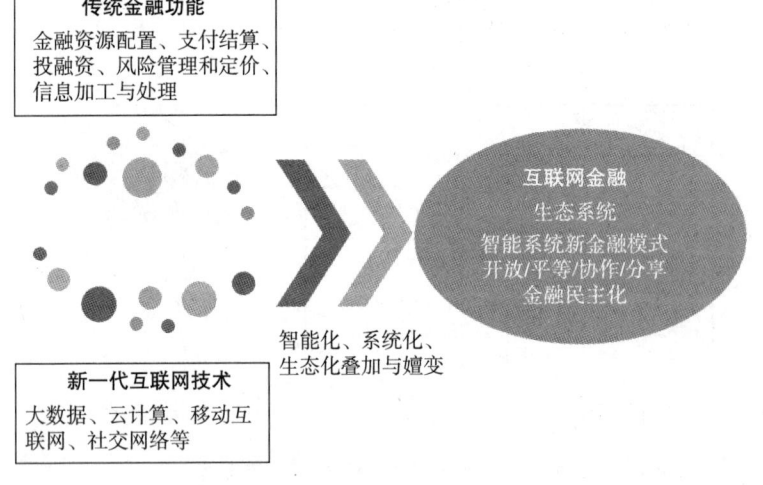

图1-2 互联网金融是金融功能与新一代互联网技术的叠加与嬗变

综合以上三个方面的因素，我们尝试给互联网金融下一个定义：互联网金融是传统金融功能在与新兴的 ICT 技术叠加与嬗变的基础上所形成的，能够以便捷、低成本、高效率方式服务于互联网生态，既包括传统实体经济，又涵盖互联网制造、互联网贸易、互联网生活等新兴领域的新型金融模式。

第二章 互联网金融：生态视角

第一节 互联网金融生态的内涵和范围

生态学来源于生物学，是由德国生物学家赫克尔（Haeckel, E.）于1869年首次提出的。生态学是研究生物之间、生物与环境之间相互关系的科学。任何生物的生存都不是孤立的：同种个体之间有互助，有竞争；植物、动物、微生物之间也存在复杂的相生相克关系。"金融生态"是一个比喻，是指各种金融组织为了生存和发展，与其生存环境之间及内部金融组织相互之间在长期的密切联系和相互作用过程中，通过分工、合作所形成的具有一定结构特征，执行一定功能作用的动态平衡系统。金融生态具有"生命性"、"竞争性"和"自适性"的生态特征。随着互联网行业向金融领域的不断渗入、融合，金融服务的参与者变得多元化，商业银行的竞争者不再是银行、基金、券商等传统金融机构，更有第三方支付、P2P、众筹等如雨后春笋般涌现的各类从事互联网金融的企业。金融服务的提供场所不再局限于银行渠道，而被延伸到了电商平台、社交网络，融入到消费者购物、社交等各类生活场景，并正在形成一个个互联网金融服务"生态圈"。在互联网金融生态发展的大环境中，各种因素相互联系、相互依赖、相互作用、相互影响，形成一个有机整体，构成了互联网金融生态系统。

互联网金融生态是数个子系统以及环境要素构成的整体。信息通信技术（ICT）是互联网金融生态发展的基础。在技术发展的推动下，人们的日常生活，包括衣食住行、娱乐等活动日益受到互联网的深刻影响，由此产生了互联网生活子系统。同时，互联网将对人类生产制造领域也带来重大的变革，深刻改变人类的生产方式，催生了新一轮新工业革命的到来，并以智能制造为核心产生了互联网生产子系统。智能化的社会需要智能化的金融为支撑。互联网金融的兴起和发展正是适应了人类社会生活生产方式变革的需要，逐步形成了和互联网生活与互联网生产对应的互联网金融子系统。三者紧密结合构成了互联网金融生态的整体，而建构在信息通信技术（ICT）之上的比特世界（Bit World）是互联网金融生态发展的核心驱动力量，是整个互联网金融生态的基石。

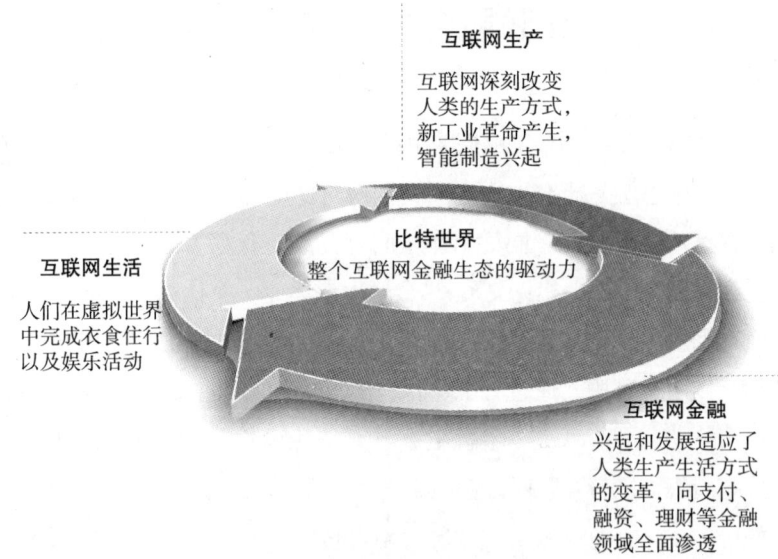

图2-1 互联网金融生态的组成部分

专栏1

浦发银行的互联网金融生态观

在浦发银行看来，专业、合作、规则、进化是互联网金融各门派的脉门，而商业银行唯有守正出奇，才能融入互联网金融新生态。浦发银行的互联网金融生态观概括起来包含两个方面的深刻涵义：一是通过"守正"，坚持和巩固既有优势，夯实安身之本；二是通过"出奇"，创造新的经营方式，形成立命之道。

商业银行的安身之本：守正

守"专业"的"正"，为互联网金融基业长青奠定基础。无专则不通，无通则不达，即使是在互联网金融时代，金融的本质和内生运行逻辑仍然没有变化，金融经营的专业化能力仍是核心要素。商业银行经过几十年的实践，在资产配置、风险管理、支付结算、托管投资等金融领域已经具备了深厚的专业化能力。而互联网金融考量的核心，还是对金融经营的专业化能力。商业银行要保持这一核心优势，找准目标市场做深、做精、做透，为建立能够长久发展的互联网金融体系打下坚实基础。

守"网点"的"正"，强化区位优势。即使是在互联网时代，实体网点对于迅速建立客户信任，提升客户体验仍具有无可比拟的优势。在进入互联网时代前，商业银行在全国范围内已经建立了广泛的网点，要坚持发挥这一重要优势，强化其在信任建立、引流导流、客户服务、体验营销等方面的重要作用，将其作为从线下引导客户到线下，将服务从线上落地到线下，打造金融服务O2O的重要手段。同时，商业银行也要积极利用大数据、云计算、智能化终端等先进技术推进网点转型，建设"智能化、轻型化、专业化"的现代化新型网点。

守"风险"的"正"，确保经营安全。互联网的开放性和广参与，让互联网金融的风险从局限在传统金融体系内的集中式，呈现为开放平台下的分布式特征。同时，随着互联网金融各参与方耦合度、链条化的不断加强，任何非金融环节的风险事故，都将可能引起整个产业链系统性风险的发生。商业银行在几十年的经营中，积累了丰富的金融风险防控经验，应继续坚守在金融风险事前防范、事中控制、事后应对的专业优势，做好互联网金融风险防控。

商业银行的立命之道：出奇

出"互联网思维"的"奇"，做好创新与营销。把握住用户的痛点，是互联网时代下生存和发展的关键。商业银行需要向互联网企业深入学习，运用互联网思维进行创新与营销。创新要围绕以客户为中心来展开，创新前要运用"利他思维"评估能够给客户带来的价值，创新过程中要坚持"极致思维"，确保良好的用户操作体验，创新速度上要树立"迭代思维"，以快速的方式推向市场和加以改进；营销上要结合时代特征，注重口碑营销、互动营销、创意营销等社会化营销方式的运用，让互联网用户以更为接受的方式快速产生认同感。

出"平台思维"的"奇"，打造"生活+交易"型互联网金融平台。互联网金融的竞争，实质上是客户流量、活跃度、粘性的竞争，形式上体现为平台资源聚合能力、平台对客户财富贡献度的竞争。商业银行的互联网金融平台建设要紧紧抓住互联网用户最为关心的生活实现、财富管理两项需求，通过广聚各类生活资源，带动聚集流量，通过提供丰富而具有竞争力的交易品种来实现用户财富增长，提升互联网金融平台活跃度、增加平台粘性。

出"趋势思维"的"奇"，提前布局移动金融。随着智能手机和移动互联网的迅速发展，移动互联的时代将很快到来。现在，通过移动终端来实现饮食、出行、社交等基本日常需求已经成为常态；"移动经济"也在迅猛增长，2013年移动支付交易达到了1.25万亿元，同比增长707.0%，而在2012年，这一比率还是89.2%。随着4G技术的成熟和应用，"拇指生活"、"拇指经济"将成为社会常态，移动金融将成为互联网金融的进化方向，商业银行要在战略上提前布局。

2010年，浦发银行引入中国移动作为战略投资者，在移动金融领域开展深度合作。2014年，双方重点联合打造以"和理财"、"和支付"、"和融资"为体系的"和金融"。同时，浦发银行携手腾讯，推出了最为贴近微信用户使用习惯的微信银行，通过快速迭代创新，形成了以"微理财"为核心优势,"闪电理财"、"闪电结购汇"等为特色,包含在线开户、账户管理、融资取现、生活服务等系列功能在内的全功能虚拟社区银行服务体系。此外,浦发银行还将直销银行融入到微信银行服务体系,进一步巩固移动端领先优势,微信用户可使用大部分他行银行卡,简单、便捷地在线开立电子账户,购买银行产品。

2013年,浦发银行携手中国移动,率先向社会发布"移动金融2.0标准";2014年,浦发银行又携手中国移动、复旦大学发布"移动金融3.0标准及新生代用户移动金融信心指数",同时联合腾讯启动"移动支付安全联合守护计划",积极向社会公众分享自身取得的成果。

第二节 互联网金融生态的理论基础

当前,关于互联网金融生态理论基础的研究文献不多,代表性的观点主要有两类:第一类观点认为,互联网金融的本质属性是金融,因此现有的经济学和金融学理论,如信息经济学、交易费用理论、金融中介理论等仍然是适用的。当然,这是毫无疑问的。第二类观点认为,互联网金融毕竟是一种新的金融模式或金融现象,也存在一些与传统经济学和金融学理论不同的理论解释。例如,钟伟(2014)提出,互联网金融的理论支撑来源于复杂系统论和平台经济学。谢平(2014)则提出了互联网金融信息处理、交易可能性集合、互联网金融交换经济等理论解释。孙明春(2014)从网络效应的理论视角对互联网金融进行了分析。

廖岷(2014)质疑了互联网金融理论的普适性。他认为,互联网金融概念当前在中国备受关注,但这其中包含了我国的诸多特殊性,如利率市场化、金融服务的不充分性等。如果将这些特殊性取出,能否抽象出放之四海而皆准的互联网金融理论?中国所谓全球领先的互联网金融理论是不是特殊国情下产生的特定现象?李麟(2014)则认为,当前互联网金融的理论框架已经基本形成,理由如下:一是互联网金融的支付框架、理论依据已经建立;二是互联网行业的基本特征也梳理完毕;三是我们基本上认同互联网技术的发展趋势。实践中存在的突出问题的是,现实理论并不能很好地解释已有的"羊毛出在猪身上,猴数钱、牛买单"的互联网跨界盈利模式。

我们认为,经济决定金融,技术决定模式。互联网金融是新一代 ICT 技术快速发展趋势下的一种跨界演化的新型金融模式,未来随着新兴技术的快速发展,互联网金融生态的理论基础将更趋完善。目前来看,互联网金融生态的理论基础大多能从传统的经济金融理论中找到,但这些理论在互联网金融生态中也衍生出了新的特点,也是驱动互联网金融爆发式增长的理论解释,因此,有必要对相关理论进行较为全面和系统的阐述,而只有从全面、综合的理论视角去理解互联网金融生态,才能够较好的解释"羊毛出在猪身上,猴数钱、牛买单"的互联网跨界盈利模式。综合来看,和互联网金融生态相关的核心的理论基础至少包括以下几个领域。

(一) 金融生态学理论

第二次世界大战以后,生物学思想开始逐步渗透入经济学研究领域。Alchian(1950)阐述了企业生物相似性的演化思想;Nelson 和 Winter(1982)以达尔文生物进化理论为基础,通过技术变迁来研究经济增长,提出经济演化理论,标志着经济系统采用生物学思想的复兴,当前已经发展成新兴的演化经济学。此后,演化经济学相关理论与思想不断拓展至金融研究领域,由此催生了金融生态学。金融生态学(Financial Ecology)主要是通过类比生态学,研究不同类型的金融组织同它们各自的环境之间关系的科学。孔令波、燕小青(2013)梳理了金融生态理论的渊源,他们认为:第一,金融发展理论是金融生态理论的根基。这方面的代表性理论包括帕特里克(Patrick,1966)在《欠发达国家的金融发展与经济增长》中关于金融发展理论的初步论述;戈德史密斯(Goldsmith,1969)在《金融结构与金融发展》中提出的金融结构理论;麦金农和肖(Mckinnon and Shaw,1973)提出的"金融抑制"和"金融深化"理论;斯蒂格利茨和威斯

(Stiglitz and Weiss，1981)以发达金融市场为对象、不完全信息为基础，提出的信贷配给理论等。第二，生态经济学为金融生态理论提供了研究方法。这方面的代表性理论包括肯尼斯·鲍尔(1968)在《一门科学——生态经济学》一书中正式提出的"生态经济学"概念。其后，罗马俱乐部的《增长的极限》、爱德华·哥尔德史密斯的《生存的蓝图》、朱利安·西蒙的《最后的资源》以及莱斯特·R.布朗的《生态经济》等著作都深入地阐述了生态经济学的基本理论和相关问题。生态经济学倡导用新的方法分析生态系统与经济系统之间的关系，为金融生态理论的研究方法提供了借鉴。第三，自组织系统理论为金融生态系统提供了研究范式。哈耶克(Hayek)认为，"自组织"、"自组织系统"(Self-organizing Systems)或者"自我生成系统"(Self-generating System)之类的概念来自于控制论，意谓系统内部力量的互动创造出一种"自生自发的秩序"(Spontaneous Order)，或译"自发秩序"。这种自发秩序仅出现在复杂程度很高的系统中，这种系统包含大量元素，且各元素之间具有非刚性的随机特性关系，自组织是靠变革系统元素间旧的联系，建立系统元素间新的联系来实现的。可以说，金融生态系统就是这样一种自发秩序，依靠变革内生性因素（金融生态主体和金融生态环境）间旧的联系并建立新的联系的螺旋上升的过程来实现自身的不断改善。

从国内文献来看，周小川(2004)最早提出了"金融生态"这一概念。2004年12月2日，周小川在"中国经济学50人论坛"上发表了"影响我国金融生态环境的若干法律问题"的演讲，首次从金融生存发展环境的角度提出了"金融生态"的概念，后来这次演讲以"完善法律制度，改善金融生态"为题发表在2004年12月7日的《金融时报》上。周小川指出，应注意通过完善法律制度等改进金融生态环境的途径来支持和推动整个金融系统的改革和发展。徐诺金(2005)认为，金融系统是一个具有很多生态学特征的系统，主要有五个方面的特点：第一，金融是经过了从简单到复杂、从低级到高级的发展和演进过程的动态系统；第二，金融生态的结构秩序是从竞争中形成的，竞争的最主要特征是优胜劣汰；第三，正如自然生态总是在一定自然环境下形成的，并因而具有不同类型的生态特征一样，金融生态也是在一定政治、经济、文化、法制环境下形成的，也具有鲜明的制度结构特征；第四，金融生态体系也是一个具有自我调节功能的体系；第五，金融生态的自调节能力也是有限度的，外力的影响超过限度就会破坏金融生态的平衡。在此基础上，徐诺金将金融生态概括为各种金融组织为了生存和发展，与其生存环境之间及内部金融组织相互之间在长期的密切联系和相互作用过程中，通过分工、合作所形成的具有一定结构特征，执行一定功能作用的动态平衡系统。李扬（2005）指出，金融生态是一个仿生概念。参照生态学对生态系统的定义，结合自然生态系统长期演化的结构和功能特征，李扬认为可以把金融生态系统理解成由金融资源的生产者、消费者和分解者所构成的群落及其所赖以存在的金融生态环境共同形成的动态平衡系统。所谓生产者主要是指各类金融机构及金融市场，它们在向系统提供金融资源的同时，自身也面临着优胜劣汰的内部竞争。所谓消费者是指享受金融的群体，如企业、个人和地方政府，它们会产生一些废弃物和污染物，即不良资产。所谓分解者主要是指为清除消纳不良资产服务的各类监管机构和中介机构。金融生态环境则是指金融运行所依托的基础设施、基本制度和外部经济环境，主要包括基本的法律、会计、清算制度、中介服务体系、社会保障体系、当地的诚信文化及其区域政治、经济环境等。

由此可见，使用金融生态学理论，研究很多具有生态学特征的金融生态，对于丰富和扩充金融学研究领域，衍生和发展新兴交叉边缘学科具有重要的意义。而互联网金融生态系统就属于复杂系统，具有生态系统的特征，其产生、发展、演化及内部各子系统之间的关系都可以从金融生态学中找到相应的理论解释。

（二）信息经济学理论

张维迎（1997）指出，信息经济学是研究在非对称信息情况下，当事人之间如何制定合同（契约）及对当事人行为的规范的问题，又称契约理论，或机制设计理论。非对称信息可以从多个角度划分（郑长德，2001）：

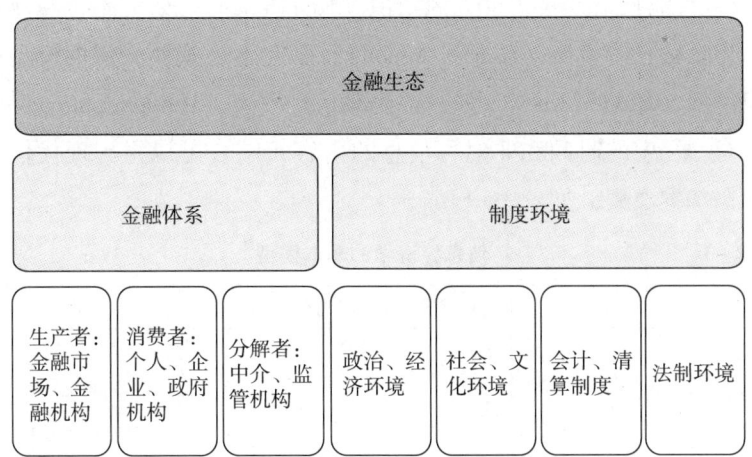

资料来源：李扬（2005）。

图2-2 金融生态系统的组成成分

一是将非对称信息区分为内生的非对称信息和外生的非对称信息。内生的非对称信息，又叫做市场的非对称信息，它所涉及的是经济系统的内生变量。在这种情况下，经济代理人对他或她自己的偏好、禀赋和生产机会都有完全确定的了解，而仅仅只是对其他经济代理人提供的供给（需求）不了解。在内生的非对称信息下，中心议题是在微观层面上寻找最优的交易伙伴，即研究什么是最优交易合约，在宏观层面上分析非均衡过程及价格的动态过程。外生的非对称信息，又叫做事件的非对称信息，所涉及的是外生变量，是指自然状态所具有的一种特征、性质和分布状况，这不是由交易人所造成的，而是客观事物本来所具有的。二是区分非对称信息发生的时间。从发生的时间看，非对称信息可能发生在当事人签约之前，也可能发生在签约之后，分别称为事前不对称和事后不对称。研究事前非对称信息的模型称为逆向选择模型（Adverse Selection），它主要涉及到如何降低信息成本问题；研究事后非对称信息的模型叫做道德风险模型（Moral Hazard），主要涉及的是如何降低激励成本问题。三是区分非对称信息的内容。从非对称信息的内容看，非对称信息可能是指某些当事人的行动（Actions），也可能是指某些当事人的知识（Knowledge）。研究不可观测行动的模型称为隐藏行动模型（Hidden Action），研究不可观测知识的模型称为隐藏知识模型（Hidden Knowledge）或隐藏信息模型（Hidden Information）。把信息非对称发生的时间和非对称信息的内容相结合可以得到现代信息经济学的几个基本模型，见表 2－1。

表 2－1　　　　　　　　信息经济学的基本模型

	隐藏行动	隐藏信息
事前（ex ante）逆向选择		（3）逆向选择模型 （4）信号传递模型 （5）信息甄别模型
事后（ex post）道德风险	（1）隐藏行动的道德风险模型	（2）隐藏信息的道德风险模型

资料来源：张维迎（1997）。

詹姆士·莫里斯（James Mirrlees）在隐藏行动与隐藏信息理论方面做出了开创性贡献。首先在隐藏行动理论方面，莫里斯在 1974—1976 年所完成的三篇论文中，奠定了委托——代理（Principal - Agent Theory）的基本模型框架。后来，这一分析框架又由霍姆斯特姆等人进一步发展成为被称为莫里斯—霍姆斯特姆模型方法（Mirrlees - Holmstrom Approach），从这个方法中可以推导最优合同的基本条件。莫里斯对隐藏信息理论的贡献主要包含在他 1971 年发表的《最优所得税探讨》一文中。莫里斯的研究表明，由于信息非对称，政府的最优税收行为将会受到很大制约，从而以此为前提探讨了如何设计最优税收体制的问题。此后，许多信息经济学文献大量涌现，进一步丰富了信息经济学理论体系，从而推动信息经济学成为一门主流经济学科，这方面的代表性理论包括：乔治·阿克洛夫（George A. Akerlof，1977）的逆向选择模型；迈克尔·斯宾塞（Michael Spence，1973、1974）信号传递（Signaling）模型；罗斯柴尔德和斯蒂格利茨（Rothschild and Stiglitz，1976）、斯蒂格利茨和威斯（Stiglitz and Weiss，1981、1983）等人发展起来的信息甄别（Screening）模型。

与传统金融模式相比，基于大数据技术基础之上的新一代互联网技术在信息传递、信息甄别、信息处理等方面具有快速、准确、便捷等优势，因而能够在很大程度上缓解信息不对称的程度，充分发挥信息的价值，进而催发新的商业模式。互联网金融正是利用这一优势率先在小额、标准化金融产品方面提高了金融服务和交易的效率，因而在短时间内获得了巨大的市场成功，这也是互联网金融之所以能够发展成为一种新金融模式的理论基础。

（三）交易成本理论

1937年，著名经济学家罗纳德·科斯（Ronald Coase）在《企业的性质》一文中首次提出了交易成本（也称交易费用）的思想，但未明确提出"交易成本"这一概念。随后，科斯于1967年发表了《社会成本问题》，对交易成本的内容作了进一步的界定，并将交易成本定义为：为获得准确的市场信息所需要付出的费用以及谈判和经常性契约的费用，包括提供价格的费用、讨价还价的费用、订立和执行合同的费用等。科斯使用交易成本理论解释了企业存在的原因和决定企业规模的因素。科斯认为，企业和市场是两种不同但又可以相互替代的交易制度，市场的交易由价格机制来协调，而企业的存在将许多原属于市场的交易内部化了。科斯指出，市场和企业都是两种不同的组织劳动分工的方式（两种不同的"交易"方式），企业产生的原因是企业组织劳动分工的交易成本低于市场组织劳动分工的成本。1969年，肯尼斯·阿罗（Kenneth J. Arrow）在研究保险市场的逆向选择行为和市场经济运行的效率时，最早提出"交易成本"这个术语，将其定义为经济制度运行的成本，包括制度订立的成本、运转与实施成本、监督与维护成本、变革成本等，从而把交易成本的定义扩展到所有市场经济组织的范围。

20世纪70年代以来，学者们从契约过程、交易纬度、设定参照系、生产过程等不同的角度出发进一步丰富、拓展和完善了交易成本理论。其中的代表性学者主要包括威廉姆森（Williamson）、达尔曼（Dahlman）、张五常和诺斯（North）等人。契约过程方面的研究，代表性学者主要包括威廉姆森（Williamson）、达尔曼（Dahlman）。达尔曼（1979）指出，交易双方欲达成协议，必须相互了解，将可能的交易机会告知对方，这种信息的获得与传递要耗费成本。如果交易的一方有多个代理人，则在决定交易条件时，还会产生做出决策的成本。相互同意的条件确定之后，还有协议的执行成本，以及控制和监督他方履约的成本。威廉姆森（1985）指出，交易成本是经济系统运转所要付出的代价和费用。交易成本分为两个部分：一是事先的交易成本，即起草、谈判、保证落实某种协议的成本；二是事后的交易费用，即契约签订后，为解决契约本身所存在的问题，从改变条款到退出契约所花费的费用。交易纬度方面的研究，威廉姆森是主要的代表。威廉姆森（1985）指出，深入研究交易成本有待于辨识交易成本的不同方面，以及考察组织交易的不同制度形式的经济特性。威廉姆森将交易划分为三个纬度，即交易发生的频率、交易的不确定性、资产专用性。在此基础上，威廉姆森将交易的三个纬度与有限理性、机会主义、规制结构选择、成本补偿等方面结合起来进行了系统的分析，从而间接阐明了交易纬度与交易成本之间的关系。设定参照系方面的研究，以詹森和麦克林（Jensen and Meckling）、张五常为代表。詹森和麦克林（1976）在委托—代理理论框架下研究了交易成本问题。他们将企业高级管理层拥有全额企业资本的情况作为参照系来进行研究：当高层管理者拥有的资本不足100%时，他们对待货币性和非货币性收益的态度将会发生明显的变化，代理成本由此产生，而这种代理成本也是交易成本的一种表现形式。张五常（1999）以"鲁宾逊·克鲁索"经济为参照系，对现实世界的交易成本进行了一般性说明。张五常指出，在最广泛的意义上，交易成本包括所有那些不可能存在于没有产权、没有交易、没有任何一种经济组织的"鲁宾逊·克鲁索"经济中的成本，即包括一切不直接发生在物质生产过程中的成本。诺斯则是生产过程研究视角的代表。诺斯（1994）认为，将生产要素组织起来进行生产，要受制度和技术两个方面的约束，即付出转化成本（Transformation Cost）和交易成本，二者之和就是生产成本。由于界定、保护产权及实施合约是要耗费资源的，因此制度加上所利用的技术就决定了这些交易成本。

根据这一理论，正是交易成本决定了企业相对于市场而存在的必要性，而企业采取不同组织方式的最终目的也是为了节约交易成本。互联网金融就是有效降低金融业交易成本，高效率提供金融产品和服务的一种新型的企业组织形式，如新一代互联网技术可以大大降低金融交易主体的搜寻与匹配成本。

（四）金融中介理论

费雪（Fisher，1930）关于家庭跨时消费效用函数的研究开启了金融中介重要性的理论闸门。但从严格意义上讲，经济学对金融中介问题的真正关注始于20世纪60年代。在此之前，人们更多留意的是金融（包括金融中介）对经济的具体作用（张杰，2001）。John Chant（1990）将金融中介理论分为"新论"与"旧论"，从时间界限来看，大致对应着20世纪60年代前后。胡庆康、刘宗华和魏海港（2003）指出，"旧论"将金融中介提供的服务等同于资产的转形，金融中介向客户发行债权，而这些债权与其自身持有的资产具有不同的特点。同时，"旧论"也把金融中介视为被动的资产组合管理者，只能根据他们在市场上所面对的风险与收益情况完成组合的选择。"新论"主要是对信息经济学和交易成本经济学的平行发展做出的回应。也就是说，随着信息经济学和交易成本经济学的发展，金融中介理论的研究以信息经济学和交易成本经济学作为分析工具。"新论"对金融中介提供的各种不同的转形服务，进行了更细致的识别与分析；更深入地探寻金融中介如何运用资源以博取有用信息、克服交易成本从而通过改变风险与收益的对比来实现这些转形。事实上，金融中介发展到现在已突破了交易成本、信息不对称的范式约束，开始强调风险管理、参与成本和价值增加的影响，使金融中介理论从消极观点（中介把储蓄转化为投资）向积极观点转变（在转换资产的过程中，中介为最终储蓄者和投资者提供了增加值）。从研究方法来看，当前对于金融中介有两种不同的分析方法：一种方法视现存的金融中介为给定，认为公共政策的目标就是帮助现有的机构生存和兴旺，这种分析方法被称为金融中介理论的"机构观"；另一种分析方法则视金融中介运作的功能为给定，并探索运作这些功能的最佳机构结构，这种方法称为金融中介理论的"功能观"。Jensen 和 Meckling（1976）、Leland 和 Pyle（1977）、Diamond 和 Dybvig（1983）、Black（1985）、Williamson（1985、1988）、Brennan（1993）、Cossin（1993）、Pierce（1991）、Scholes and Wolfson（1992）都不同程度地论述了金融中介的功能。但系统的论述金融中介的功能并把它提升到金融中介的"功能观"层次的是 Bodie 和 Merton（1993、2000）、Merton 和 Bodie（1993、1995）、Merton（1995）的分析。"功能观"大大地拓展了金融中介理论的视野，从而把金融中介理论的研究推向了一个新的水平。"功能观"的核心内容可表述为：金融功能比金融机构更稳定，亦即在地域和时间跨度上变化较小；机构的形式随功能而变化，即机构之间的创新和竞争最终会导致金融系统执行各项职能的效率的提高。而且"功能观"首先要问金融体系需要行使哪些经济功能，然后再去寻求一种最好的组织机构，而一种组织机构是否最好，则又进一步取决于时机和现有的技术（Merton，1995；Bodie，2000）。

由此可以看出，我们对于互联网金融的定义是与金融中介理论"功能观"的核心要点基本一致的，均强调了金融功能。而互联网金融就是在新一代互联网技术催化的基础上的"金融再中介化"的过程，只不过演化出了许多不同的机构组织形式，并且从整体上看，互联网金融是加载了传统金融功能的一种新的生态系统和智能系统，是对传统形态的金融机构的升级和嬗变。

（五）平台经济学和双边市场理论

平台经济学是以法国图卢兹大学让·梯若尔（Jean Tirole）教授为代表的一些学者提出的产业组织理论。在 Rochet 和 Tirole（2003）、Armstrong（2004）、Caillaud 和 Jullien（2003）等学者的开创性工作下，平台经济学的一般理论已经形成，并成为国际经济学界的热点研究领域。但总体来看，国外对平台经济学的理论研究尚处于起步阶段，国内研究更是近于空白。国内部分学者如徐晋（2007）较早的对平台经济学理论进行了系统的的研究。徐晋（2007）指出，平台经济学（Platform Economics）主要研究平台之间的竞争与垄断情况，强调市场结构的作用，通过交易成本和合约理论，分析不同类型平台的发展模式与竞争机制,并提出相应政策建议的新经济学科。平台经济学以"平台"为研究对象,主要包括平台分类与业务模式、平台竞争的主要策略与表现形式、平台发展、平台布局等。平台可以认为是一种现实或虚拟交易空间或场所,该空间可以导致或促成双方或多方客户之间的交易,收取恰当的费用而获得收益。对平台的研究,涉及到买方、卖方和第三方(平台方)。在某种意义上,平台只是以某种类型的网络外部性为特征的经济组织。这种外部性并不取决于相同客户群体的消费状况,而是取决于相异但又相容、处于市场另一方的客户群体的消费状况。换句话说,在决定采用平台的过程中,平台上对应的另外一方的网络规模就是一种质量参数。双方(或多方)在一个平台上互动,这种互动受到特定的网络外部性的影响,突出表现在:平台上卖方越多,对买方的吸引力越大,同样卖方在考虑是否使用这个平台的时候,平台上买方越多,对卖方的吸引力也越大。现实生活中有很多平台产业的例子。典型的是操作系统平台,如微软的Windows、谷歌的Android、苹果的ios等。除此以外,平台产业还包括电子商务平台、电信业、银行卡、互联网站、购物中心、媒体广告等等,它们涵盖了经济中最重要的产业。平台的存在是广泛的,它们在现代经济系统中具有非常大的重要性,而且这样的重要性会越来越大(Roson,2004),成为引领新经济时代的重要经济体。

和平台经济学紧密联系在一起的一个概念是双边市场。Rochet和Tirole (2003)、Armstrong (2004) 等学者相继丰富和拓展了双边市场理论,并将其引入对产业组织理论的研究中。2004年"双边市场经济学"会议在法国图卢兹召开,标志着双边市场的一般理论框架已逐步形成,并开始由最初的对银行卡市场的研究,扩展到对传媒产业、软件产业的研究。目前,学术界对双边市场理论的研究主要集中在双边市场的形成条件、定义与特征分析、定价与竞争研究、产业效率和社会福利研究,以及对平台企业的政策规制研究等方面(李煜、吕廷杰和郝晓烨,2013)。此后,双边市场理论逐步拓展至多边市场理论,更好地丰富和发展了产业组织理论。双边市场(或多边市场)具有鲜明的特点:一是存在两组(或多组)参与者之间的网络外部性,即市场间的网络外部性。在某一特定市场上生产的产品效用随着对另一市场所生产产品的需求数量而变化,反之亦然,这就称作双边(或多边)网络外部性。二是采用多产品定价方式。中间层或平台必须为它提供的两种产品或服务同时进行定价。

基于以上理论分析,我们认为互联网金融正是建立在平台经济学和双边市场理论基础之上的平台商业模式。以余额宝为例,它以阿里巴巴电子商务平台为核心,有机了连接了以消费者和商户为代表的双边市场,然后在另一个平台——支付宝的撬动下,最终形成了一个互联网金融生态系统。

(六)网络外部性、网络效应和范围经济

网络外部性(Network Externality)的思想起源于 Rohlfs(1974)对电信服务的研究,他发现用户在选择电话网络时,新用户更愿意选择原来用户多的网络。Katz 和 Shapiro(1985)较早给出了网络外部性的定义:当消费同样产品的其他使用者的人数增加时,某一使用者消费该产品所获得的效用增量。在更广泛的意义上,网络外部性是指为当采取同样行动的代理人的人数增加时该行动产生的净价值(Liebowitz and Margolis,1995)。以色列经济学家奥兹·夏伊(2012)在《网络产业经济学》中给出了类似的定义,"当一种产品对用户的价值随着采用相同的产品、或可兼容产品的用户增加而增大时,就出现了网络外部性。"网络外部性实质上是网络规模扩大过程中的一种规模经济。不过,与产生于供给方面的传统规模经济不同的是,这种规模经济产生于市场的需求方面。因此,网络外部性也被称为需求方规模经济(夏皮罗、瓦里安,2000)。根据 Katz 和 Shapiro(1985)、Economides(1996)的研究,网络外部性通常可分为两种类型:直接网络外部性和间接网络外部性。直接网络外部性是通过消费相同产品的购买者人数对产品价值的直接影响而产生的。间接网络外部性是随着某一产品使用者数量的增加,该产品的互补品数量增多、价格降低而产生的价值变化。从上述定义看,网络外部性通常是正的,这主要源于其能导致使用者效用或价值增加,但 Liebowitz 和 Margolis(1995)明确指出网络外部性也可能是负的,即超过一定点,网络规模扩大会降低网络用户的效用。免费公路拥挤、国际互联网的堵塞就属于负外部性的情况，这是对网络外部性研究的一个重大贡献。

和网络外部性紧密相关的一个概念是网络效应（Network Effect）。通常情况下，经济学家一般将这两个概念不加区分的混合使用，但实际上这两个概念非常接近但又有所区别。网络效应是指，使用者在网络中除消费产品或服务得到的价值外获得的额外的福利变化。只有当市场参与者不能把网络效应内化（Internalize），即网络效应不能通过价格机制进入收益或成本函数的时候，网络效应才可以被称为网络外部性。因为网络效应已经被内化了，产品已经被正确定价，市场中也就不存在外部性问题了（匡中、陈剑，2000）。Liebowitz 和 Margolis（1990）的模型表明，只要网络的产权可以明确界定，网络就容易通过产权安排内化外部效应，从而不会产生网络外部性。

范围经济（Economies of Scope）指由厂商的范围而非规模带来的经济，也即是当同时生产两种产品的费用低于分别生产每种产品所需成本的总和时，所存在的状况就被称为范围经济。Panzar 和 Willig（1975）最早提出了范围经济概念：范围经济是指，当一个企业从专攻一种产品转而生产多种产品，即当企业的生产经营范围扩大的时候，其平均成本下降这样一种经济现象，是一种普遍存在的经济形态。此后，范围经济现象得到了理论界的高度关注。钱德勒（Chandler，1999）把范围经济定义为"联合生产或经销经济"，是指利用单一经营单位内的生产或销售过程来生产或销售多于一种产品而产生的经济。平迪克（2000）在其著作《微观经济学》中认为，如果两个企业分配到的投入物相等时，那么范围经济存在于单个企业的联合产出超过两个各自生产一种产品的企业所能达到的产量之时。由此可见，只要把两种或更多的产品合并在一起生产或销售比分开来生产或销售的成本要低，就会存在范围经济。

根据我们对平台经济学和双边市场理论的分析，互联网金融通过构建平台，有效接入多个市场，同时借助新一代互联网技术，迅速激发起同边网络效应和跨边网络效应,从而建立起一种新的金融模式①。而且,在目前的快速成长阶段,互联网金融所产生的主要是正的网络外部性和正的网络效应,这是互联网金融蓬勃发展的一个主要原因。同时,互联网金融生态中的多边平台所具有的范围经济,主要表现为不同业务可以共享客户网络、共用后台设备、积累更丰富的数据信息等;在消费者一方,范围经济体现为同一账号下享受更多的服务种类、金融资产的更高效配置、在同一平台上积累更多信用信息等。范围经济的普遍存在可以促成新的互联网金融业务的迅速扩张。因此,在很大程度上,平台经济学、网络外部性、网络效应、范围经济等理论在实践中的完美结合和运用,是互联网金融崛起的重要原因。

(七)长尾理论

2004年10月,克里斯·安德森(Chris Anderson)在其担任主编的《连线》杂志上发表了《长尾理论》(The Long Tail)一文,并在最初用来描述诸如亚马逊和Netflix之类网站的商业和经济模式。"长尾"实际上是统计学中幂律(Power Laws)和帕累托分布(Pareto Distributions)特征的一个口语化表达。克里斯·安德森在其专著《长尾理论》中将长尾理论浓缩为简单的一句话:我们的文化和经济重心正在加速转移,从需求曲线头部的少数大热门(主流产品和市场)转向需求曲线尾部的大量利基(Niche)产品和市场。② 同时,克里斯·安德森详细阐述了"长尾"的精华所在,指出商业和文化的未来并不在于传统需求曲线上那个代表"畅销商品"的头部,而是在于那条代表"冷门商品"的经常被人遗忘的长尾。在一个没有货架空间限制和其他供应瓶颈的时代,面向特定小群体的产品和服务可以和主流热点具有同样的经济吸引力。通俗地说,长尾理论是指:只要产品的存储

---

① 同边网络效应指的是,当某一边市场群体的用户规模增长时,将会影响到同一边群体内的其他使用者所得到的效用;而跨边网络效应指的是,一边用户的规模增长将影响另外一边群体使用该平台所得到的效用(陈威如、余卓轩,2013)。

② "利基"一词是英文Niche的音译,意译为"壁龛",有拾遗补缺或见缝插针的意思。菲利普·科特勒在《营销管理》中给利基下的定义为:利基是更窄地确定某些群体,这是一个小市场并且它的需要没有被服务好,或者说"有获取利益的基础"。

和流通的渠道足够大，需求不旺或销量不佳的产品所共同占据的市场份额可以和那些少数热销产品所占据的市场份额相匹敌甚至更大，即众多小市场汇聚成可产生与主流相匹敌的市场能量。这意味着消费者在面对无限的选择时，真正想要的东西和想要取得的渠道都出现了重大的变化，一套崭新的商业模式也跟着崛起。简而言之，长尾所涉及的冷门产品涵盖了几乎更多人的需求，当有了需求后，会有更多的人意识到这种需求，从而使冷门不再冷门。

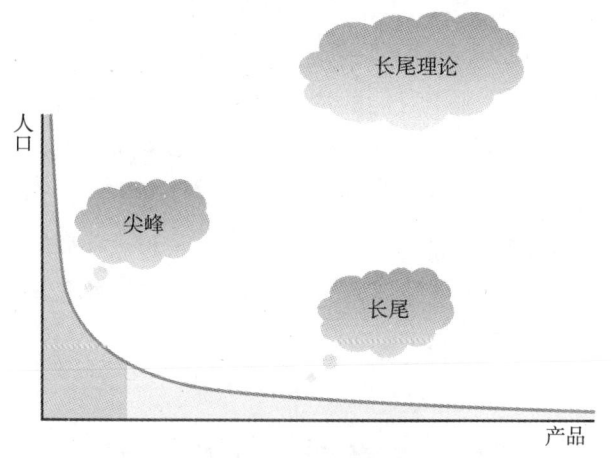

图 2-3　长尾理论模型

克里斯·安德森总结了长尾时代的六个主题，这也可以被视为长尾理论能够产生巨大影响的六个要素：第一，在任何市场中，利基产品都远远多于热门产品。而且，随着生产技术变得越来越廉价，越来越普及，利基产品的比重仍在以指数级的速度提高。第二，获得这些利基产品的成本正在显著下降。数字传播、强大的搜索技术和宽带的渗透力组合成了一种力量，凭借它，在线市场正在改写零售经济学。现在，许多市场已经有能力供应空前丰富的产品。第三，仅仅供应更多的品种并不能改变需求，消费者必须有办法找到适合他们的特殊需求和兴趣的利基产品。从自动推荐到产品排名，一系列的工具和技术都能有效地做到这一点。这些"过滤器"

可以把需求推向长尾的后端。第四，一旦有了空前丰富的品种和用来做出选择的过滤器，需求曲线就会扁平化。热门产品和利基产品仍然存在，但热门产品的流行度会相对下降，利基产品的流行度则会相对上升。第五，尽管没有一个利基产品能实现大的销量，但由于利基产品数不胜数，它们聚合起来，将共同形成一个可与大热门市场相抗衡的大市场。第六，当以上几点全部实现，需求曲线的天然形状将会显现出来，不受供给瓶颈、信息匮乏和有限货架空间的扭曲。而且，这种形状受少数大热门的支配程度，远不像我们想象的那样大。相反，它的分布就像人口本身一样分散。

当长尾理论转化为行动时，最有力、最可操作的就是营销长尾，通过口碑营销，长尾理论将在不可能的情况下实现销售。营销长尾带来了可信任的、真实的、自然发展的、自上而下的基层民主的意见，并最终影响到21世纪消费者的行为。长尾理论是众多企业成功的不二法门，它将改变企业生产与营销的思维，带动新一波商业势力的消长。互联网金融，比如余额宝、P2P的兴起实质上就是通过聚焦"草根理财"的长尾市场，并将营销长尾的压倒性优势发挥到了极致。

第三节　互联网金融生态的特点

根据上述理论基础，可以发现互联网金融生态除了具备传统金融模式的一些特点外，还具有一些新的特点，主要体现在以下几个方面。

（一）互联网金融生态是一个具有自我演化特征的有机体系

从金融生态学的角度看，互联网金融生态具有一些类似于生物生态的新特征：第一，互联网金融生态的发展经历了从简单到复杂、从低级到高级的动态演进过程。为了自身的生存与发展，各种类型的金融组织之间及其内部形成了合理的分工与合作，构成了一个彼此相互联系、相互依赖，又相互作用、相互竞争的体系，任何个体离开这一生态系统都无法发展。第二，互联网金融生态具有相互适应的协同演化性。组成互联网金融生态的各个子系统之间既有竞争又有协同。互联网金融机构的出现，不仅对现有金融主体形成竞争，也会对现有金融主体产生正向激励作用，能激发其高效率运作，超常规发展，形成优势互补的新金融生态系统。第三，互联网金融生态是在一定政治、经济、文化、法制环境下形成的，具有鲜明的制度结构特征。第四，互联网金融生态是一个具有自我修复、自适应功能的体系，唯有开放才能自我优化和修复。在互联网金融诞生之前，金融生态链其实是不完整的，特别是对于我国不完全的金融市场而言，有很多经济部门和个人缺乏金融支持。不同的互联网金融公司进入金融生态系统，实际上促进了各经济部门和个人在资金、信息、物资等方面的转换，使金融生态的各个主体之间能够更加流畅的互助合作，为更多经济部门提供金融支持，促进金融进步。第五，互联网金融生态具有生态阈值性。一旦对互联网金融公司控制不当，在一定时间段内大量诞生同质化的互联网金融公司，超过当前金融生态系统的生态阈值，会导致这个生态系统输入输出功能无法实现动态平衡，从而造成金融生态系统的失调。

（二）提供金融服务的边际成本近乎为零，理论上互联网金融企业的边界可以无限大

互联网金融生态的一个重要特征是，企业前期为搭建互联网金融服务平台的IT投入成本较高，这是一项较高的沉没成本，但互联网金融生态圈建好以后，其提供金融产品或服务的边际成本近乎于零，因而与传统金融模式相比具有很高的效率。根据前述的交易成本理论、网络外部性、网络效应和范围经济理论，再加上互联网世界中的技术无边界、资金无国界的现实情况，理论上互联网金融企业的边界可以无限大，这必将导致其垄断市场地位的形成，从而必然会损害互联网金融生态的健康发展，也会对互联网金融消费者福利产生负面影响。

（三）具有多边市场特点，能够建立激发同边网络效应和跨边网络效应的功能机制

基于平台经济学基础之上的互联网金融生态，一方面先天具备互联网的"开放、平等、协作、分享"的特点；另一方面，由于连接着不同类型

的边（市场），因而也具有双边（多边）市场的特点，具有不同的价格策略和结构，能够实现"羊毛出在猪身上，猴数钱、牛买单"这一与传统金融模式不同的商业模式：即对一边（市场）不收费甚至提供补贴，同时对另一边（市场）收费。陈威如、余卓轩（2013）基于平台经济学理论，从商业角度研究了平台战略模式，他们认为平台商业模式的特点就是要通过激发网络效应实现对产业价值链的重组，从而建立平台模式无线增值的可能性。平台模式中的网络效应包括两大类，即同边网络效应和跨边网络效应。平台若能同时激发同边网络效应和跨边网络效应，将能大大增加用户的使用意愿与满足感，进而推动盈利。而建立足以激发同边网络效应和跨边网络效应的功能机制，将对平台企业的成败具有决定性影响。

（四）在成本和效率方面，能够提供超乎预期的客户体验

信息经济学理论表明，与传统金融模式相比，互联网金融生态基于新一代互联网技术在信息传递、信息甄别、信息处理等方面具有快速、准确、便捷等优势，因而能够在很大程度上缓解信息不对称的程度。在互联网金融生态中，信息流能够高效的连接物流和资金流，并能实时匹配企业和用户之间的供给与需求，并动态地创新推出个性化、定制化的金融产品和服务，实现金融服务模式的多样化。因此，互联网金融不仅能支撑线上交易活动，还能通过O2O等模式服务线下商务活动，支撑多样化的线上线下商业模式。互联网金融在有效改善资源配置方式，提高金融配置效率的同时，提供了远远超过传统金融服务方式的客户体验，并给予金融消费者更多的消费者剩余。

（五）信息结构更为复杂

互联网技术虽然会在一定程度上降低信息不对称的程度，但也会产生新的海量信息。在互联网世界中，各参与主体既是信息的生产者也是信息的使用者，这就导致信息在互联网生态中的分布较传统金融系统更加的不均衡。同时，互联网金融生态中的信息传递、甄别和处理并不是线性发展的，由此决定了各参与主体所掌握的信息完全程度是千差万别的，信息结构更为复杂。这需要有更好的信息处理、加工和挖掘技术，以及适合的商

业模式来对互联网金融生态中的复杂信息结构进行优化、简化和标准化。

（六）"先下手为强"和"赢家通吃"是互联网金融生态市场竞争的重要特征

相关研究表明，在具有网络效应的产业中，"先下手为强"（First-mover Advantage）和"赢家通吃"（Winner-takes-all）是市场竞争的重要特征。互联网金融生态也不例外。例如，阿里巴巴、腾讯、百度打造的互联网金融生态帝国，均凭借 O2O 模式创新推出多款核心产品，从而迅速激活"长尾市场"，并依托平台战略获取了不可撼动的市场竞争地位。特别是，互联网作为现实社会中各种真实与虚拟网络中的一种，它可以创造、培育和利用网络效应。这是网络行业（包括互联网行业）与绝大多数普通行业的一大区别（Shapiro and Varian, 1999; Shy, 2001; Sun, 2007; 孙明春, 2014）。

（七）聚焦"长尾市场"，有利于促进金融普惠

克里斯·安德森指出，长尾具有三种强大的力量，因而能够降低获得利基产品的成本。第一种力量是生产工具的普及。这方面，最好的例子就是个人电脑。电脑可以将打印、电影制作、音乐创作和其他任何事情置于任何人的掌控之中，它的威力意味着"生产者的队伍"已经壮大了上千倍。正因如此，我们的选择空间正在以前所未有的速度膨胀。这会让长尾向右延伸，成倍扩大可选产品的阵营。第二种力量就是通过普及传播工具降低消费的成本。互联网降低了接触更多人的成本，有效地提高了长尾市场的流动性。这种流动性继而带来了更多的消费，有效地抬高了销售曲线，扩大了曲线之下的面积。第三种力量就是新技术能够有效连接供给和需求，将新产品介绍给消费者，推动需求沿曲线向右移动。对消费者来说，这意味着寻找非主流内容的搜索成本降低了。新技术推动需求从曲线的前端走向了长尾。换句话说，第三种力量进一步扩大了对利基市场的需求，让曲线变得更加扁平，将它的重心从中部推向了右部。

在大数据、云计算、社交平台、移动互联网等新一代互联网技术的有力支持下，互联网金融生态发展能够充分发挥长尾的三种强大力量，通过

聚焦"长尾市场",率先从个别互联金融产品的"一枝独秀"发展到形成一种新的互联网金融模式,从而实现快速的成长。这正是互联网金融生态与传统经济模式不同的地方。因此,与传统金融机构在服务小微企业和处于偏远地区的金融消费者遇到的困境和不足相比,互联网金融生态不但能够提供低成本、广覆盖、高效率的金融产品和服务,而且还能提供差异化、个性化、定制化的金融产品和服务,因而能够在很大程度上促进金融普惠,增强金融对实体经济的支持力度。

(八) 具有网络共同体特征,能够形成稳定的互联网金融生态伦理秩序

王曙光 (2013) 指出,互联网的最大功能就是突破了地域的界限,创建了网络上的各个虚拟的"共同体"(Community),这些共同体的更为本质的特征是具有共同的交往规则、价值体系和文化传统。虚拟的网上共同体是互联网金融生态兴起和发展的社会结构基础,比如微信平台所形成的各种"群"就可以成为创业融资的平台,而 P2P 所建立的虚拟社区则是互联网小额贷款的平台。未来互联网虚拟社区(共同体)将与现实中的(社区)共同体相结合,共同构造一个互联网金融平台。

由此,互联网金融生态就具备了网络共同体的部分特征:一是虚拟共同体(社区)的信任关系的形成,决定了互联网金融生态的效率和风险;二是网络共同体内部各组成部分(子系统)在互相交流信息的过程中,会形成一些共同的规范,这些规范经由网络技术外化为提供激励和约束机制的一系列技术,从而为确立互联网金融生态规范提供了技术基础;三是互联网金融生态会按照共同体的发展路径最终形成稳定的伦理秩序,这种内在的约束机制非常有效,违反网络共同体价值观的行为所受到的惩罚也许比现实世界中的惩罚更为严重。比如,在网络借贷中失信的信贷需求者可能永远再也无法获得来自网络成员的信任。同时,随着大规模的共享型的互联网征信体系的形成,互联网金融领域的欺骗将变得成本高昂。

(九) 确立了互联网金融生态的新经济规则

凯文·凯利在其 1998 年出版的《新经济新规则》一书中指出,我们正处在一个经济及社会组织模式完全不同以往的变革之中,万维网的指数式

增长、电子商务的爆炸式发展以及商业模式的快速演变都在预示着一个新经济秩序的诞生。这种新经济秩序不仅会取代旧有的工业经济模式，更将变革我们的生存方式。新经济有三个显著特点：第一，它是全球化的；第二，它注重无形的事物，如观点、信息、关系等；第三，它还紧密地互相联结。新经济的这三个属性催生了新的市场定位和社会形态，那将是一个深深植根于无处不在的网络的社会。这本书的一个重要前提是统领软世界（像无形的、媒体的、软件的、服务的世界）的基本法则，将很快地统治硬世界（如现实的、物质的、钢铁石油以及艰苦劳动的世界）。

  我们认为，互联网金融生态就是在这一新经济秩序中演化发展出来的，从而也确立了一些新的经济规则。一是去中心化与即时反应。即互联网金融生态必须依靠群体智慧和快速反应才能建立强大的竞争力。二是回报递增。如果互联网金融生态系统中链接的节点数量以算术级的速度增长，互联网金融生态系统的价值就将以指数级的速度增长，从而呈现出回报递增的正反馈效应。三是普及而非稀有，互联网金融生态系统必须秉持开放理念，才能持续完善其治理结构和治理方式，获得持久的生命力。四是追随免费之道。唯有慷慨才能在互联网金融生态中获得独特的市场定位，才能在激烈的竞争中胜出。五是从地点到空间。互联网创造出了无限的空间，而无限的空间会产生长尾效应，它创造了无数个分众利基市场。互联网金融生态鼓励互联网企业去经营社区，因为社区比商业重要。六是互联网金融生态的常态是失衡。由于互联网中新的生命力不断涌现，变化的速度将更加迅速，这就要求互联网金融生态不断打破既有的平衡，在嬗变中实现涅槃。七是关系比产能重要。在网络经济中，经济规则的核心是增进联系。同理，互联网金融生态将不断瓦解生产者和消费者之间的旧式关系，生产者同时又是消费者，一个零边际成本社会即将到来（里夫金，2014）。

第三章　比特世界（Bit World）：互联网金融生态的驱动力

第一节　信息通信技术（ICT）是互联网金融生态发展的技术基石

信息通信技术（ICT）包括信息技术（IT）与通信技术（CT），CT与IT均属于信息产业，二者相辅相成，密不可分。ICT为互联网金融生态的发展起到了核心的推动作用。移动通信网络为互联网金融生态的发展提供了网络基础，终端领域的技术升级提供了服务载体，应用软件技术使得互联网金融服务更加人性化，近距离通信技术为移动支付的发展铺平了道路，网络安全技术对互联网金融生态的发展起到保障作用。

（一）移动通信网络的演进为互联网金融生态发展提供了网络基础

随着互联网接入技术飞速发展，网络传输速度、接入方式、接入设备、接入终端都在发生翻天覆地的变化。网络带宽由最初的14.4Kbps发展到目前的100Mbps甚至1Gbps带宽；接入方式也由过去电话拨号方式，发展到多样的有线和无线接入方式。目前，固网方面最为常用的高速接入方式是光纤，速率普遍已超过10Mbps。

伴随着移动网络的发展，移动互联网成为新趋势，新的业务模式、新的应用正在不断涌现。从第一代移动通信技术到目前的第四代移动通信技术商用，移动通信网络升级带来的带宽增加，流量费用降低，大大改变了

第三章 比特世界（Bit World）：互联网金融生态的驱动力

用户的习惯，进而改变了信息通信行业（ICT）和相关产业的业务模式和商业模式。从2013年6月余额宝诞生起，我国互联网金融从业务种类到用户数都获得了飞速发展，这与便利的无线网络接入是分不开的。从移动通信的技术发展历史来看，几乎每十年就有一次革命性的突破。

表3-1　　　　　　　　　　　移动通信技术的发展脉络

	技术诞生时间	传输速度	技术特点
第一代移动通信技术（1G）	20世纪80年代初	约2.4Kbps	基于模拟传输，其特点是业务量小、质量差、交全性差、没有加密和速度低。1G主要基于蜂窝结构组网，直接使用模拟语音调制技术。
第二代移动通信技术（2G）	20世纪90年代初	9.6～14.4Kbps	采用更密集的频率复用技术，引入智能天线技术、双频段等技术，初步具备了支持多媒体业务的能力。缺点是数据通信速率太低，无法在真正意义上满足移动多媒体业务的需求。
第三代移动通信技术（3G）	21世纪初	用户静止时最大速率为2Mbps；用户高速移动最大速率为144Kbps	分为WCDMA、CDMA2000和TD-SCDMA三大分支，可以提供前两代产品不能提供的各种宽带信息业务，例如高速数据、慢速图像与电视图像等。缺点是支持的速率还不够高，仍远不能适应未来移动通信发展的需要。
第四代移动通信技术（4G）	21世纪10年代初	下载速度达100Mbps，上传的速度达20Mbps	主要是以正交频分复用（OFDM）为技术核心。OFDM技术的特点是网络结构高度可扩展，具有良好的抗噪声性能和抗多信道干扰能力，能够传输高质量视频图像，几乎能够满足用户对于无线服务的所有要求。

从1985年第一代移动通信技术（1G）诞生以来，数据传输频率不断提高，技术也呈现出加速升级的态势。从1G模拟信号技术到2G GSM（Global System of Mobile Communication）、3G WCDMA（Wideband Code Division Multiple Access），再到 4G LTE（Long Term Evolution），数据传输速度平均每三年翻一倍。

　　第一代移动通信的缺点是容量有限、保密性差、通话质量不高、无数据业务功能、没有漫游的功能。因此第一代移动通信技术的应用面极为有限。第二代移动通信技术采用了数字化技术，最常见、应用最广的 2G 标准是 GSM（全球绝大多数国家和地区采用该标准），保密性和标准化程度大大提高。GPRS 作为第二代移动通信技术的升级版本，对数据传输技术进行了改进，能够提供中速的数据传递业务，传输速度达到 171.2kb/s。数据业务产生之后，移动互联网开始起步。但总体而言，2G 技术的传输速度仍然很低，对用户习惯并没有很大的改变。此外，当时智能终端还没有广泛应用，用户手中的终端设备在浏览和输入方式上，操作不方便，界面不够友好，无法体现移动互联网的便利性。因此 2G 时代，用户仍然主要利用桌面电脑访问互联网。

　　促使移动互联网应用发生爆发性增长的是第三代移动通信技术和智能手机的普及，用户逐渐开始通过移动终端访问互联网。自我国三大运营商 2009 年开始提供 3G 服务以来，我国 3G 用户数渗透率已经超过 40%。4G 移动通信也于 2013 年底发牌，并在短时间内也获得了爆发式增长。在传输速度上，4G 技术优势明显，其网络速度将大大超过 3G。4G 技术的最大数据传输速度超过 100Mbps，在网络信号良好的情况下，4G 网络下载一张 700M 的 CD 文件只需 2 分钟。4G 速率是 2G 数据传输速度的 1 万倍，也是 3G 速度的 50 倍。4G 手机可以提供高性能的汇流媒体内容，并成为个人身份鉴定设备。4G LTE 有望集成不同模式的无线通信——从无线局域网和蓝牙等室内网络、蜂窝信号、广播电视到卫星通信，移动用户可以自由地从一个网络无缝转换到另一个网络。4G LTE 通信技术是以传统通信技术为基础，并通过技术升级来不断提高无线通信的网络效率和功能。如果说 3G 能为人们提供一个高速传输的无线通信环境的话，那么 4G LTE 通信是一种超高速无线网络，一种不需要电缆的信息超级高速公路。

　　高速全覆盖的移动通信网络使人们能够 24 小时、随时随地接入互联网，用户不再仅仅限于能够接入有线互联网的城市用户。我国广大老少边穷地

第三章 比特世界（Bit World）：互联网金融生态的驱动力

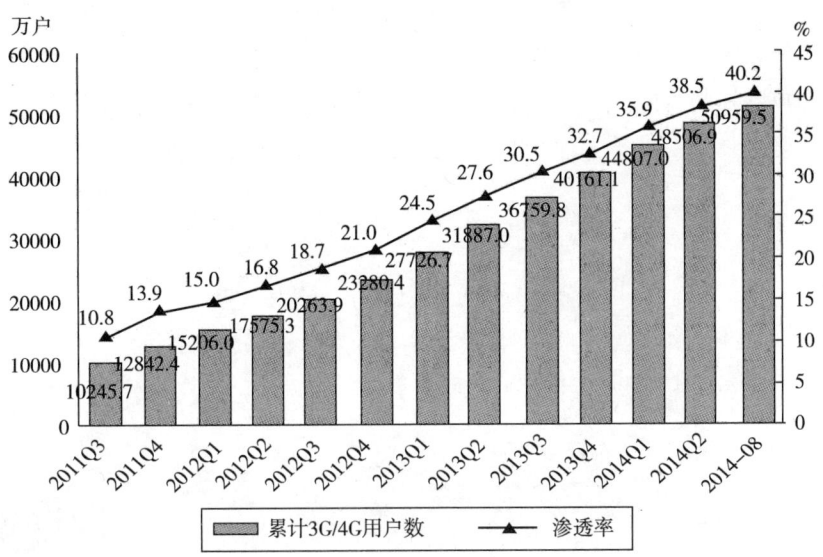

资料来源：互联网公开资料。

图 3-1 我国 3G 用户渗透率已经超过 40%

区以及乡村用户都能够通过价格低廉的手机终端，便利地接入互联网。在高速移动通信网络的支撑下，互联网金融服务得到了快速发展，覆盖的人群范围比传统金融覆盖范围空前扩大。

展望未来，移动医疗、车联网、智能家居、工业控制、环境监测等将会推动物联网应用爆发式增长，数以千亿的设备将接入网络，实现真正的"万物互联"。为了应对未来爆炸性的移动数据流量增长、海量的设备连接、不断涌现的各类新业务和应用场景，第五代移动通信（5G）系统将产生并得到广泛的应用。5G 将渗透到未来社会的各个领域，以用户为中心构建全方位的信息生态系统。

根据 IMT-2020（5G）推进组发布的《5G 愿景与需求》白皮书，2020年及未来，5G 将渗透到未来社会的各个领域。5G 将使信息突破时空限制，提供极佳的交互体验，为用户带来身临其境的信息盛宴；5G 将拉近万物的距离，通过无缝融合的方式，便捷地实现人与万物的智能互联。5G 将为用户提供光纤般的接入速率,"零"时延的使用体验,千亿设备的连接能力,超高流量密度、超高连接数密度和超高移动性等多场景的一致服务,业务及用户感知的智能优化,同时将为网络带来超百倍的能效提升和超百倍的比特成本降低,最终实现"信息随心至,万物触手及"的总体愿景。

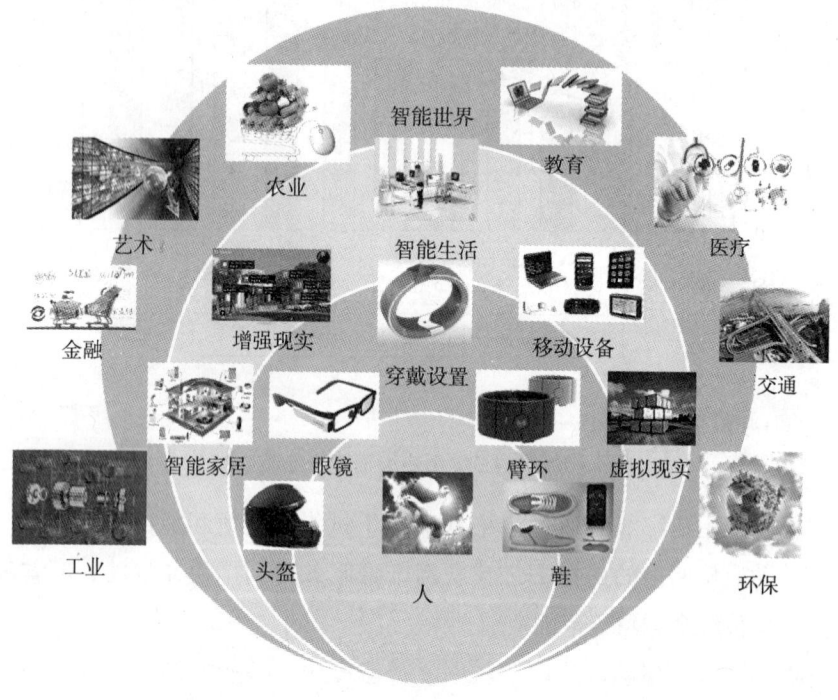

图3-2　5G将全面渗透社会各个领域

专栏2

第四代移动通信技术——LTE

　　LTE的全称是Long Term Evolution(3GPP长期演进技术),是3G的演进——3G与4G技术之间的过渡阶段,也被称为"3.9G"或"准4G"技术。

第三章 比特世界（Bit World）：互联网金融生态的驱动力

相比 3G 而言，LTE 更具技术优势，具体体现在以下几个方面：

数据传输速率高：下行峰值速率为 100Mbps、上行为 50Mbps。这比 3G 传输技术要高一个数量级。LTE 以分组域业务为主要目标，系统在整体架构上将基于分组交换。同时，有 QoS 作为保证，通过系统设计和严格的 QoS 机制，保证了实时业务（如 VoIP）的服务质量。LTE 技术强调向下兼容，支持已有的 3G 系统和非 3GPP 规范系统的协同运作。同时，还能降低无线网络时延。

虽然各国的 LTE 发展战略各有不同，但可以明确的是，LTE 将会是未来 3G 演进的必然方向。目前，国内运营商发展 LTE 主要是由中国移动主导的 TD-LTE，中国电信及中国联通也都根据自身在通信市场上的地位及采用的 3G 技术发展情况，积极着手 LTE 的发展部署。

中国移动于 2010 年首先部署国内第一个 TD-LTE 试用网络。可以说，中国移动是国内 TD-LTE 发展进程的牵头人，在 TD-LTE 的发展过程中起着最直接的作用。

（二）多样化终端成为用户使用互联网金融服务的载体

智能手机和平板电脑成为最为常见的终端设备。移动终端不断取代 PC 终端，在互联网接入设备的比重不断上升，电子商务网站访问流量的比重不断上升。而从手机网民的数量来看，已经远远超过非手机类网民规模。

移动终端的外延也大大拓宽了，一个方向是变得更大（例如汽车），另一个方向是变得更小（智能腕表），甚至是一张智能卡（如带显示屏和数字键盘的可视银行卡）。在终端技术方面，当前最为热门的方向是可穿戴技术（Wearable Tech），并已经取得了较大的突破。可穿戴设备有望在未来几年成为主流。目前智能穿戴市场主要以手环、手表、眼镜等产品形式为主，人们最熟悉的可穿戴设备是由谷歌公司开发的谷歌眼镜，戴上这款谷歌眼镜后用户可以用自己的声音控制拍照、视频通话和辨明方向等。此外，苹

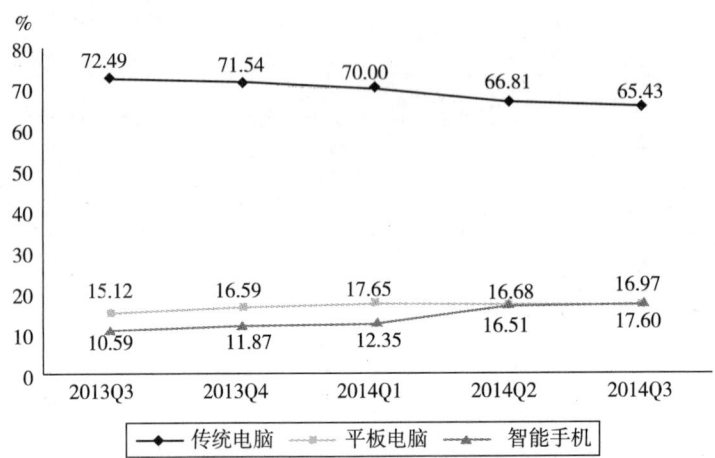

资料来源：Monetale。

图3-3 不同终端设备的电子商务网站流量

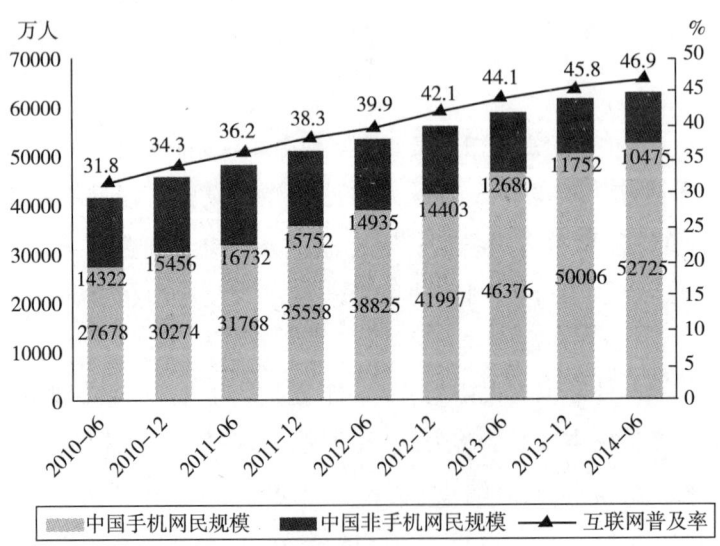

资料来源：CNNIC。

图3-4 我国手机网民规模已经远远超过非手机网民规模

第三章 比特世界（Bit World）：互联网金融生态的驱动力

果也推出一款叫 Apple Watch 的智能手表产品，包括曲面触屏、蓝牙、GPS 等众多功能。

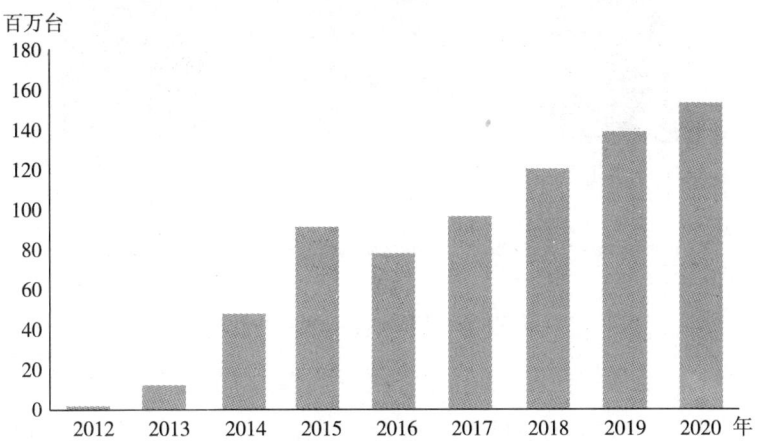

资料来源：NPD DisplaySearch。

图 3-5 全球可穿戴设备出货量迅速增长

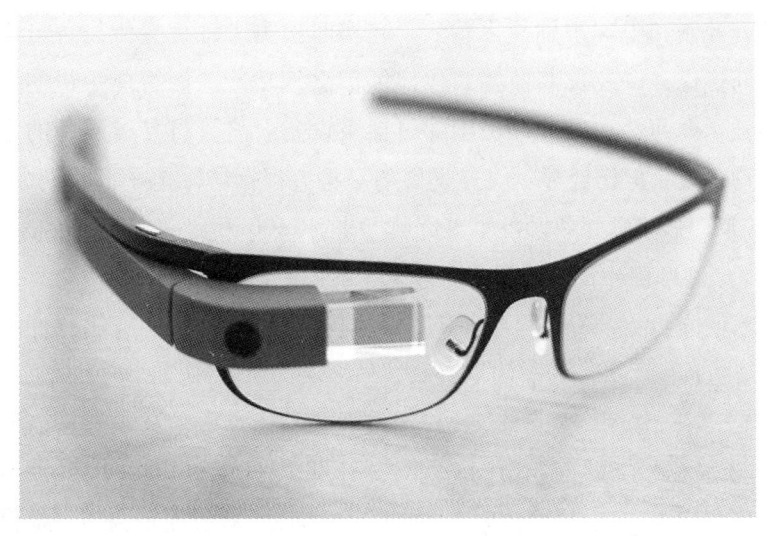

图 3-6 谷歌眼镜

图 3-7 苹果 Apple Watch 产品

相对于智能手机，可穿戴设备在便捷性和智能化上有了进一步提升，是终端技术的一次新的飞跃。在携带方式上，可穿戴设备可以解放双手，只需佩戴在身上即可，可以长久佩戴不用取下，免除了人们忘记携带的尴尬处境，拓展了目前不便使用智能手机的场景。在输入方式上，可穿戴设备表现得更加智能，摆脱了手机实体键盘或是大尺寸的触摸屏输入方式，采用语音控制和眼球识别技术输入。在实时检测上，可穿戴设备可实现长期不间断摄像，以及长期监测人体体征信息等功能。而智能手机的监测功能并不强，全面性和准确性也不如可穿戴设备。尽管可穿戴设备的市场还处于启动阶段，但已经显示飞速发展的态势。根据国际电子商情网的预测，到 2020 年，全球可穿戴设备年出货量将达到 1500 万台（部）以上的水平。

（三）应用软件技术使得互联网金融服务更加人性化

LBS 定位功能、APP 程序、HTML5 浏览器等是互联网应用软件技术发展的主要方面。

LBS（Location Based Services）定位功能是通过电信移动运营商的无线电通信网络（如 GSM 网、CDMA 网）或外部定位方式（如 GPS）获取移动终端用户的位置信息（地理坐标，或大地坐标），从而实现为用户提供相应服务。随着移动互联网的发展，O2O 模式使线下商务的机会与互联网结合在了一起，让互联网成为线下交易的前台。在实现 O2O 的过程中，位置服

第三章 比特世界（Bit World）：互联网金融生态的驱动力

图 3-8 汽车也成为互联网接入终端

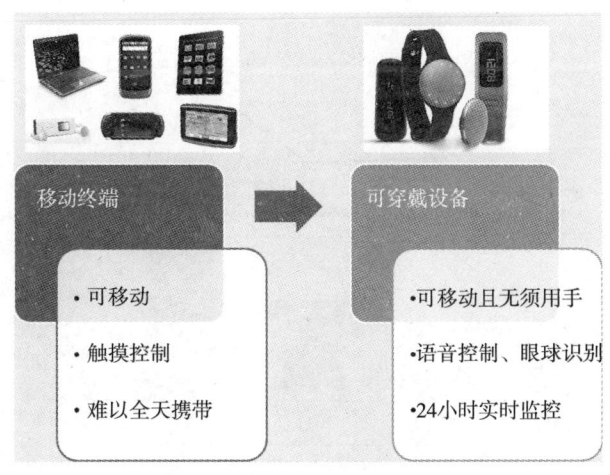

图 3-9 可穿戴设备是终端技术的一次新的飞跃

务即 LBS 技术处于关键的环节，商家可利用 LBS 或者手机地图准确定位消费者位置，以此来做信息的推送，可以大大提高营销效果。互联网金融也应用了 LBS 技术，例如，在支付 APP 中提供物理网点导航、提供有支付往来的身边商家打折信息并促成消费等增值服务。

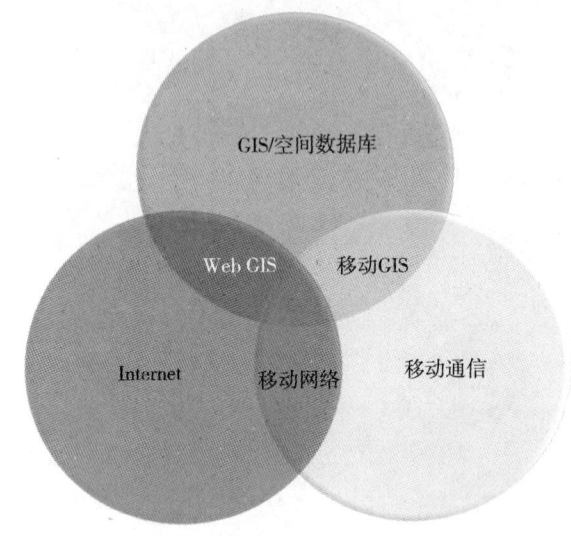

图 3-10　LBS 是多种技术的结合

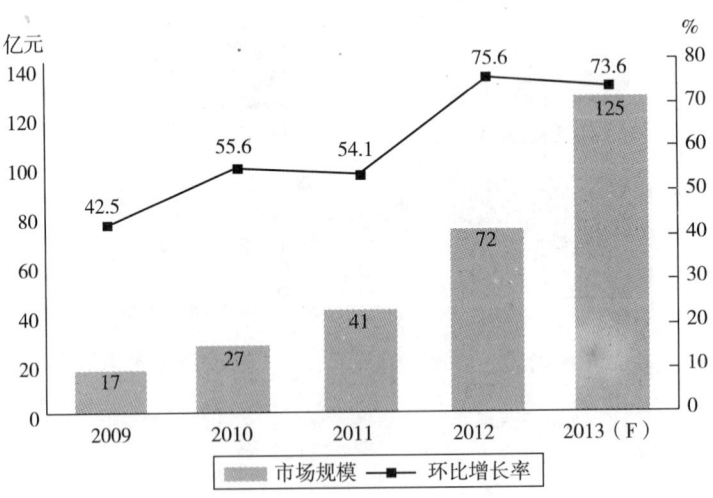

资料来源：易观国际。

图 3-11　中国 LBS 市场规模迅速增长

第三章　比特世界（Bit World）：互联网金融生态的驱动力

表 3-2　　　　　　　　　　LBS 技术应用场景

LBS 应用场景	实现的主要功能
路线规划	手机地图、手机导航、车载导航及人物寻找跟踪等跟踪导航这一类的移动定位应用。导航应用的目的就是带领终端用户找到其目的地。目的地被输入后，交通指南马上就会显示出来。终端用户可以选择纯文本、带有文字信息的记号（如转弯+距离）或是以地图的形式展现的记号。
生活服务	用户根据定位获取的当前位置信息（如自己或朋友目前所处的位置等）、周边信息（如餐厅、宾馆酒店、银行、加油站等）、交通信息（如最新交通状况等）等。移动网络首先定位出用户所处的位置，然后基于用户当前位置提供的本地生活信息（包括附近有哪些饭店、商场、天气情况、附近各公司的电话号码、所在位置）及服务（优惠券、预订等）。
社交	基于位置的社交活动，可以提供好友位置信息，社交型的 LBS 可以实现地点交友，即时通讯，即不同的用户因为在同一时间处于同一地理位置构建用户关系。
电子商务	位置服务可以通过地理位置将用户和商家串联起来，给商家提供了一种全新的消费者沟通、品牌推广、市场营销通路。典型应用如团购：LBS 和团购两者都有地域性特征，但是团购又有其差异性。用户到一些本地的签约商家，到达后使用手机应用进行 Check In。当 Check In 的数量到达一定数量后，所有进行过 Check In 的用户就可以得到一定的折扣或优惠。
游戏娱乐	移动终端游戏如阵地战、非常男女、地缘速配等和位置信息相关，其中位置信息可以是用户所处的实际地理位置，也可以是终端用户定制的虚拟社区位置。在游戏中加入位置因素，使用户在娱乐中体验到空间归属感。

APP 是应用程序 Application 的缩写。从 2007 年 iPhone 推出第一个基于 OS 系统的 iPhone 应用上线开始，APP 的应用获得了爆发式增长。一开始 APP 只是作为一种第三方合作形式嵌入到 iPhone，随着互联网越来越开放化，应用作为一种新的盈利模式被更多的互联网企业看重，一方面可以积聚各种不同类型的网络受众，另一方面借助 APP 平台获取流量。现在，苹果的 App Store 中包括共有约 70 万应用。安卓市场应用数量超过这个数字，而最少的 Windows Phone 应用也已到了 10 万左右。

移动互联网数以百万计的应用几乎涵盖了娱乐、资讯、工具、通信、安全等各个领域。几乎可以帮客户做任何事情。不仅如此，可以毫不夸张地说，只要客户需要任何一个功能需求，马上就会出现几个甚至是几十个同类 APP 产品。这么多的应用如何选择，成为让客户头疼的问题。比较著名的应用商店有苹果的 App Store、谷歌的 Google Play Store、诺基亚的 Ovi Store，还有黑莓用户的 BlackBerry App World、微软的 Marketplace 等。

人机界面的技术也取得了飞速发展。HTML5 是实现有机化用户交互界面的新型浏览器语言，具备了跨平台性、实时、互联互通、开放性等比较优势。在传统互联网上，HTML（HyperText Mark-up Language，超文本标记语言）是构建网页文档的主要语言，是 Web 编程的基础。随着互联网技术的发展，人们对移动信息服务的需求不断提升，旧的 HTML 经过 10 多年的使用已无法满足人们日益增长的服务要求。因此，HTML5 作为 HTML 语言的升级版便应运而生，随着移动终端浏览器开始支持 HTML5，其在移动端的应用获得了快速进展。HTML5 的优势包括：一是语言简单，支持跨平台操作。继承了 HTML 的优势，HTML5 语言编辑不复杂，有着简洁的、可扩展的特点，并支持系统跨平台使用。二是更适应现代互联网技术的发展。HTML5 相比上一版本，增添了许多适应互联网发展的新的元素，包括语义元素和表单元素，为设计者、用户与搜索引擎均带来了便利。三是增加了新的 API（应用程序编程接口）。

HTML5 具备了这些新的特点，使其特别适合移动互联网上的信息应用服务。移动终端设备体积小，网页分辨率低、页面容量受限以及硬件条件有限。因此，在进行页面设计时必须兼顾移动终端设备特点，设计的页面要简洁、便于点击。HTML5 通过删减不必要的元素，加入如 header、footer 等新元素，使页面编辑变得更加简洁与清晰，并增加了编辑语言的可读性与交互性，在减轻设计人员负担的同时也加快了加载网页的速度。此外，HTML5 新增的表单元素与表单属性，能够设计出更适合移动设备的表单，促进用户与服务器的交互。

HTML5 环境下的移动信息服务更优质、更人性化。首先，HTML5 与

CSS3（层叠样式表）技术相结合，可以让 Web 页面根据设备屏幕属性来合理分配布局。这种智能感知的功能可以让网页随移动设备尺寸的变化而合理变化。用户无需在移动终端下载 APP 应用，只要使用浏览器便可完成对视频、音频、书籍等的浏览，减少了应用程序的重复开发，在节约成本的基础上也避免了重复下载与更新对用户带来的不便。HTML5 自带的多媒体标签，可以满足信息用户对视频、音频等多媒体文件的信息需求。HTML5 让云计算在移动设备上成为可能，通过将信息储存于网络云中，用户在 PC 机与移动设备之间可实现连续地播放视频和音频。

图 3－12 适应移动终端的 HTML5 语言

随着 HTML5 标准的不断进化。许多原来制约移动互联网 Web 应用的技术障碍已不再是问题，如 WebRTC（Web Real－Time Communication，网页实时通信）为 Web 应用提供了即时通信能力，Device PAI（设备编程接口）为 Web 应用提供了对移动设备本地访问能力。目前 ios、安卓、WinPhone 三大平台已经有一些实用 HTML5 技术创建的应用程序，这些是构建移动互联网操作系统应用生态系统的基础和资源。

表 3 - 3　　　　　　　　　　HTML5 新特性

HTML5 新特性	技术特点
语义特性	HTML5 语言编辑不复杂，有着简洁的、可扩展的特点，赋予网页更好的意义和结构，构建更有价值的数据驱动的 Web。
本地存储特性	基于 HTML5 开发的网页加载速度更快，比 APP 拥有更短的启动时间，更快的联网速度。
设备兼容特性	HTML5 使外部应用可以直接与浏览器内部的数据直接相连，例如视频影音可直接与摄像头相连。
连接特性	更有效的连接工作效率，支持基于页面的实时聊天，基于网页游戏体验，在线实时交流得到了实现。
网页多媒体特性	支持网页端的 Audio、Video 等多媒体功能，与网站自带的 APPS、摄像头、影音功能相得益彰。

（四）近距离通信技术为移动支付的发展铺平了道路

NFC 是近距离通信技术的代表。NFC 近场通信技术由非接触式射频识别（RFID）及互联互通技术整合演变而来，在单一芯片上结合感应式读卡器、感应式卡片和点对点的功能，能在短距离内与兼容设备进行识别和数

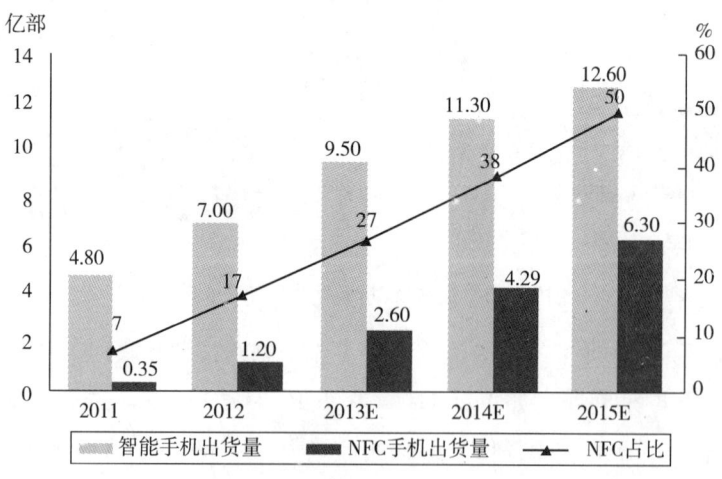

资料来源：易观国际。

图 3 - 13　具有 NFC 功能的智能手机占比不断上升

第三章　比特世界（Bit World）：互联网金融生态的驱动力

据交换，工作频率为13.56MHz。2012年底，中国人民银行明确NFC作为金融行业移动支付标准。在市场上，具有NFC功能的智能手机占比不断上升，人们可选择的NFC终端种类不断增加。NFC POS终端的布设也在不断推进之中，在地铁、加油站、零售超市，人们都可以便利地使用NFC手机进行支付，NFC的应用场景不断增多。

表3-4　　　　　　NFC近场通信技术的应用场景

NFC主要应用场景	实现的主要功能
交通等公共服务	刷NFC手机付费乘坐公交车（如果有私家车的话，可通过手机付停车费）。
餐饮、电影院等生活娱乐	通过NFC手机在信息的特定标签之处扫描，便可轻松预订座位。几分钟内，用户就能够收到电子门票并储存在手机内。
门禁系统	可以通过手机刷卡进入办公室。
日常信息交换	两部NFC手机靠近，人们就能够互相交换名片。

2014年10月20日，基于NFC的苹果公司的"Apple Pay"服务正式在美国上线。支持该功能的手机包括iPhone6和iPhone 6 Plus，Apple Pay支持线上支付，线上支付只需要"一键完成"，不再需要输入信用卡信息和地址等，具有高度的安全性和便捷性。Apple Pay采用NFC + Passbook + Touch ID的组合，把支付、钱包、安全认证工具高度整合在一起，延续了其一贯的闭环风格，也保证了用户体验。其中，借助Touch ID的指纹识别技术，把安全认证、支付确认这两步巧妙地融合在了一起，把安全性和便捷性提升到了一个新的高度。在Apple Pay诞生的推动下，银联已计划在Android阵营手机厂商中推广移动支付服务"Android Pay"，该产品有望在2015年三季度面世。

（五）网络安全技术对互联网金融生态的发展起到保障作用

互联网金融的安全性问题比传统银行柜面交易更加突出。在认证安全方面，互联网金融的所有业务流程均是依托互联网，以全程非面对面的形式开展，并主要基于密码的方式实现对用户身份的校验，在认证安全方面，并不能提供线下网点面对面方式同等的安全可靠性，在业务的开通注册及

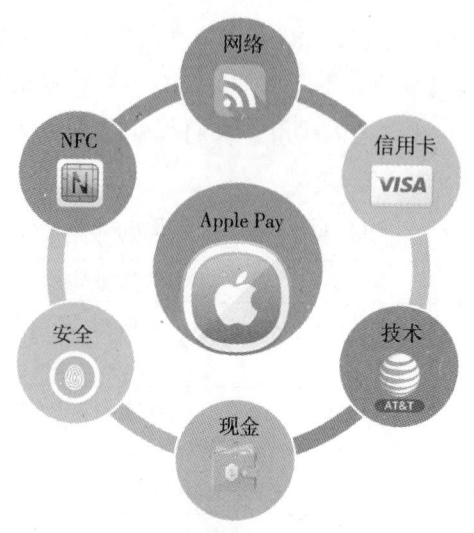

图 3-14　苹果手机"Apple Pay"功能

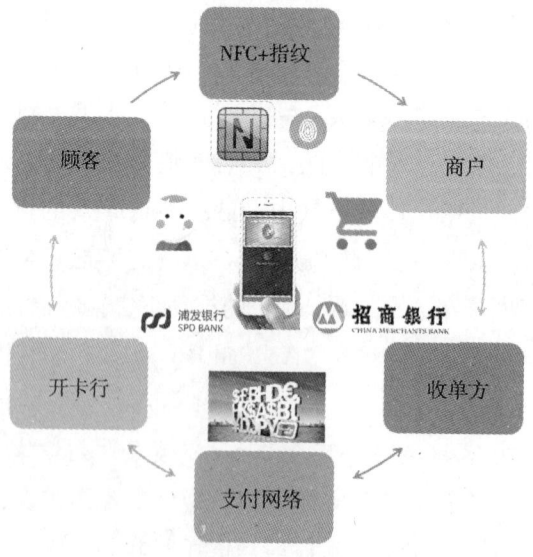

图 3-15　"Apple Pay"的线下支付流程

第三章　比特世界（Bit World）：互联网金融生态的驱动力

具体使用等环节，并不能保证每笔交易均是用户本人所为；网络病毒从多种渠道侵入，对资金安全性提出了严峻的挑战，账户被盗、资金被盗、用户信息被盗等事件屡见不鲜。

　　生物形态的身份识别技术的应用将有助于缓解以上矛盾。指纹识别是电子身份应用中非常重要并且应用广泛的一项生物形态的身份识别技术。2013 年发布的苹果 iPhone 5s 已经增加了指纹识别技术。未来几年，指纹识别会成为智能终端的标配。虹膜识别是另一种网络安全认证技术。通过手机的前置摄像头采取虹膜识别身份认证。虹膜是位于眼睛黑色瞳孔和白色巩膜之间的圆环状部分，总体上呈现一种由里到外的放射状结构，由相当复杂的纤维组织构成，包含有很多相互交错的类似于斑点、细丝、冠状、条纹、隐窝等细节特征，这些特征在出生之前就以随机组合的方式确定下来了，一旦形成终生不变。虹膜识别的准确性是各种生物识别中最高的。此外，语音识别技术、脸相识别技术等都为网络应用提供高安全性保障。通过不同安全识别技术之间的交叉验证，准确率可达 99.99% 以上。

图 3-16　指纹识别技术

图3-17　虹膜识别技术

专栏3

腾讯、浦发银行联合发起支付守护计划

在"连接一切"的移动2.0时代,安全就像水和电一样已经渗透到用户生活的方方面面,是移动互联网发展的基石;尤其在移动支付领域,安全的重要性尤为明显。

长期以来,浦发银行始终以确保客户资金与信息安全为己任,将严控风险作为业务发展的前提与基石,在安全领域进行了持续而深入的实践。浦发银行的移动金融服务产品,严格遵守监管机构制定的统一标准,采取了多因素、全方位的安全认证手段,为客户建立起了牢固的安全防控体系,在移动金融安全领域积累了较为丰富的经验。

移动支付在给人民生活带来便利体验的同时,其安全性问题也日益凸显;手机被盗、支付木马、短信劫持、社工诈骗等在PC时代常见的安全隐患,已经在移动支付领域迅速蔓延,成为制约移动支付产业破局的关键。

2014年5月,由腾讯安全、浦发银行、微信支付三家联合发起,大

第三章 比特世界（Bit World）：互联网金融生态的驱动力

众点评、知道创宇、乌云平台等多家移动支付服务中间商、产业链参与商共同参与的国内首个移动支付安全公益平台宣告成立，并联合发布旨在加强移动支付安全产业链协作、移动支付安全用户推广的"移动支付安全联合守护计划"。与此同时，腾讯还联合知道创宇、乌云平台、猎豹移动、KEEN TEAM等国内顶尖的安全团队，共同成立了国内首个"安全智囊团"，为加入移动支付安全联合守护计划的成员单位提供专业的安全监测及加固等技术服务。

在整个移动支付产业链条中，中间服务商及用户往往是最容易被黑客攻破的薄弱环节，因为缺乏专业的安全技术储备，移动支付中间服务商往往容易成为黑恶势力实施网络犯罪的"肉鸡"，其一旦发生安全事故，将给用户造成极大损失。"移动支付安全联合守护计划"的推出，或将为国内移动支付产业稳健发展，营造一个安全的生态环境。腾讯微生活总经理耿志军表示，从微信红包到滴滴打车，腾讯在连接移动支付服务商，构建O2O商业体验的同时，始终坚持开放共赢的合作理念，致力于为用户和商户提供更好的支付服务及解决方案。

"移动支付安全联合守护计划"通过移动支付产业链的合作，打造全体系的支付安全保护链条，提供系统性的安全解决方案，全面保护消费者利益，为消费者的移动支付安全保驾护航。腾讯及安全智囊团在安全领域的技术积累，将助力浦发银行为消费者提供更加可信赖的支付保障。移动支付安全问题的发生，通常是跨平台、跨地域、覆盖消费支付链的各个层面，对金融机构、电商、安全企业都构成挑战，单独从一个环节去入手，往往困难重重。只有通过移动支付产业链的合作，打造由警方、银行、商家、安全服务商等全面协同参与的移动支付保护链条，提供系统性的安全解决方案，才能切实保护消费者利益。

第二节 新兴信息技术成为互联网金融生态发展的助推器

互联网金融生态综合使用大数据、移动通信网络、云计算和社交网络等科技手段，产生的综合效应不只是4+4，也不是4×4，而是4的4次方。在大数据、移动通信网络、云计算和社交网络的推动下，金融服务的信息处理模式、技术资源利用模式、服务渠道和客户互动模式都产生了变革，促使互联网金融生态形成。

（一）大数据：互联网金融生态的信息处理模式

如何在海量的数据中找到有价值的信息？大数据分析技术及服务是关键。大数据市场的主要推力是企业不断升级业务流程、提高性能和效率的需求，另外就是非结构化数据的持续增长，以及提供高级预测分析服务的需求。

随着全球庞大数据的产生以及创新技术的应用，大数据形成了互联网金融的信息处理模式。传统金融企业通过客户经理维护客户关系，获取客户信息，这种以传统方式进行信息处理的成本较高。随着企业的经济活动更多地通过互联网开展，这些经济活动会自发产生许多有价值的数据。数据已经渗透到每个行业和业务职能领域，成为重要的生产要素。大数据的处理模式由此产生并成为互联网金融生态的信息处理模式。

大数据可降低信息不对称程度，因为通过各种行为数据的积累、搜索、采集、分析和自动集成，可以帮助金融产品进行风险定价，这样的定价效率会高于人工的判断效率和简单的财务报表分析。大数据的应用首先开始于互联网企业。经过相当一段时间的积累，尤其是电商、搜索、即时通讯等强应用的积累，互联网企业已经对客户行为在各方面有了大量的数据沉淀，包括账户数据、交易数据、搜索数据、社交网络数据等等。现在移动互联网又开始积累位置数据和服务消费数据。对于这些数据的采集和分析，

第三章 比特世界（Bit World）：互联网金融生态的驱动力

可以帮助商业银行对金融产品做出精确的风险定价。

阿里金融通过数据化的平台将商户的信贷风险控制在较低的程度，从而能够实现日均100万左右的利息收入。公开数据显示，阿里巴巴通过大数据技术将电商小贷不良率控制在0.9%，领先于传统模式的银行小微贷业务。

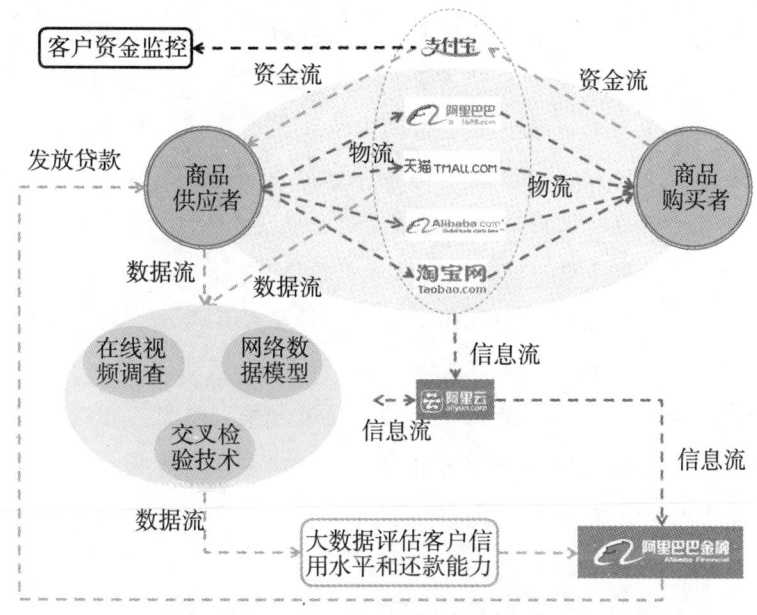

图3-18　阿里巴巴在大数据分析的基础上经营网络小贷业务

专栏4

浦发银行搭建大数据平台，发布"电商通2.0"

"电商"企业是中国经济体中新兴的，也是非常重要的一个群体。浦发银行近年来高度重视对这一群体的服务。2013年8月，浦发银行在义乌推出"电商通"——电商企业金融服务，针对浙江义乌小商品城的网络化发展，专为义乌电商园区的线上商户提供的配套金融服务，推出仅四个月，就为100多家电商企业提供近6亿元的授信支持。

小微电商经营于虚拟网络空间，电商金融的核心在于数据，金融服务模式必须与电商经营模式完全契合，才能符合电商经营的需要。因此，在义乌"电商通"试点推广仅四个月后，浦发银行就着手搭建了服务电商的大数据平台，全新推出"电商通2.0"。"电商通2.0"是为小微电商打造的专属服务方案，实现了全面的线上操作，包括线上经营、线上数据、线上审批与线上贷款，能有效解决小微电商融资普遍存在的"短、频、急"需求，并对电子商务企业的融资模式带来深刻变革，旨在为小微电商提供"多、快、好、省"的服务体验——更多的贷款机会、更快的申贷速度、更好的信用贷款和更节省的融资成本。

作为全面升级方案，浦发银行"电商通2.0"具有五大特色：

一是打造大数据引入和运用平台，全面整合各类有效数据信息，并配套设计产品和流程，做到精准定位效率领先、产品服务契合度领先、售后管理质量领先，在大数据平台搭建的过程中，浦发银行选择了电商ERP云服务专家E店宝作为首家合作伙伴，双方在大数据模式共建等方面进行积极的探索和合作。

二是以"信用贷款"为主要融资产品，加载网上自助、随借随还等功能，极大地提高了小微电商的融资便利和服务体验——在资料齐全的情况下，客户贷款通过审批最快只需10分钟。

三是以自动评审为核心，最大限度地简化了客户经理和客户的操作流程，客户经理上门一次、客户来银行一次即可完成所有业务流程。

四是彻底颠覆银行客户经营的传统模式，实现"自上而下"组织推动，真正做到精准营销和快速服务。

五是配套政策凸显优势，浦发银行为"电商通2.0"配套了专项的贷款规模及更高的不良容忍度。

（二）云计算：互联网金融生态的技术资源利用模式

云计算并不是一种简单的产品，也不是一个单纯的技术，而是一种产

第三章 比特世界（Bit World）：互联网金融生态的驱动力

生和获取IT资源新形式的总称。云计算的创新特性在于：能够实现对IT资源的动态调配，提升和简化IT管理，把IT资源作为标准化服务呈现出来，让使用者像用水、用电那样消费IT资源。云计算在本质上是一种资源共享的技术支持和管理方式，提供了更高效的数据存储和处理能力，以低成本、灵活性和敏捷发布的特点，形成了互联网金融生态的技术资源利用模式。作为云计算服务的基础设施性资源，我国及世界范围内的IDC市场也呈现迅猛的发展态势。据中国IDC圈预测，未来几年我国IDC市场将保持25%以上的增长速度。

云计算以其资源按需服务的理念吸引了银行界的高度关注。在银行业的创新中，将IT创新与金融业务创新相融合，进而产生更深层次的整合创新将为银行业带来真正意义的变革，推动银行实现可持续发展。云计算降低了技术门槛，中小型金融机构也能低成本地使用原本只有大型金融机构才能负担的信息技术应用。云计算提高了技术应用的灵活性，使商业银行能够通过与其他利益相关方（如电信、移动等）的合作，向地域分散、较难建立联系的客户提供金融服务。

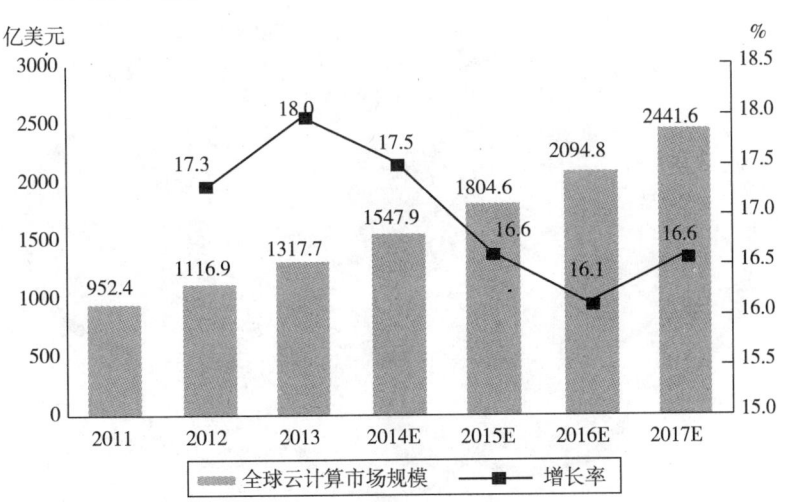

资料来源：Garter。

图3-19 全球云计算市场规模迅速扩展

互联网金融企业通过云计算能够实现弹性计算的能力，在业务峰值的时候，大规模、迅速增加计算能力。在业务量下降的时候，把这些计算能力再释放出去，提供给有需要的企业或者客户使用。只有这样，成本才能满足互联网金融企业经营的需要。例如，去年"双十一"小米手机在天猫上做了促销活动，几分钟时间就卖了十几万部手机。如果小米公司自己采购服务器来支持这样一次营销活动，需要花费三千万元。但是采购云计算服务，支持这一次营销活动，仅仅需要三百元。

中小企业打造信息系统的成本很高，因此云计算也成为商业银行向小微企业提供信息技术支持的一种方式，成为商业银行综合化服务的组成部分。平安银行的"橙e网"是一个服务中小企业的互联网金融平台。由银行出资建设和运营电子商务云服务平台，让中小企业免费享用云电商系统，快速实现其供应链上下游商务的电子化协同，实现商流、物流、资金流、信息流"四流合一"，以及由订单促发的物流、保险、结算、融资等商务服务的一站共享、综合服务。

图3-20　各种计算能力实现了在云端的共享

第三章　比特世界（Bit World）：互联网金融生态的驱动力

图 3－21　各种应用服务也能够在云端获得

（三）移动互联网：互联网金融生态的服务渠道

移动互联网颠覆了传统互联网的业务模式，为用户提供前所未有的使用体验，深刻影响着人们工作生活的方方面面。随着 4G 普及以及未来 5G 的出现，移动互联网将推动人类社会信息交互方式的进一步升级，为用户提供增强现实、虚拟现实、超高清（3D）视频、移动云等更加身临其境的极致体验。移动互联网的发展将带来移动流量超千倍增长，推动移动通信技术和产业的新一轮变革。移动互联网和物联网的迅猛发展，必定带来数据流量（尤其是移动数据流量）的爆炸式增长。据《IMT－2020（5G）白皮书》预测，2010 年到 2020 年全球移动数据流量增长将超过 200 倍，2010 年到 2030 年将增长近 2 万倍；中国的移动数据流量增速高于全球平均水平，预计 2010 年到 2020 年将增长 300 倍以上，2010 年到 2030 年将增长超 4 万倍。

移动互联网能够打破地域、时间、行业等方面的隔断，具有突出的便利性、灵活性、安全性等特点，形成了互联网金融的服务渠道。移动互联网使人们能够不限时间、不限地点地通过手机终端和移动网络快捷获取金融服务。打破了原有的 8 小时服务时间、通过柜台和实体网点的银行服务模式，形成了 24 小时在线、全球范围直通的客户服务模式。

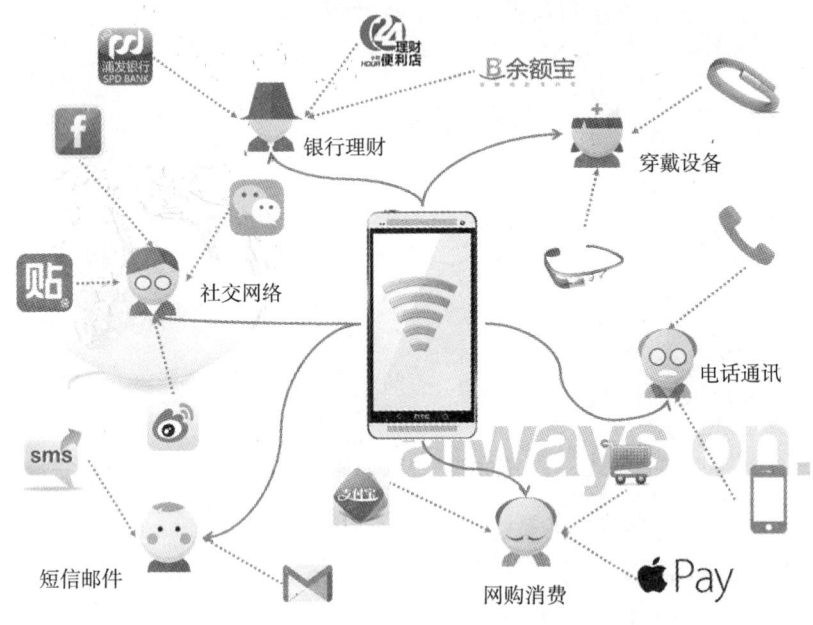

图 3-22　移动互联网实现永远在线

移动互联网是真正意义上的互联网，因为其无处不在，永远在线，连接一切。传统的支付方式已经很难适应移动互联网发展的需要。目前支付宝有大概 90% 的交易是通过快捷支付完成的，有接近一半以上的交易通过移动终端。随着手机替代 PC 成为占比最高的互联网接入设备，部分商业银行手机银行用户数和交易额已经超过网银，成为最为重要的电子渠道。随着 4G 网络的普及，移动互联网应用场景将更加广泛。移动互联网的应用场景主要包括移动医疗、移动支付、位置服务、物联网、移动搜索、多屏互动等。

第三章 比特世界（Bit World）：互联网金融生态的驱动力

（四）社交网络：互联网金融生态的客户互动模式

通过互联网，能够构建统一的、大规模交易平台。社交网络涵盖以人类社交为核心的所有网络服务形式，形成相互沟通，相互参与的互动平台，形成了互联网金融生态的客户互动模式。社交网络的核心在于为金融业务带来客户流量，无论是搜索引擎、互动社区、微信圈，都是海量客户聚集的地方，根据"长尾市场"的原理，有着各种金融服务需求的客户都能够在社交网络上享受各种便利的金融服务。社交网络的另一个特征是互动，个体不再是被动的信息接受者，每个参与者都是创造者，个体的智慧将得到充分激发。统一的、大规模交易平台的搭建有利于降低交易成本。如果交易分散在很多碎片化平台上完成，交易成本会非常之高。客户在不同交易的平台上进行切换，迁移成本也会大幅提升。对商业银行等金融企业来说，社交网络提供了全新的与客户接触的渠道，使金融企业在产品开发和服务客户时更加注重交互性，注重客户数据的挖掘，只有这样才能更快更好地了解客户、满足客户需求。

腾讯是以社交网络平台向互联网金融延伸的最成功案例。腾讯成立于1998年，最初的核心产品是即时通讯软件QQ，基于这个平台推出门户网站、游戏、QQ空间、微信等，依靠不断的微创新迭代，成为国内互联网龙头企业。目前QQ位于在线社交软件人数第一名。腾讯的微信位于移动互联网社交软件第一名。腾讯进军互联网金融从微信支付开始做起，主要涵盖四大领域：第三方应用，包括充值、官方账号付费等。理财通捆绑货币型基金，首批合作伙伴包括华夏、易方达、广发、汇添富4家基金公司。后进入彩票、电影票、打车等等领域，微信这一移动互联网的利器，未来将成为腾讯互联网金融布局的核心。

微信红包是社交网络的威力最突出的表现。马年春节期间，微信红包一夜走红，最高峰时每分钟有2.5万个红包被领取，从除夕到初八，超过800万用户参与了微信红包活动，超过4000万个红包被领取，平均每人抢了4~5个红包。

图 3-23 社交网络聚集了海量客户

表 3-5 大型社交网络平台集聚的用户数量

社交平台	客户数量（亿人）
腾讯 QQ	7.9
新浪微博	4.24
腾讯微博	5
人人网	1.72
微信	6

第三节 比特世界使互联网金融成为现实

信息通信技术（Information and Communication Technology，ICT）能够提

第三章 比特世界（Bit World）：互联网金融生态的驱动力

高生产力，促进经济增长，创造就业机会，并改善全民生活质量。纵观信息通信技术的发展历程，从 1G 模拟信号技术到 2G GSM、3G WCDMA，再到 4G LTE，数据传输速度平均每三年翻一倍，深刻地改变着人们生活。人类社会在信息通信技术影响下，正在出现以下发展趋势：未来社会是宽带社会。整个社会的信息量不断增加，海量数据成为发展趋势，大数据、云计算等面向海量数据的信息处理模式应运而生。未来社会是移动社会。移动网络更加发达，智能手机替代计算机，成为人们沟通、生活娱乐和信息处理的主要工具。未来社会是移动加宽带的社会，社会发展的核心是围绕互联网技术的应用，发展出与之相适应的虚拟生活及虚拟的金融系统。在移动加宽带的基础上，人类社会发展成为全方位的比特世界（Bit World）。里夫金先生在《零边际成本社会》一书中认为，互联网以至"互联网+"时代带来的种种效率提升和成本下降的趋势，将造就零边际成本社会。

（一）比特世界与现实世界并行

首先，人们将能够在比特世界中完成衣食住行以及娱乐活动，人类的经济运行模式发生了深刻变化。移动互联网、云存储、大数据、云计算、社交媒体、即时通讯等等这些新信息技术的出现，集成起来不再是一个简单的工具或者是一种设备，而是构成了一个新的世界，也就是虚拟的比特世界。通过互联网，人们可以时时刻刻地生活在另一个与现实世界并行的比特世界中。互联网把物质世界、精神世界中的思维和情感连接了起来，改变了我们社会经济的底层物质结构。人们在比特世界中的活动反过来又深刻地影响现实世界中人们的衣食住行。

互联网已经重塑了音乐、视频、图书、媒体、零售、批发等行业，逐步渗透到社会生活的各个方面。伴随电商而生的第三方支付已经影响了传统金融的一些重要环节，包括支付、信贷、监管方案制定、账户存在形态等。移动互联网、微信等应用的普及，使得移动支付渗透到各个支付场景。

其次，与比特世界对应的金融系统逐步成型，其核心是账户和货币体系。从产业链角度来看，平台产品实现交易需要有账户，账户是互联网金融实现支付交易的载体。账户本质上是服务于权益的存储与支取。账户的

图 3-24 人们在比特世界中完成衣食住行以及娱乐活动

权益人是账户的主体。账户就是人的体现,账户属性对应着人的特定属性,QQ账户对应着人的社交属性,游戏账户对应着人的娱乐属性,支付和资金账户对应着人的金融属性等。

账户的重要性还体现在,它是互联网的入口。众所周知,互联网入口之争一直是最残酷也是最重要的争夺。移动互联网时代,支付账户拥有越来越多的个人特性。在互联网入口时代,支付账户在整体购买流程中处于最末端的环节,是被动地被用户使用。而当支付账户成为入口时,支付账户将当仁不让地成为新的入口形式,如支付宝钱包就是一个很好的例子。

账户是用户连通互联网的身份凭证,也是包括信息价值和货币价值在内的客户所有价值的综合载体。对于互联网金融生态系统来说,未来互联网金融之争便是账户之争,谁的账户体系规模最大,账户功能最丰富,谁就能掌握持续的资金流和用户资源。互联网金融账户功能将逐步实现消费、交易和理财的一体化。支付可以帮助账户实现交易,也可以带来用户流量

第三章 比特世界（Bit World）：互联网金融生态的驱动力

的不断导入，与产业链前端的信息和技术对接上实现闭环。通过账户和支付可以带来用户流量的不断导入，这是互联网金融生态系统的核心。

互联网金融账户需要有货币的支撑，商业价值将体现在交易平台、汇兑平台和支付平台中。除了银行系统的现金货币外，互联网金融带来了虚拟货币的快速发展，其中影响最大的是比特币。

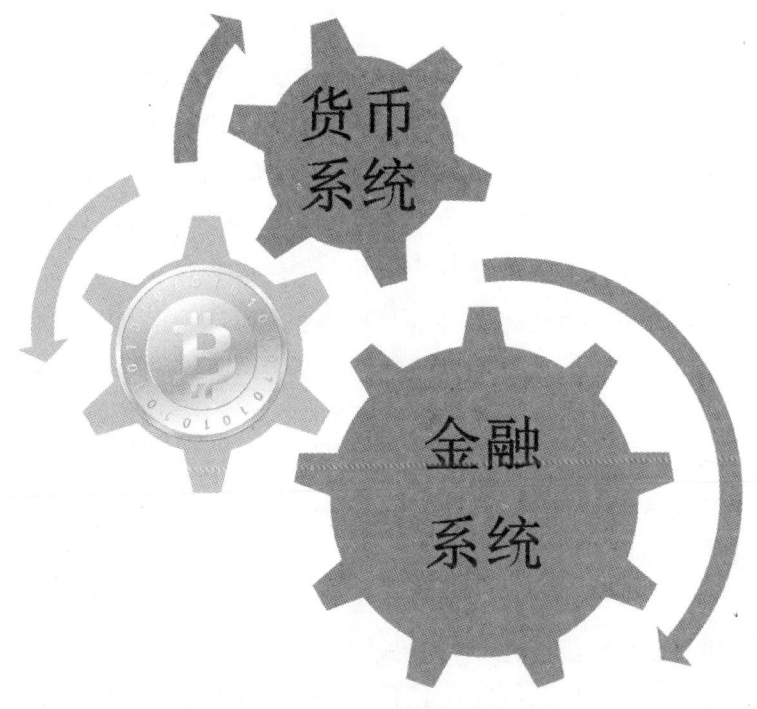

图 3-25　比特世界产生了货币和金融系统

比特币的诞生主要由两种作用力推动完成——货币非国家化（去中心化）和信息技术的进步。货币去中心化最早由哈耶克在其作品《货币的非国家化》（哈耶克，2007）中提出，希望通过废除中央银行制度和私人发行货币的方式将自由竞争引入货币领域，从而在竞争过程中发现最好的货币。在这之后，诺贝尔经济学奖获得者米尔顿·弗里德曼建议使用计算机技术建立一个比国家信用更可靠的货币体系。比特币在本质上是一种 P2P 形式的虚拟货币。它的产生不依赖于任何发行机构，而是基于一套密码编码并通过大量复杂算法得到的,可以通过任意一台接入互联网的计算机实现全球范围内流通,同时任何人都可以挖掘、购买和销售比特币。比特币是一种网络虚拟资产,每一枚比特币的产生和消费都会通过P2P分布式网络记录并告知全网,不存在伪造的可能。同时比特币还可以用来兑换成大多数国家的货币。比特币与其他虚拟货币最大的不同,是其总数量存在上限,具有极强的稀缺性。

(二)互联网技术的发展驱动商业模式与金融模式变化

从互联网技术发展的趋势看,目前已经历了互联网到移动互联网的发展,未来将经过物联网向智能互联网演变。物联网传感器的广泛应用,使互联网具备了智能化的特征,向"智能互联网"的方向转化。物联网从其内涵上来说,是运用嵌入在物体中的传感器、传动装置和数据通信技术,通过互联网或数据网络来实现对物体的跟踪、协调和控制。可穿戴设备、智能家居、无人驾驶汽车等包含物联网元素的创新技术和产品不断出现。物联网扩展了移动通信的服务范围,从人与人通信延伸到物与物、人与物智能互联,使移动通信技术渗透至更加广阔的行业和领域。移动医疗、车联网、智能家居、工业控制、环境监测等将会推动物联网应用爆发式增长,数以千亿的设备将接入网络,实现真正的"万物互联",并缔造出规模空前的新兴产业,为移动通信带来无限生机。同时,海量的设备连接和多样化的物联网业务也会给移动通信带来新的技术挑战。

在智能互联网时代,信息技术正在成为产品本身不可分割的一部分。新一代产品中内置传感器、处理器和软件,并接入互联网。同时,产品数据和应用程序在产品云中储存并运行。智能互联产品包含三个核心元素:物理部件、智能部件和联接部件。智能部件能加强物理部件的功能和价值,而联接部件进一步强化智能部件的功能和价值,这就使得产品价值提升形成了良性循环。物理部件包含产品的机械和电子零件。以汽车为例,物理部件包含引擎、轮胎和电池。智能部件包含传感器、微处理器、数据存储装置、控制装置和软件等,联接部件包含接口、天线以及有线或无线联接协议。

第三章 比特世界（Bit World）：互联网金融生态的驱动力

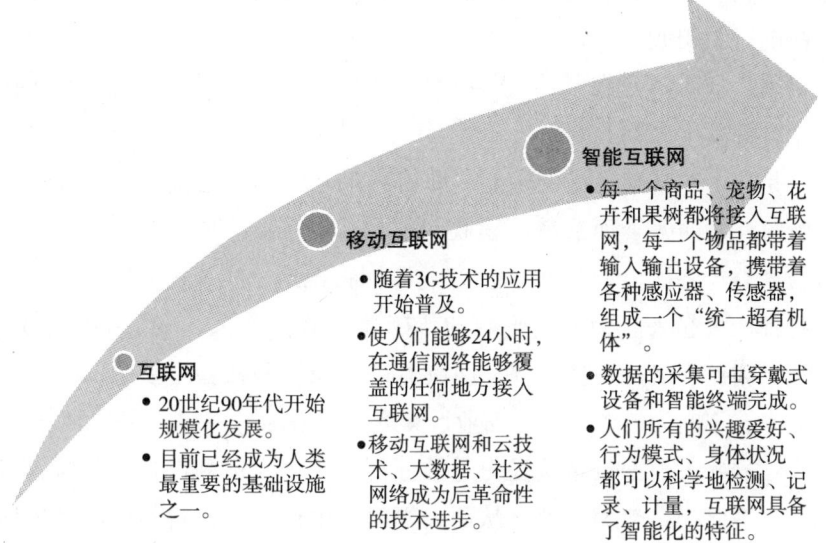

图3-26 互联网技术发展趋势

"智能"和"互联"将赋予产品一系列新的功能和能力，主要分为四类：监测、控制、优化和自动。通过传感器和外部数据源，智能互联产品能对产品的状态、运行和外部环境进行全面监测。在数据的帮助下，一旦环境和运行状态发生变化，产品就会向用户或相关方发出警告。监测功能还能追踪产品的运行状态和历史，更好地了解产品的使用状况。人们可以通过产品内置或产品云中的命令和算法进行远程控制。算法可以让产品对条件和环境的特定变化做出反应。将检测，控制和优化功能融合到一起，产品就能实现前所未有的自动化程度。

物联网平台具有分布式、点对点的性质，这使由社会企业和个人组成的数百万小型参与者集合成对等网络，形成全球性协同共享系统，构建横向规模经济，从而淘汰垂直整合价值链中多余的中间人，最终使过去让边际成本居高不下的利润暴跌。在未来的时代，每个人都变成了产消者，可以更直接地在物联网上生产并相互分享能源和实物，这种方式的边际成本接近于零,近乎免费,这与我们已经开始在互联网上进行的制造和分享信息产品的行为相似。

里夫金(2014)在《零边际成本社会》一书中指出,人类社会将在以下两个方面发生深刻的变化。

一是技术和基础设施的嬗变,即由通讯互联网与逐渐成熟的能源互联网、物流互联网融合而造就的物联网革命。他在新作中认为:物联网将彻底颠覆人类经济社会,他描绘道:"物联网将把这个集成世界网络中的所有人和物都连接起来。物联网平台的传感器和软件将人、设备、自然资源、生产线、物流网络、消费习惯、回收流以及经济和社会生活中的各个方面连接起来,不断为各个节点(商业、家庭、交通工具)提供实时的大数据。反过来,这些大数据也将接受先进的分析,转化为预测性算法并编入自动化系统,进而提高热力效率,从而大幅提高生产率,并将整个经济体内生产和分销产品和服务的边际成本降至趋近于零。"

二是互联网带来的近乎零边际成本的社会将在未来 30 年至 50 年内终结资本主义的经济形态,并催生一种改变人类生活方式的新经济模式:协同共享,从而颠覆许多世界大公司的运行模式。里夫金先生认为,这种革命日益凸显市场经济的体制性悖论:竞争与创新驱动生产效率持续提升和边际成本持续下降,可是当边际成本趋近于零时,商家将无法收回投资,利益相关方也无法获得满意的利润,行业巨头会因此争取市场份额以建立垄断,阻碍"看不见的手"引领市场达到生产和消费近乎零成本的最有效模式。针对这一似乎无解的矛盾,里夫金预言,资本主义时代正在淡出世界舞台,新兴的物联网正在催生一种改变人类生活方式的新经济模式:协同共享。在未来几年,几乎所有的经济领域都将引进"零成本"模式。在全球协同共享模式和各经济体依赖性不断深化的背景下,人类正迈入一个超脱于市场的全新经济领域。

目前,全世界已有 120 亿个传感器安装在自然资源、道路系统、仓库、车辆、工厂生产线、电网、零售商店、办公室和家庭中,不断将大数据输送到通信网络、能源互联网和物流互联网。思科公司预测,到 2020 年,将有超过 500 亿个传感器连接到物联网。最近的另一项预测则估计,到 2030

第三章 比特世界（Bit World）：互联网金融生态的驱动力

年，将有超过 100 万亿个传感器连接到物联网。

例如在重工业，施耐德的 PORT 技术最多可将电梯等待时间缩短 50%。同时，各个技术领域都取得了突破性发展：如传感器和电池在性能、微型化和能源效率上的提高，高度集成且低功耗的处理器和数据存储装置，新的 IPv6 互联网地址注册系统给物联网预留了 340 万亿个新网址等。不同技术发展阶段，也对应着不同的商业模式；不同的商业模式，对应着不同的金融服务模式。互联网技术从桌面互联网发展到移动互联网，再发展到智能互联网，对应的商业模式也由传统互联网的 B2B/B2C 模式，发展到移动互联网的 O2O 模式，再发展到智能互联网的 C2B/C2M/C2C 模式。金融服务模式也从网络金融发展到移动金融，再发展到智能金融。

在智能互联网发展的潮流下，客户处于一个万物连通的信息世界，生活和网络联系密切，客户需求不断变化。银行网点已经不再是客户接受金融服务的唯一方式，网点成为强化客户体验的场所。商业银行网点作为银行的渠道之一，其定位和形态都将发生巨大变化。

德勤在 2014 年 12 月发布的行业报告《"Bank 3.0"时代，银行网点将何去何从？》中指出，在互联网金融和移动金融飞速发展的背景下，电子渠道对物理渠道的替代已越来越明显。各主要上市银行的电子渠道交易替代率都在迅猛增长，电子渠道交易替代率已经达到七成以上。同时网点租金和人工成本上涨等趋势也对银行运营构成了压力，促使银行开始积极进行网点布局和数量调整，以提升网点渠道整体投资回报率。客户越来越偏好虚拟渠道，互联网用户和智能手机用户快速增长，客户已快速从"面对面的柜面交易"转向更为便捷的电子渠道。

表3-6 互联网技术发展带来不同的商业模式与金融服务模式

互联网技术发展阶段	主要技术	主要商业模式	金融服务模式
桌面互联网	TCP/IP、HTML、固网技术	B2B/B2C 模式：特点是电子商务网站一对多地服务消费者群体。产品仍然处于标准化、规模化生产的阶段。	网络金融

续表

互联网技术发展阶段	主要技术	主要商业模式	金融服务模式
移动互联网	智能终端、TCP/IP、移动网络	O2O 模式：特点是用户和商户能够通过移动互联网便捷地进行沟通互动，线下商户能够全面及时地了解客户需求。	移动金融
智能互联网	商业智能、HTML5	C2B/C2M/C2C 模式：特点是由消费者（Customer）发起需求，企业（Business）进行快速响应的商业模式，即客户需要什么，企业就提供什么产品服务。C2B 的核心是消费者角色的变化，由传统工业时代的被动响应者变为真正的决策者。	智能金融

第四章 互联网生活和互联网生产：孕育互联网金融生态的土壤

互联网诞生近二十年来，已经成为影响人类社会发展进程的革命性力量。而互联网对人类的生活和生产方式带来的变革方兴未艾，未来的影响将更加深远。互联网的影响呈现出从线上向线下扩散，从生活消费领域向生产制造领域扩散的趋势。随着互联网在人们生产生活中的加速渗透，虚拟世界和现实世界的边界被打通，线上和线下活动相互影响、日益融合，人类社会正全面进入互联网时代。

第一节 互联网带来生活方式的革命

互联网已经给人类生活带来了巨大的变革，深刻地改变了人们交流通讯、出行购物、休闲娱乐、教育学习等方面的生活方式。人类生活的方方面面正逐步为互联网所渗透、影响和变革。未来人们的生活将与互联网充分融合，呈现出新的生活方式和特征，形成互联网生活的新形态。

（一）互联网生活：电子商务已经深刻影响人们生活

互联网最重要的应用领域之一就是电子商务。电子商务近年来的巨大发展，对人们的生活产生了巨大的影响。从电子商务的发展状况，可以看到互联网正在人们的生活中扮演着越来越重要的角色。尤其在中国，电子商务的发展水平已经居于全球领先地位，可以说中国人的生活与互联网已经紧密联系在一起。

1. 电子商务的发展历程

根据维基百科的定义，电子商务是指在互联网（Internet）、企业内部网（Intranet）和增值网（Value Added Network，VAN）上以电子交易方式进行交易活动和相关服务活动，是传统商业活动各环节的电子化、网络化。基于互联网的电子商务发端于20世纪90年代中后期。早期网络普及有限，网络活动也基本停留在电子邮件和新闻浏览阶段。此后，随着经济的发展、互联网的普及、网民的增加，电子商务渐渐为人们所熟识，逐步走入人们的生活中。

美国是电子商务发展的先驱。美国在20世纪90年代开始出现电子商务，1995年亚马逊公司成立，是网络上最早开始经营电子商务的公司之一。2000年之前美国电子商务以亚马逊的快速兴起为标志发展迅速，之后由于互联网泡沫破灭陷入调整期。2003年起，电子商务恢复增长，随后进入扩展期。2008年之后，美国电子商务的发展进入了平缓期。近几年来，随着移动互联网的普及，美国电子商务又进入模式创新的新时代，以Uber、AirBnb等为代表的新一代电商企业蓬勃兴起。

我国的电子商务发展也起步较早，发展程度在世界上也处于比较领先的水平。1998年，中国第一笔互联网网上交易成功。1999年，8848、易趣、当当、阿里巴巴等电子商务企业成立，网上购物进入实际应用阶段。2005年国务院发布《关于加快电子商务发展的若干意见》，此后中国的电子商务进入了一个快速发展的时期。2014年，阿里巴巴在美国上市，已经成为全球市值第二高的互联网企业。

中国电子商务的发展历程基本呈现出以下演变特征：覆盖区域从一线城市扩大到二线城市，消费人群从80、90后延伸到60、70后，传播媒介从PC互联网扩大到移动终端，服务方式从满足客户需求到提升客户体验，电子商务模式从B2B、B2C扩大到C2B、F2C。

2. 电子商务发展空间广阔，将在人们生活中占据越来越重要的地位

随着电子商务的快速发展，电子商务在人们生活中的重要性也越来越高。艾瑞统计数据显示，2014年中国电子商务市场交易规模12.3万亿元，增长21.3%。其中，与人们生活消费相关的网络购物、在线旅游、本地生

第四章　互联网生活和互联网生产：孕育互联网金融生态的土壤

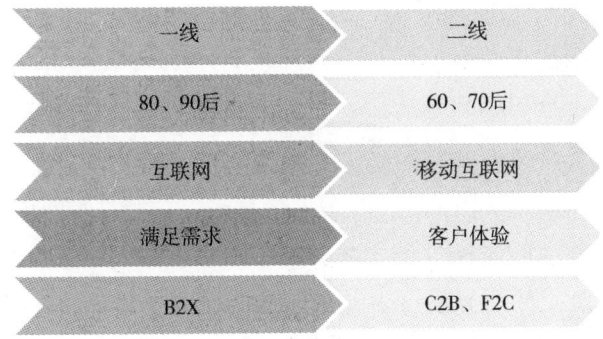

图 4-1　中国电子商务的演变趋势

活服务的交易共占据了电子商务市场的 26.6%。

根据艾瑞咨询的统计，2014 年中国网络购物市场交易规模达到 2.8 万亿元，增长 48.7%，仍然维持在较高的增长水平。根据国家统计局 2014 年全年社会消费品零售总额数据，2014 年网络购物交易额大致相当于社会消费品零售总额的 10.7%，年度线上渗透率首次突破 10%。

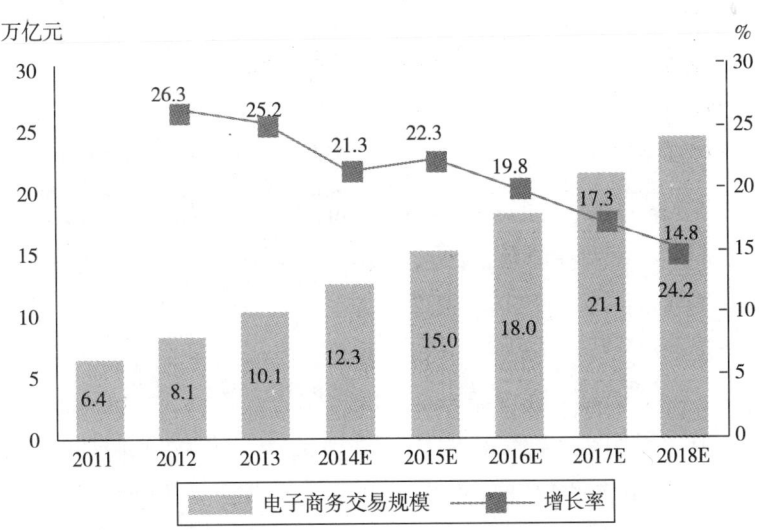

资料来源：艾瑞咨询。

图 4-2　2011—2018 年中国电子商务市场交易规模

71

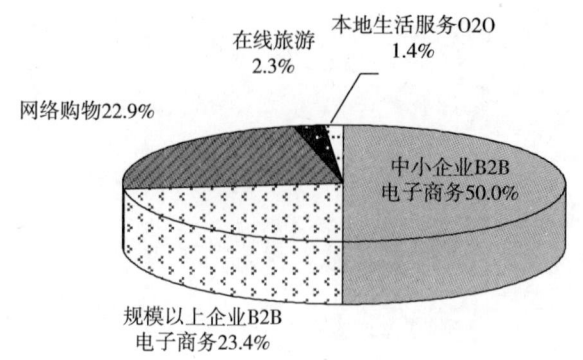

资料来源：艾瑞咨询。

图4-3 2014年电子商务市场细分行业领域

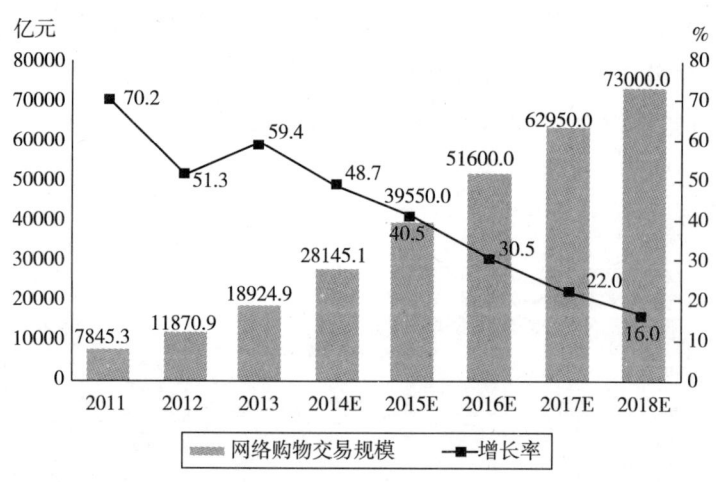

资料来源：艾瑞咨询。

图4-4 2011—2018年中国网络购物市场交易规模

中国2013年网络购物交易额为1.85万亿元，占当年我国社会消费品零售总额的8%，而预期2014年网络购物交易额约在2.6万~2.8万亿元之间，约占社会消费品零售总额的10%。中国电子商务在社会零售中的占比虽已超美国，但由于经济飞速发展的原因，仍处于快速上升时期。

第四章 互联网生活和互联网生产：孕育互联网金融生态的土壤

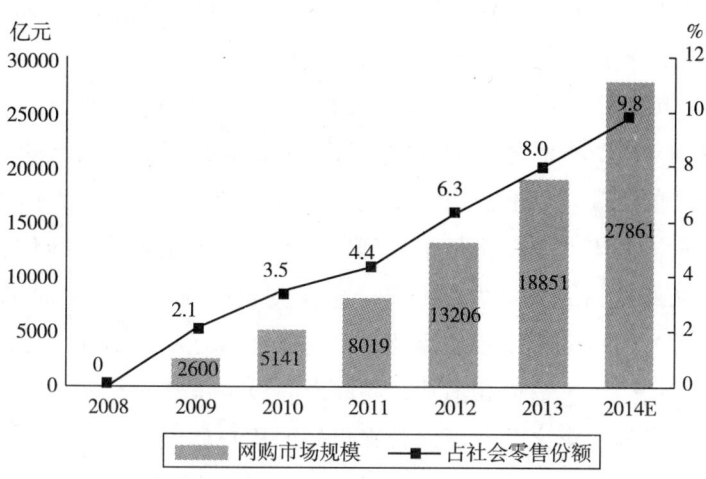

资料来源：中国互联网信息中心。

图 4-5 中国网络购物交易额及其占社会零售市场份额

中国电子商务的用户、成交额渗透率都还有较大提升空间。中国拥有世界最大的网购用户群体，并且其渗透率还未达到发达国家水平。当前中

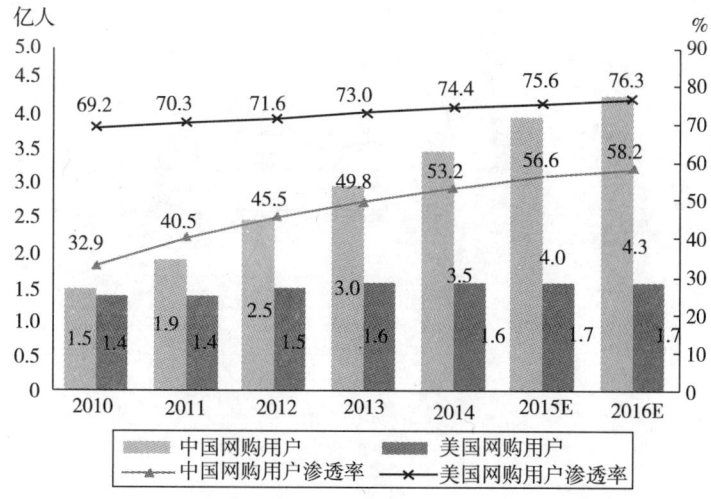

资料来源：艾瑞咨询。

图 4-6 2010—2016 年中美网购用户及渗透率对比

国约有3.5亿网购用户,网购用户在整体消费者中的渗透率为68.2%,而同期美国的网购用户约为1.7亿人,渗透率约为76.3%。

(二)互联网生活:从线上走向线下

互联网对人类生活的影响从线上逐步渗透到线下,对人类的生活方式带来了巨大的变革。以电子商务发展的历程来看,互联网对人们生活消费领域的影响,总体上呈现出从信息到实体,从标准化到非标准化、从低价到高价、从商品到服务的发展趋势。信息内容(例如新闻、通讯、影视、电子游戏等)可以完全实现数字化,最易于通过互联网传输,因此最先实现互联网化的生产、销售和消费;实体产品服务虽然无法实现完全的数字化,但与互联网融合之后,可以带来更好的用户体验,也将逐步为互联网所变革。标准化的商品易于存储、运输,标准化服务的内容和质量比较稳定,因此也是电子商务较早涉及的品类,而近年来随着物流和供应链体系的发展完善,电子商务逐渐向非标准化的商品服务延伸。此外,随着网上信用体系的建立和完善,人们网上购物消费习惯的逐渐形成,电子商务也

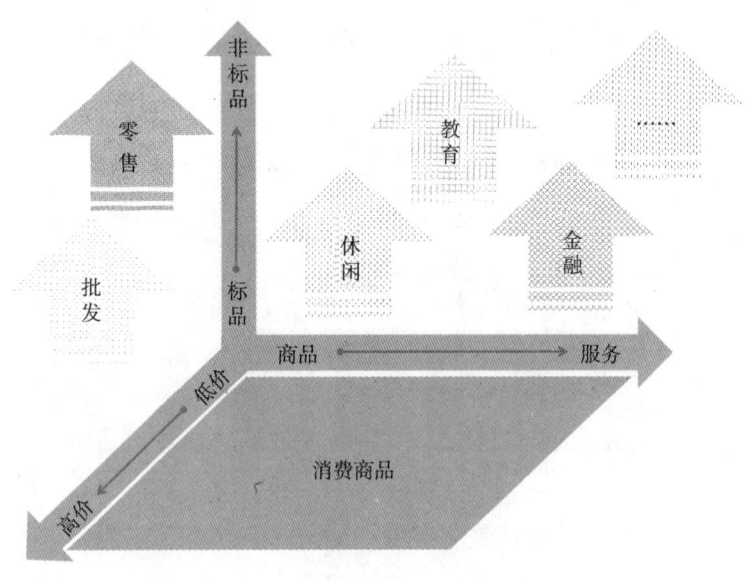

图4-7 互联网对生活领域的渗透趋势

第四章　互联网生活和互联网生产：孕育互联网金融生态的土壤

逐渐从低价值的商品服务逐步向高价值的商品服务拓展。生活服务通常具有非标准化、本地化、不可存储等特征，因此只有在移动互联网出现，根本性地解决了用户与线下商户的搜寻匹配这一问题后，才能真正实现互联网化，使互联网生活真正覆盖到人们生活的每一个领域，从线上走入线下。

从电子商务的发展历程来看，我们可以清楚地看到互联网对人们生活领域的影响趋势。以美国亚马逊为例，亚马逊从图书品类逐步拓展到CD、录像录音磁带等媒体产品再到最终的多品类百货化的在线零售商。其品类拓展总体呈现从标准化产品到非标准化产品的特点。

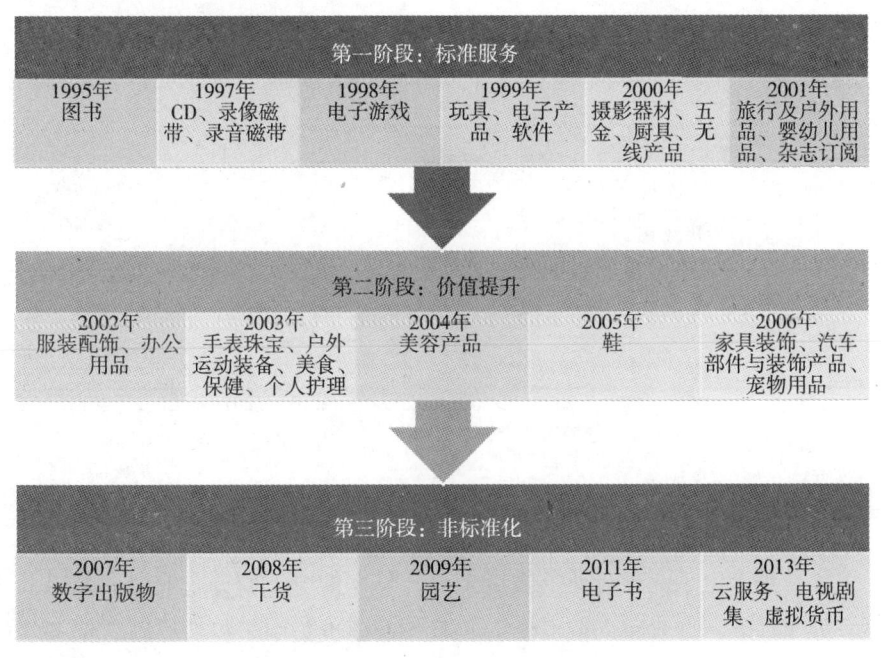

资料来源：宏源证券。

图4-8　亚马逊品类拓展历程

以我国的京东网上商城为例，京东从CPU、主板等电脑零部件起家，后逐步覆盖全部消费电子和大家电商品，到后来覆盖图书、服装、食品、生鲜、日用品等百货商品，实现了从网上销售到消费电子及家电类专业化电商，到综合性网上商城的转变。此后，京东还成立了金融集团，围绕其电子商务进一步拓展相关的消费信贷、小额贷款等互联网金融业务。京东的品类扩展历程，体现了从标准化向非标准化，从低周转速度向高周转速度产品的延伸。

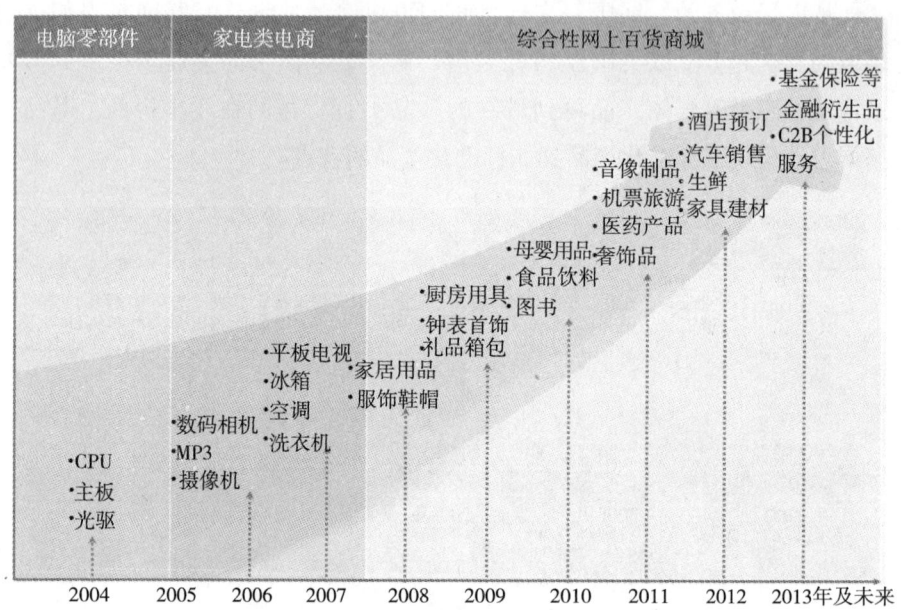

资料来源：宏源证券。

图4-9 京东经营的商品服务品类的发展历程

而从整个电子商务行业的发展来看，早期的电子商务企业以商品电商为主，如亚马逊、淘宝和京东，少量的服务电商也集中于机票、酒店票务等标准化服务领域。而近年来随着移动互联网时代的到来，各类服务电商大量涌现，互联网加速向线下非标准化的服务领域渗透，逐步扩展到医疗保健、文化教育以及关系消费者本地生活服务的方方面面。美团（团购）、滴滴打车（出租车）、58同城（本地服务）等众多服务电商快速兴起，而老牌电商也加速向服务领域渗透，如淘宝推出淘点点（本地预订点餐）、去啊（旅游）等服务，并投资快的打车（出租车服务）等一批生活服务类电商等。

第四章 互联网生活和互联网生产:孕育互联网金融生态的土壤

表 4-1 电子商务领域细分

一级分类	二级分类	三级分类	四级分类(品类丰富度)	
			综合类	垂直类
商品电商（网络购物）	实物类商品	平台	天猫、淘宝	—
		自营为主	京东	唯品会、聚美
	虚拟类商品	平台	网易商城	500彩票网
		自营	—	—
服务电商	通用服务（服务内容导向）	平台	—	—
		自营	—	沪江网、开课吧
	本地生活服务（位置导向）	非平台	点评、美团	大地、星美
		平台为主	窝窝	格瓦拉、大麦网

资料来源:艾瑞咨询。

(三)互联网生活:向服务领域延伸

当前,互联网已经对商品零售领域产生了颠覆性的影响。而未来,互联网对本地生活服务、医疗、教育等主要生活服务领域也将带来重大变革,深刻改变人们的生活方式。

1. 蓬勃兴起的互联网本地生活服务

本地生活服务是指与人们的衣食住行密切相关的日常生活服务,服务的提供和消费需要在人们的所在地才能完成,主要包括餐饮、休闲娱乐、美容护理、婚庆、亲子等。移动互联网时代到来后,本地生活服务通过O2O模式加速与线上世界融合。互联网本地生活服务将当地、线下、具有实体店铺的餐饮、生活服务、休闲娱乐等商家服务信息,以一种"网店"的方式呈现给消费者,具有方便快捷、节约成本、精准营销等优势;借助移动互联网随时在线、地理定位等功能,消费者可以随时随地查询和购买所需的本地生活服务商家的服务,并能直接与商家商定具体的消费时间、地点、内容等服务细节;移动互联网还将商家和消费者直接联系起来,对商家而言能够降低营销和客服等成本,对消费者而言则不仅能节约搜寻商家的时间成本,还能享受到较线下更低的折扣和优惠;商家借助互联网,可获取消费者的位置信息,积累客户的消费信息,并在此基础上对消费者开展精准营销,大大提升营销效率。

(1)互联网本地生活服务的主要类别

目前,在餐饮、娱乐、交通、家政、美容、婚庆、亲子等各个领域,本地生活服务电商正蓬勃兴起,未来将大大改变人们本地生活的形态。根据本地生活服务电商品类的丰富度,可将其划分为综合类本地生活服务电商和垂直类本地生活服务电商。综合类本地生活服务电商主要是指通过该电商渠道,消费者可在线购买或预订多种本地生活服务,如美团网、糯米网、大众点评等。而垂直类本地生活服务电商则专注于某一类本地生活服务,提供该类服务的在线购买或预订,如格瓦拉、饿了么、到家美食汇、大麦网等。目前,我国的本地生活服务电商市场快速兴起,互联网本地生活服务的生态圈已初见雏形。

图4-10 互联网本地生活服务的生态

(2)互联网本地生活服务市场发展状况

本地生活服务是服务业的重要组成部分。2014年以服务业为代表的第三产业增加值达到30.67万亿元,占中国GDP总量的48.18%,是支撑我国经济发展的第一大产业。服务业可以划分为生活性服务业与生产性服务业，其中生活性服务业包括餐饮消费、休闲娱乐、文化教育、医疗保健等多个领域，涵盖日常生活的方方面面。据艾瑞咨询估计，本地生活服务在服务业中的占比超过六分之一。2013 年我国本地生活服务市场规模为 4.7 万亿元，比 2012 年增长 13.3%，占同期第三产业增加值的 17.9%。未来三到五年内，本地生活服务市场仍会保持稳步增长，在经济中的比重将不断增加。

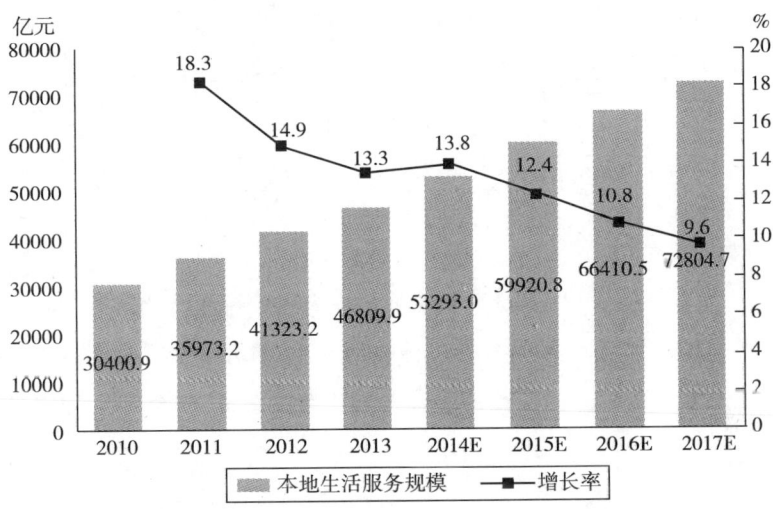

资料来源：艾瑞咨询。

图 4-11　2010—2017 年中国本地生活服务市场规模

互联网本地生活服务市场迎来加速发展的时代。据艾瑞咨询统计，2013 年互联网本地生活服务市场规模超过 1700 亿元，同比增长 45.0%。目前互联网本地生活服务在整个本地生活服务市场中的渗透率还较低，不足 4%。随着移动互联网的快速普及，互联网本地生活服务市场将加速增长，有望成为下一个万亿级的线上市场。移动互联网的快速发展，将加快对传统服务行业的改造。餐饮、租车、休闲、亲子、美容护理等产业的触网程度日益加深，传统的本地生活服务商业模式正在被互联网所改造，未来将是线上和线下相互结合、相互影响的过程。

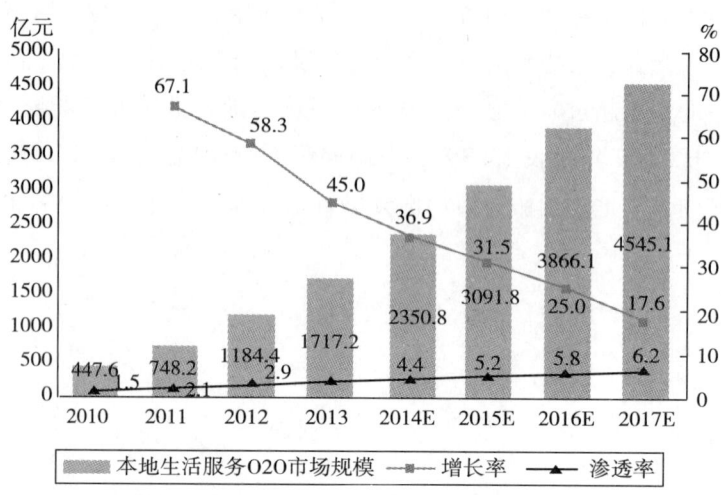

资料来源：艾瑞咨询。

图 4-12 2010—2017 年中国本地生活市场规模及互联网渗透率

互联网本地生活服务的消费者日益增多。2013 年互联网本地生活服务的用户规模为 1.9 亿人，在整体网民中的渗透率为 31.4%，较 2012 年提升

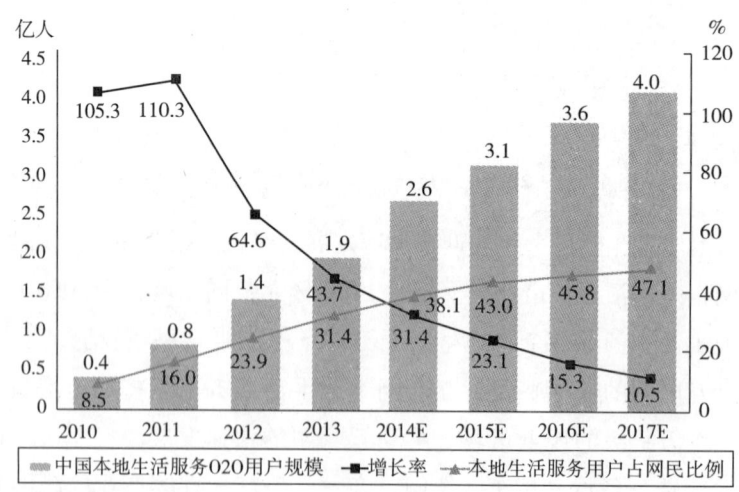

资料来源：艾瑞咨询。

图 4-13 2010—2017 年中国本地生活服务 O2O 用户规模及渗透率

第四章 互联网生活和互联网生产：孕育互联网金融生态的土壤

7.5个百分点。近几年，互联网本地生活服务用户渗透率快速提升，互联网本地生活服务正日益为消费者熟悉和接受。

本地生活服务电商平台帮助传统商家走向线上。大众点评、淘点点等本地生活服务电商平台，为广大传统本地生活服务商家搭建了网络渠道，为广大传统商家触网创造了一个相对简单高效的途径。本地生活服务电商市场在经历了近几年年粗放发展的初期阶段后，有望逐步进入理性发展期，实现平台运营模式和服务方式的多样化发展。据艾瑞咨询估计，2013年综合类本地生活服务电商市场规模达到380亿元，同比增速近80%，预计未来两三年将继续保持快速增长势头。

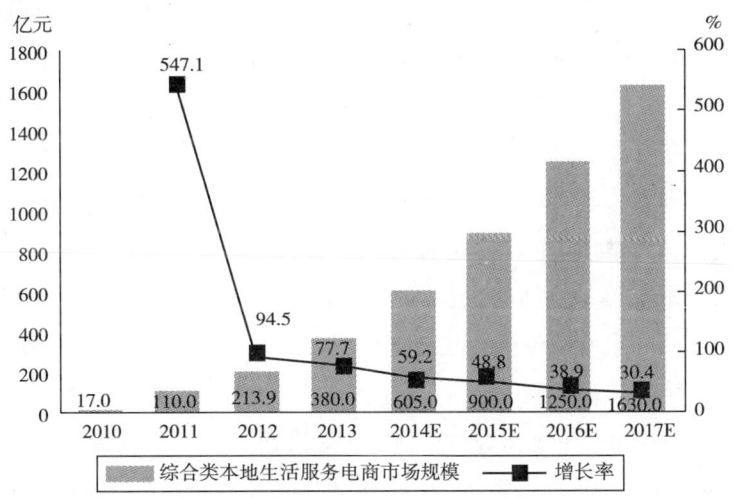

资料来源：艾瑞咨询。

图4-14 2010—2017年中国综合类本地生活服务电商市场规模及渗透率

（3）互联网本地生活服务市场具有广阔的发展空间

本地生活服务市场规模巨大为互联网本地生活服务的发展提供广大的发展空间。以服务业为代表的第三产业已经是支撑我国经济发展的第一大产业，在国民经济中的占比还在不断攀升。作为服务业重要组成部分的本地生活服务，未来三到五年内，仍会保持稳步增长，在经济中的比重将不断增加。本地生活服务市场巨大的市场规模将为互联网本地生活服务提供广阔的发展空间。

实物商品电商的发展为本地生活服务电商提供了良好的用户基础。当前以实体商品为主的中国电子商务已经取得了长足的发展。2013年中国电子商务交易额达到10.1万亿元，同比增长25.2%，未来仍有望保持较快增长。实体商品类电子商务为本地生活服务电商培养了广泛的消费者基础。这一消费者群体熟悉并习惯于网络购物，乐于接受网络新鲜事物，具有一定的消费能力，能够成为本地生活服务电商良好的用户基础。

移动互联网发展为本地生活服务电商的发展提供了有利条件。艾瑞咨询数据显示，2012年8月至2014年5月，PC端软件和网页的日均覆盖人数分别增长了21.9%和4.1%，而移动端App和移动端网页的日均覆盖人数则增长了147.0%和73.7%。移动终端的普及为加速互联网对传统行业的改造创造了有利条件。移动终端成为用户获取信息、社交互动、交易支付的重要媒介。伴随着移动互联网的快速普及，传统服务行业急需打通线上和线下的壁垒，这为本地生活服务电商提供了有利条件。

（4）互联网本地生活的主要服务形态

一是互联网家政服务。互联网家政服务可以进一步细化为保洁、洗衣、月嫂、家电维修等多项垂直服务。这些垂直领域都在不断涌现出新的创业企业，而原有的创业企业也通过不断融资快速壮大。在业务模式上，B2C和B2B2C是互联网家政服务比较主流的模式。以云家政、阿姨来了、阿姨帮为代表的产品已经从单纯服务B端拓展到同时服务B端和C端，但真正能做到P2P服务的平台仍然不多。同时，早期以单品类服务进入互联网家政服务市场的产品也在不断拓展服务品类，开始重视品牌塑造。未来这种能够上门的O2O服务将是一个重要趋势，这将不仅仅局限于家政，而是提供任何能够解救"懒人用户"的服务。

二是互联网小区服务。小区服务的概念是在2014年才兴起的，而互联网小区服务是连接小区业主、物流、周边商超、小店以及用户的服务，是将小区服务深入到每户家庭中去的新的连接方式。这其中既有主打小区便

第四章 互联网生活和互联网生产：孕育互联网金融生态的土壤

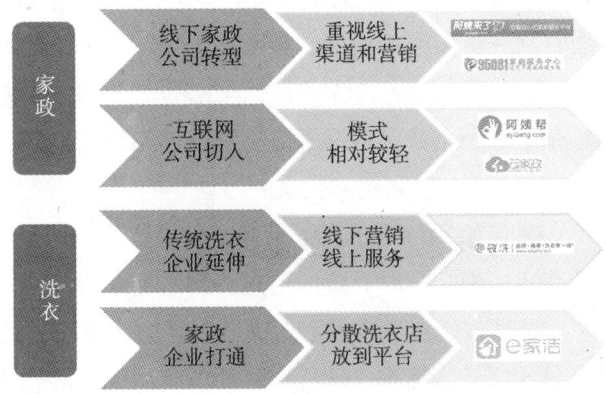

资料来源：腾讯：《企鹅智酷》。

图4-15 互联网家政服务的业务模式

民信息服务的小区无忧、叮咚小区等，也有主打小区零售服务的小区001、爱鲜峰、59store等。互联网小区服务的关键不仅在于聚合小区内的商家和上门服务者，还要为其提供易用的高效工具，并跟进服务预订、平台监督、用户反馈、支付等一系列配套设施，帮助其持续优化经营。

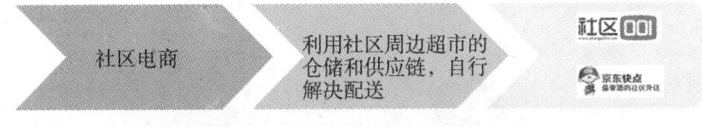

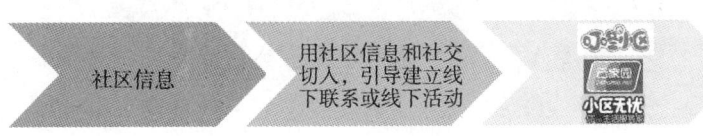

资料来源：腾讯：《企鹅智酷》。

图4-16 互联网小区服务的业务模式

三是互联网婚庆服务。互联网婚庆服务在 2014 年得到显著发展。这是一个难度较高但同时利润也较高的市场，难度在于与结婚相关的环节繁多（包括婚纱、摄影、婚宴礼服、婚庆、婚宴等十多个环节），加上市场不规范、信息不透明，同时亦是一个重决策的服务。不过在高利润的刺激下，越来越多的玩家开始进入，其中也包括阿里、大众点评这样的大玩家。具体案例方面，如"到喜啦"是一家结婚预订电子商务平台，为结婚新人、个人工作室和婚礼服务企业提供真实准确、实时有效的信息，网站上汇集了众多国内外婚礼行业的一线品牌。结婚整件事从流程上来说是繁琐的，而互联网 O2O 平台就是要把新人从大量的比较、筛选、砍价中解放出来，以标准化的服务方式提高效率。到喜啦从相对标准化最高的婚宴预订切入，打造了"三步下单系统"，只需提交婚宴区域、婚宴预算、婚宴桌数就能让新人快速找到符合要求的酒店，不仅有针对性地解决了问题，而且简便的操作体验也降低了用户的使用门槛。此后，到喜啦将服务品类逐步扩展到婚宴、婚纱摄影、婚庆、珠宝礼服、婚车等服务，成为一站式的互联网婚庆服务平台。

图 4-17 到喜啦网页界面

第四章 互联网生活和互联网生产：孕育互联网金融生态的土壤

四是互联网餐饮及外卖服务。聚焦于外卖的互联网餐饮服务已经被证明是行之有效的一种模式，主要原因在于外卖服务需求巨大，且使用频率很高，而商家也越来越接受互联网化的经营。目前，互联网外卖平台大部分采取了 B2B2C 的业务模式，即一端对接餐饮商家，另一端对接消费者提供外卖点餐服务。具体来说，相关公司能够为餐厅搭建电商化的前后端系统，并提供相应配送服务。一方面，互联网餐饮服务公司加大对餐饮商户端的信息化改造，为餐厅开始提供收银管理、CRM 等信息化解决方案。如 2014 年，大众点评入股了天财商龙、石川和黑马三家做餐厅 ERP 软硬件的公司。同时阿里巴巴收购了同样做收银管理的石基软件。这预示着互联网餐饮服务平台用更有力的抓手，布局餐饮商户端。另一方面，互联网餐饮

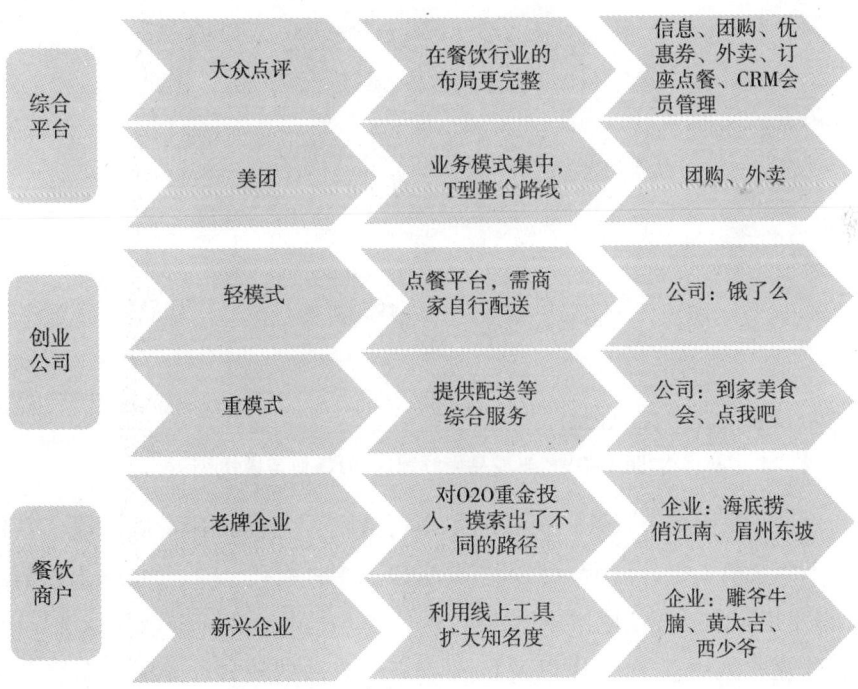

资料来源：腾讯：《企鹅智酷》。

图 4-18 互联网餐饮及外卖服务的业务模式

服务平台更加注重对线下市场的服务能力建设,加强物流配送能力等。如2014年,包括饿了么、点我吧、到家美食会、百度外卖等在内的外卖O2O,均开始自建物流配送团队,即使不是自建物流,像美团外卖,也会和当地的外卖配送团队建立深度的合作关系。

五是互联网生鲜配送服务。生鲜电商是2014年O2O行业热点之一,涌现出不少创业企业,例如新味、青年菜君、蔬客配达等,其中新味、青年菜君已经拿到了A轮融资。一方面,生鲜电商发掘出了人们曾经未发现的需求,并且在饮食方面给人们提供了一个方便又有趣的选择。但另一方面,这类服务的需求真实性、购买频次、客单价、配送成本、复制性等方面也受到了一定质疑,未来是否可行还需市场验证。

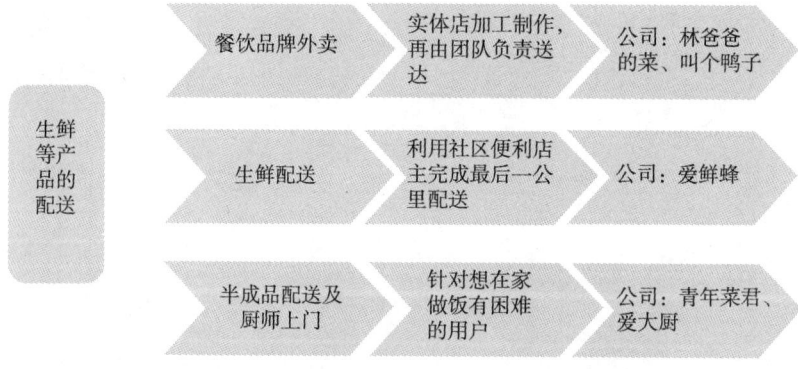

资料来源:腾讯:《企鹅智酷》。

图 4-19 半成品生鲜配送 O2O 业务模式

六是互联网租车服务。互联网租车行业已经走向快速发展阶段,其优势在于商业模式十分清晰,收入主要来自三个方面:(1)佣金收入:信息和交易的撮合平台,通用的商业模式;(2)增值收入:符合懒人经济导向;(3)物流收入:基于O2O以及信息与交易流动的模式。美国打车服务商Uber于2014年6月宣布已完成12亿美元的最新一轮融资,总估值达182亿美元;该模式主要利用社会的闲置车辆,通过Uber中心控制平台,将乘客与司机对接起来,打破原有的乘客与司机的信息不对称;Uber于2014年2

第四章 互联网生活和互联网生产：孕育互联网金融生态的土壤

月正式进入中国，为了规避政策风险选择与租车公司合作，并推出了本土化应用。国内快的打车公布2014年一季度已覆盖国内所有省会城市达261个，环比增长6.5倍；日订单量超过623万单，同比增长20.7倍；一季度已实现接近千万元人民币的月度营收。而到2014年3月，滴滴打车用户数亦已超过1亿人，日均订单从年初35万人增长至超过520万人。

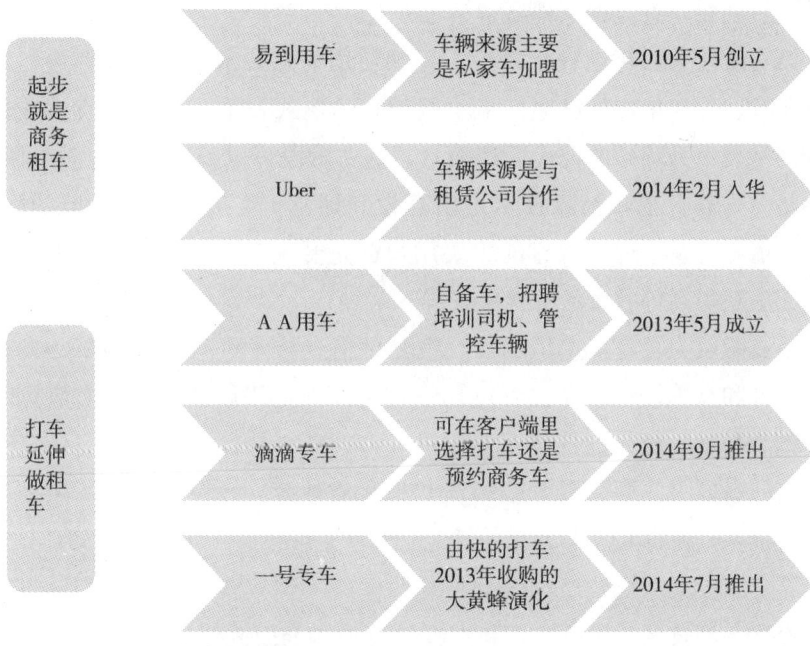

资料来源：腾讯：《企鹅智酷》。

图4-20 租车O2O业务模式

2. 快速发展的互联网教育

（1）从线下走向线上：互联网掀起教育产业革命

2013年以来，互联网教育迅速崛起，教育产业正在面临深刻的变革。教育由线下走向线上，不仅打破了教育时间、地域的限制，而且使得教学内容向多媒体化互动化发展，并推动了教育教学资源更加高效的配置。MOOC（Massive Online Open Course，大规模网上公开课程）课堂的崛起，有道云课堂、YY 教育等的出现，都说明互联网的模式和思维正在深刻影响教育产业，并带来新的增长机遇。

从发展历程来看，互联网教育经历了从远程教育平台、培训机构转战线上，到目前的互联网公司涉足互联网教育三个阶段。在这一发展过程中，互联网教育的形式和内容越来越多样化，便利程度也不断提高，越来越多的消费者开始乐意尝试这种新型学习方式。

第一阶段为教育远程化阶段。我国使用信息技术对传统教育进行革新早在 20 世纪 80 年代就已以广播电视教育的形式开始，90 年代发展成以信息和网络技术为基础的现代远程教育，这一阶段可以归纳为远程教育阶段，主要是高等教育依赖信息技术走出高校和课堂，突破时间和地域的限制，开始传播和普及。远程教育的主要用户群是受限于时间、地域和学历的要求而无法获得高等教育的中青年人群。

第二阶段为教育信息化阶段。主要是信息技术进入教育领域，尤其是基础教育和高等教育，在教育过程中较全面地运用以计算机、多媒体和网络通讯为基础的现代信息技术，促进教育改革，从而更好地适应信息化社会提出的新要求，深化教育改革，实施素质教育。教育信息化的主要用户群是传统基础教育和高等教育中的老师和学生群体。

第三阶段为在线教育阶段。在线教育深入到教育的各个类别，包括基础教育、高等教育、职业教育和兴趣教育等，全面改变了教育和学习方式，同时，借助互联网和移动互联网的高渗透率，在线教育的用户群由单一的学生群体扩展到全民，凡是有受教育需求的人群，均可以通过在线教育接受教育。

（2）互联网引发教育变革

互联网教育让"教"与"学"不受时间、空间、方式和环境的限制，让学习无处不在。互联网具有资源共享、超越时空、实时交互、个性化、公平性等优点，这些优势结合教育，将产生巨大的价值，或引导 4A（Anytime、Anywhere、Anybody、Anyway）学习模式的到来，颠覆传统的教与学模式。

第四章 互联网生活和互联网生产：孕育互联网金融生态的土壤

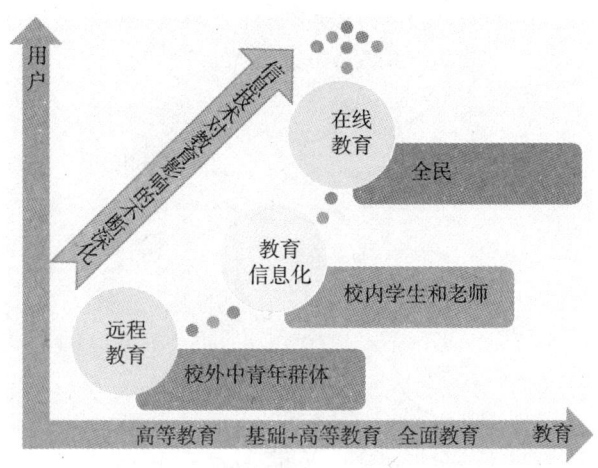

资料来源：中信证券。

图 4-21 互联网教育发展历程

互联网教育的价值体现在以下几个方面：第一，学习资料实现共享，师生可以从互联网上获取大量有用的教学资料。第二，碎片化学习，通过互联网学习，可以突破时空限制，随时随地利用碎片时间进行学习。第三，数据留存和分析，互联网教育可以实时记录和保存学生的学习和成绩状况，掌握学生的学习进度，并通过数据分析找出学生学业中的薄弱环节，为其提供个性化解决方案。第四，娱乐性，互联网教育产品的可以通过多媒体等多种形式来提供，可以为学习过程带来更多的娱乐性。例如，以微软的 HoloLens、Facebook 的 Oculus 等为代表的虚拟现实等新兴技术的进步，将为教育带来更加具有互动性和娱乐性的教学方式。第五，长尾聚合，有些很小众的技能在传统线下教育的商业模式里无法实现，但在互联网时代则可以在通过互联网全世界范围招生，将具有相同兴趣的小众人群聚合在一起提供教学服务，这一点在兴趣教育中尤为突出。第六，教育公平性。教育资源分布不均衡是困扰中国教育发展的一大弊端，互联网教育可以最大程度地解决这个问题，使偏远地区的学生也能接触到国内外优秀的教育内容。

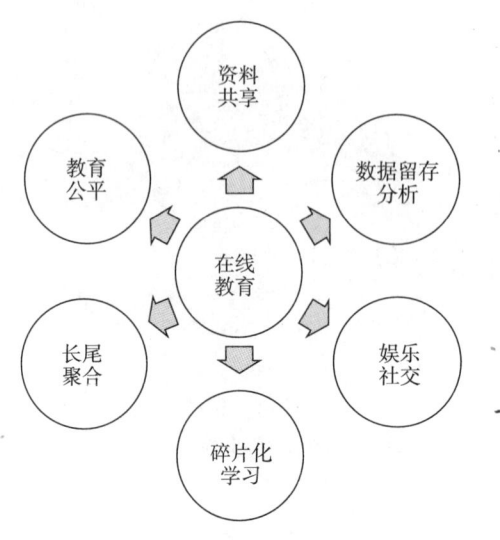

图4-22 互联网教育的价值

(3) 互联网教育的基本模式

移动互联网技术的日渐成熟和普及,将对教育带来颠覆性的影响。互联网教育的新型模式可分为内容模式和平台模式。

一是内容模式。主要提供包括教育视频、学习资料等在内的知识内容以及教育学习工具类产品。教学视频:该类产品实际上是线下教学课堂向线上转移,课堂内容并没有变化,只是从"面对面"授课转变为通过互联网传输授课视频。主要代表有:好未来网校、华图网校、101网校、新东方在线等传统网校和远程教育,以及 Coursera、Udacity、edX、网易公开课、新浪公开课等 MOOC 和公开课(该类在线课程通常汇集了各领域国内外顶尖学府的优质视频教学课程,是优质视频教育资源的聚合)。文档资料:通过汇集各类书报资料、研究报告、学习课件、模拟试题等,为人们提供各种各样的学习文档和资料,人们通过对这些信息进行消化、吸收和再加工,进而转化为自身的知识和智慧,这类互联网教育服务的代表有 Google Books、百度文库、豆丁网、知乎等。教育工具:是指为学习过程提供辅助的一类工具,如针对提高效率、增强记忆力、查漏补缺等教育产品,如印

第四章　互联网生活和互联网生产：孕育互联网金融生态的土壤

象笔记、有道云笔记等。

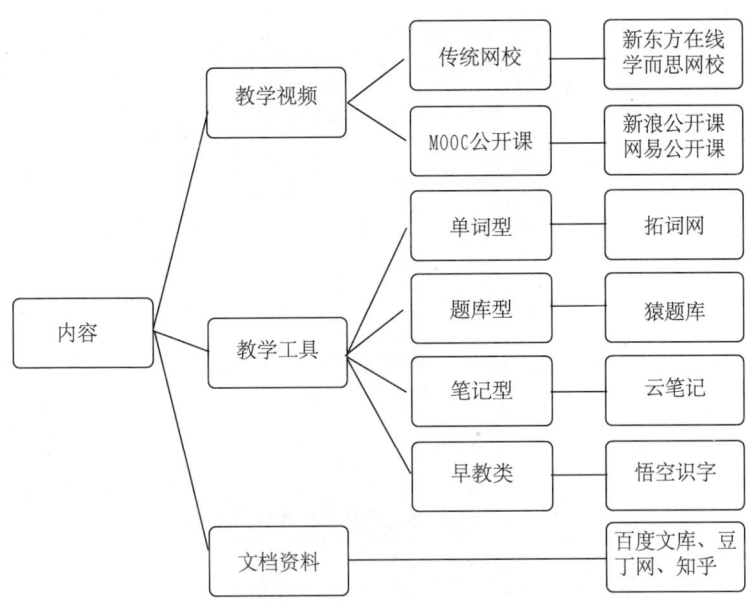

资料来源：中信证券。

图4-23　互联网教育的内容模式

二是平台模式。互联网教育平台是指一些为教学双方提供中介的平台商，此类平台多为具有互联网思维的线上机构主导，拥有强大的平台技术、丰富的线上运营经验，主要可以划分为B2C、C2C两种模式。B2C型：B2C互联网教育平台的提供商直接生产教育内容并传递给用户，一般需要平台掌握优质的师资力量和高水平的内容制作能力，主要代表为一些网校，如中华会计网校、新东方网校等。C2C型：C2C互联网教育平台本身不生产内容，由用户自发制作并上传提供教育内容，平台商主要是担当教育课程提供商和用户之间的桥梁，主要代表有网易云课堂、淘宝同学、百度传课、YY教育、多贝网、粉笔网、第九课堂等。

互联网金融生态

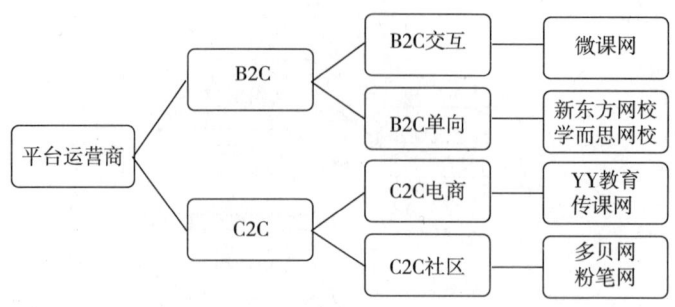

资料来源：中信证券。

图4-24 互联网教育的平台模式

> **专栏5**
>
> ## Coursera 互联网教育平台
>
> Coursera 是美国最大的在线教育平台，创立于2012年前后，通过与知名高校展开合作，将大量精品课程推到线上，供全世界网民学习，极大地改变了高等教育的模式。
>
> Coursera 是免费大型公开在线课程网站，由美国斯坦福大学两名计算机科学教授创办。旨在同世界顶尖大学合作，在线提供免费网络公开课程。Coursera 的合作院校包括斯坦福大学、耶鲁大学、普林斯顿大学、东京大学、巴黎高等商学院等全球知名学府。Coursera 是三大在线教育平台中注册用户最多、签约高校最多的平台。2015年初，Coursera 的注册用户已经超过1000万人，合作大学达到118所，提供956门课程。
>
> Coursera 大获成功主要得益于以下几点：一是情景化的课程设计。Coursera 上面的每一门课都是专门针对在线学习而设计，授课人对于在线教学内容做出情景优化，更易于将学生带入教学情景。举例来说，如精心设计的幻灯片，与课程领域内的知名学者现场视频连线进行互动等形式，都受到学生的青睐。二是人性化的界面设置。教学视频进度可以

第四章　互联网生活和互联网生产：孕育互联网金融生态的土壤

调整，便于学生按照自己的学习习惯和接受能力来调节；还可以选择字幕；可以直接下载视频课程，下载电子版本的教程、习题、参考资料等。网站的其他主要板块还包括论坛、测试等。在论坛上，学生之间、学生与老师之间可以就课程内容进行探讨互动。在测试板块，学生将作业文件提交到 Coursera，由系统自动评分。有些课程甚至还会生成完整的点评报告。三是课程认证机制。当学生学完一门课程，并通过考试达到课程要求的分数，就可以拿到授课教师签字的电子结课证书。某些课程甚至可以直接转换为相关大学的课程学分。因此，这一课程认证机制对在线学员的学习来说是一个很大的激励，并在很大程度上提高了课程的结课率。

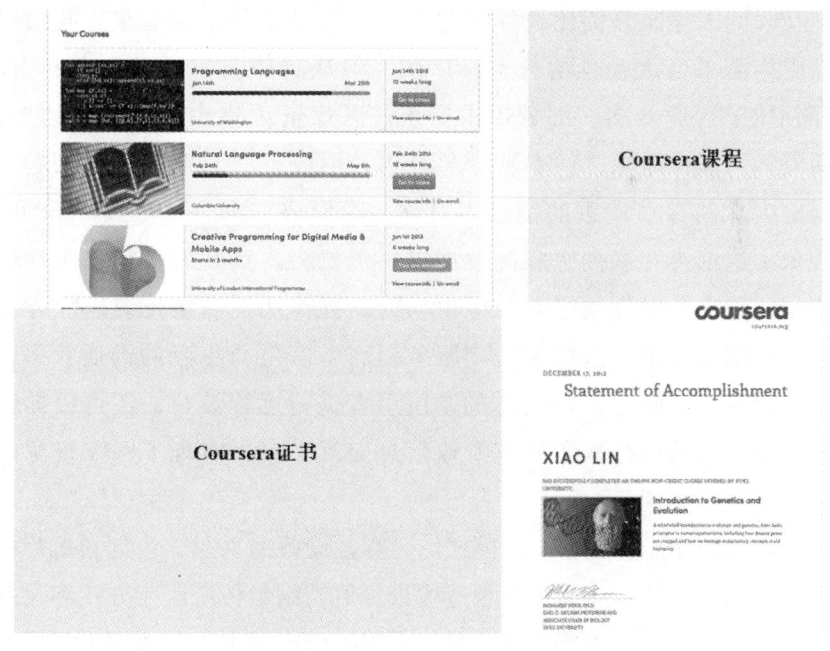

图 4-25　Coursera 的首页与结课证书

3. 前景广阔的互联网医疗

医疗行业因其受监管程度较高等特殊属性，相对于日常消费行业，线上线下融合速度更慢。但随着移动互联网技术的日趋成熟和加速渗透、消费者行为的演化、公众对互联网接受程度的日益提升，互联网医疗时代即将来临。

(1) 互联网医疗具有重大的价值

互联网医疗能够节省大量医疗费用。近年来，随着医保覆盖率的增加、人口老龄化的加剧和城镇化的推进，我国医疗卫生费用支出也不断攀升。根据国家卫生计生委的统计，2013年全国卫生总费用总计2.8万亿元，GDP占比5.36%。互联网医疗有望通过提高治疗水平，改进诊疗效率，完善预防保健，节约大量医疗成本。麦肯锡研究报告[1]指出，预计到2025年，互联网技术在医疗保健领域的应用每年将为中国节约6100亿元的医疗卫生支出。

互联网医疗能够优化医疗资源配置，满足细分市场需求。我国医疗行业整体需求巨大，且增长空间广阔。但从具体需求类型和分布上看，医疗领域子行业众多，细分需求突出。医疗资源集中于经济发达地区，优质资源与医疗需求之间错配现象突出，形成了"看病难"的问题；患者与医生之间存在严重的信息不对称，隐形成本高企，导致"看病贵"的现象。这都为互联网医疗的发展提供了机会。互联网医疗在医疗行业的应用，能充分发挥网络对长尾市场的发掘作用，满足传统医疗方式不能满足的细分需求；互联网医疗服务提高了医生与患者的沟通频率，通过互联网技术对缺乏医疗资源的基层患者进行远程诊疗，还可以提供个性化定制、高端医疗服务以及专业信息交流平台；实现了医疗资源的合理调配和充分利用。

互联网医疗能够创新医疗模式。可穿戴设备的兴起，为创新医疗模式创造了广阔的空间，将为患者创造增量价值，满足传统医疗方式和设备无法满足的医疗需求。可穿戴医疗设备应用于健康管理，可以通过纪录患者日常健康体征，掌握患者健康状况，为患者提供健康咨询；应用于慢性病

---

[1] 麦肯锡：《中国的数字化转型：互联网对生产力与增长的影响》，2004。

第四章 互联网生活和互联网生产：孕育互联网金融生态的土壤

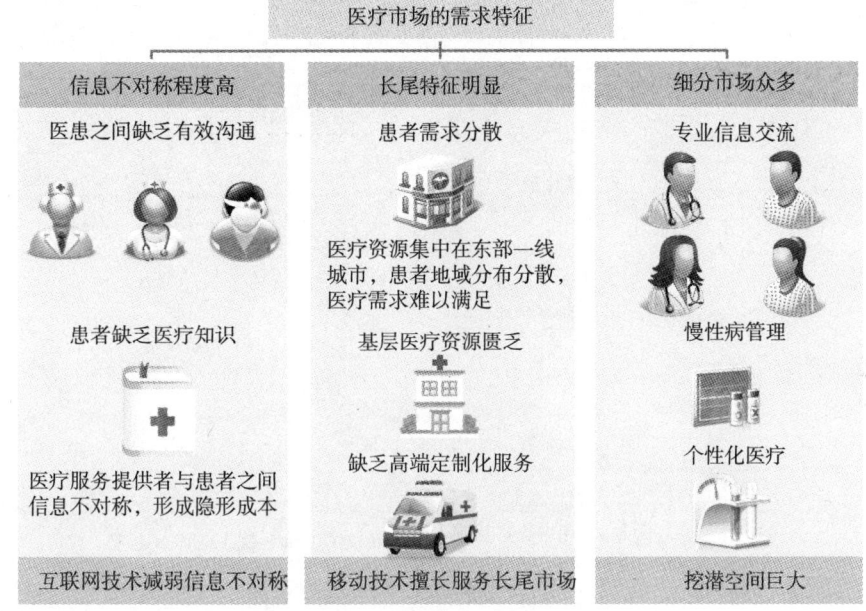

资料来源：国家卫生计生委、中金公司。

图4-26 我国医疗市场需求特征

管理，则可以实现连续监测，并在此基础上进行数据分析，优化诊疗方案。

（2）互联网医疗发展空间巨大

目前，互联网医疗行业尚处于市场启动期，其发展前景为各方所看好，未来发展空间巨大，未来五年有望迎来爆发式增长。2012年中国互联网医疗市场规模为19亿元，预计到2020年将达到574亿元。

近年来，互联网医疗领域的发展日益为各界所看好，不仅有大量企业在互联网医疗领域创业，我国互联网企业三巨头BAT也纷纷加紧布局互联网医疗，试图在互联网医疗领域抢占制高点。从三者的布局重点来看，腾讯从医生入口切入，阿里巴巴则着力于把控药品监管体系，百度则专注于搭建健康云平台。

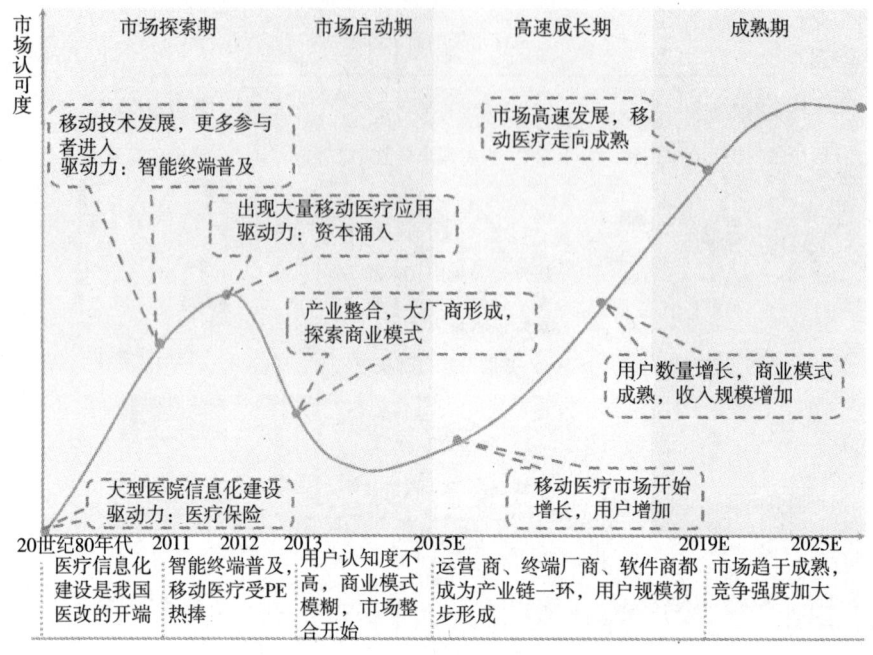

资料来源：易观智库：《中国移动医疗市场 AMC 专题研究报告》。

图 4-27　互联网医疗市场未来的增长

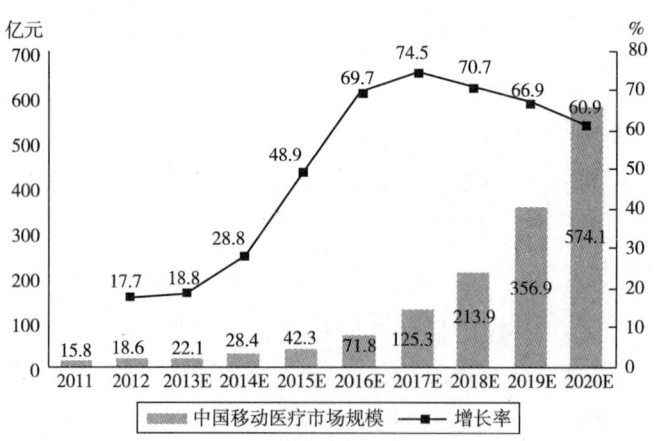

资料来源：iiMedia Research，理实国际。

图 4-28　中国互联网医疗市场规模

第四章　互联网生活和互联网生产：孕育互联网金融生态的土壤

腾讯网 qq.com	2012年7月 • 与好大夫达成战略合作关系，在"在线问诊"、"预约加号"等方面展开合作	2014年3月 • 与九州通旗下药师合作，开通微信购药平台，实现微信支付购药	2014年6月 • 腾讯产业基金2100万美元入股可穿戴开发商PICOOC • 推出智能硬件开放平台	2014年9月 • 腾讯产业基金投资7000万美元入股我国优质医生资源入口丁香园	2014年10月 • 腾讯产业基金投资1亿美元入股挂号网 • 推出依托微信的"智慧医疗"，已有百家医院尝试
淘宝网 Taobao.com	2014年1月 • 云峰基金10亿元收购中信21世纪54%股权，获得网上药品的销售权和中国仅有的药品监管码体系	2014年3月 • 与海虹控股签署协议，在医疗福利管理领域结成战略合作伙伴	2014年5月 • 宣布"未来医院"计划，为患者挂号、排队、付款、查看诊断结果、理赔等带来体验提升	2014年7月 • 云峰基金投资数千万入股医生预约平台华康全景网 • 支付宝连合天猫医药馆启动药店O2O	2014年12月 • 处方电子化平台在河北和杭州试运行，首次分流医院处方 • 推出网售处方药O2O"快的"模式
Baidu百度	2013年4月 • 与SFDA合作，将SFDA的三大药品数据库、20余万权威药品信息入百度	2013年4月 • 与咕咚网联合推出智能可穿戴设备"咕咚手环"	2013年8月 • 与映趣科技联合发布inWatch智能手表	2013年12月 • 上线百度Dulife智能健康设备平台，并为用户定制所需的健康云服务	2014年7月 • 与北京市合作，在Dulife智能硬件平台的基础上打造"北京健康云"平台

资料来源：国信证券。

图4-29　BAT在互联网医疗领域加快布局

（3）互联网医疗的重点发展领域

未来在线医疗服务、可穿戴设备以及医院信息化将是互联网医疗发展的三大重点领域。一是在线医疗服务：在线医疗服务平台按照服务对象，可以分为两大类：面向患者/健康人群、面向医生/医院。面向患者平台主要以健康管理、慢性病管理、自诊、导诊、挂号、问诊、用药、购药等应用为主，面向医生/医院以交流互动、文献查询、专业资讯、辅助诊断/用药、病历管理、在线培训、移动工作站等应用为主。二是可穿戴设备应用于医疗领域：可穿戴设备在医疗领域的应用主要涉及慢性病管理和健康状况监测。以三诺生物、九安医疗等为代表的企业通过可穿戴设备监测慢性病患者指标，进行数据分析，提供医疗建议；以宝莱特、咕咚手环、乐动力等为代表的企业则主要提供日常健康监测功能，并给予记录和建议。三

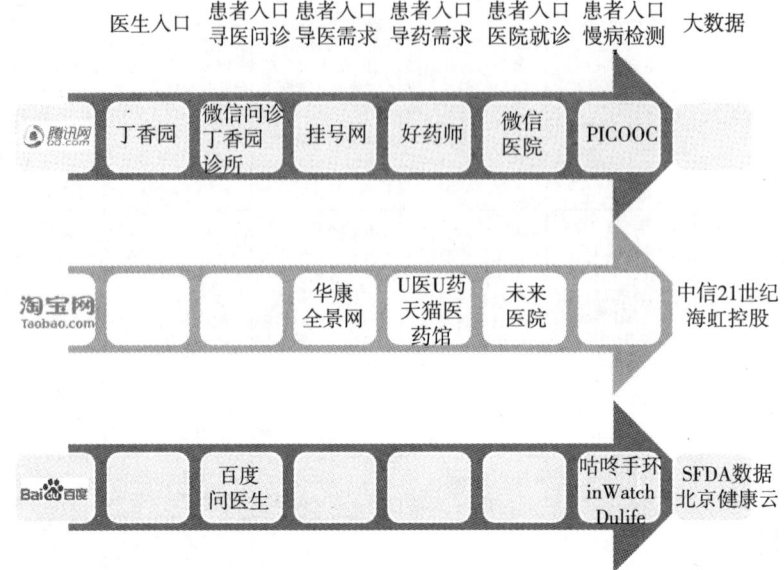

资料来源：国信证券。

图4-30　BAT在互联网医疗领域的投入情况

是医院信息化：控制医疗保险费用支出是互联网医疗发展的助推力之一，医疗信息系统的应用可以帮助医院跟踪成本开支，优化资源配置，进而控制和节约成本。医院信息系统的移动化使医生能通过移动终端访问PACS（影像归档和通信系统），便于信息共享，提高诊疗效率；药品福利管理则通过对药品产业链进行管理，最终实现成本控制。

（四）移动互联网加速线上世界与线下世界的融合：O2O模式的兴起

移动互联网解决了信息在线上、线下间流转的问题，催生了全新的O2O模式（Online to Offline），将对线下生活的方方面面产生前所未有的深刻变革，加速线上和线下世界的融合，打造出全新的互联网生活生态。O2O是线上和线下互动的全新商业模式，它将使互联网的影响渗透到目前人们生活消费中占比90%以上的线下部分。

1. O2O模式推动线上和线下生活的融合

第四章　互联网生活和互联网生产：孕育互联网金融生态的土壤

	业务类型	业务概述	代表企业
医疗服务平台	面向患者	提供医疗健康咨询，境外健康诊疗	· 春雨医生 · 紫色医疗
	医学人士	提供前沿医学动态，移动端电子病历系统	· 丁香园 · 睿医
	医患交互平台	联系患者与医生两大用户群，打造医患线上交流社区，提供远程健康咨询服务	· 39健康网
可穿戴设备	慢性病管理	慢性疾病指标实时检测，大数据分析协助疾病诊断	· 九安医疗 · 宝莱特
	日常健康监测	实时记录体温等健康数据，运动检测服务	· 咕咚手环 · 睿仁医疗
医院信息化	药品福利管理	对患者疾病状态、医生处方集、药品流动体系进行管理，控制医疗费用	· 海虹控股
	医院信息移动化	移动终端访问PACS系统	· 东软熙康 · 卫宁软件

图 4-31　国内主要互联网医疗企业商业模式梳理

O2O 即 Online to Offline（或 Offline to Online）。通常意义上的 O2O 模式，即 Online to Offline，是指线下商户通过互联网提供产品服务销售信息，并通过网络聚集有效的用户群体，用户在线支付相应的费用预订所需的产品服务，再凭借各种形式的付款凭据到线下商户完成消费。而 Offline to Online 的模式，即线下对线上，则是利用线下信息展示渠道（如二维码等）及各种线下推广活动等，将用户从线下引导至线上。随后可能再由线上到线下的反向转移，促进线下销售。进而衍生出 Offline to Online to Offline 模式（线下营销到线上交易再到线下消费体验）和 Online to Offline to Online 模式（线上交易或营销到线下消费体验再到线上消费体验）等多种模式。本质上，O2O 是线下商户可以通过线上找到用户，而用户可以通过网络找到线下服务。O2O 将线下商务与互联网结合在一起，让互联网成为线下交易的前台。这样线下服务就可以通过线上来吸引客户，消费者可以通过线上来筛选服务，并且可以在线上完成支付结算。

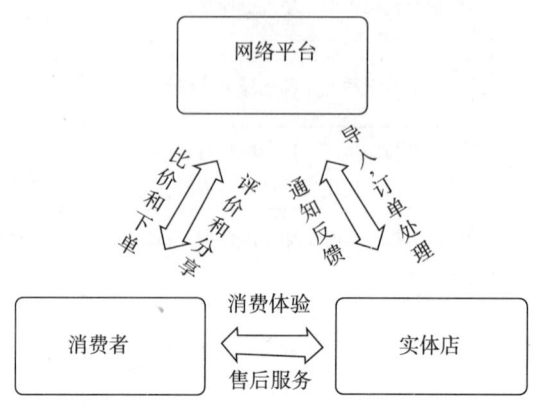

图 4-32　O2O 模式示意图

O2O 模式有利于实现平台、商家和用户的共赢。对于 O2O 网络平台而言，能够聚集到大量的商家资源，掌握庞大的消费者数据资源，并基于此进行数据分析，开展各类基于数据的增值服务。对于线下商家而言，能够通过对消费者购买数据进行收集整理分析，实现精准营销；同时线上渠道也能进一步聚集线下商户的客源，为线下商家带来更多的利润；另外，O2O 模式还有助于降低线下商家对于地段的依赖，减少房产租金等支出。对于消费者而言，则可以通过线上渠道获得更丰富、全面、及时的商家信息，便于快速筛选性价比高的服务。

2. O2O 模式推动互联网生活时代加速到来

O2O 模式最早由 TrialPay 创始人 Alex Rampell 于 2010 年 8 月在 TechCrunch 上首次提出。O2O 商业模式国外的早期代表是团购网站，以美国 Groupon 网站为代表。随着移动互联网时代的全面到来，O2O 模式日益普及，快速渗透到线下生活服务的各个领域，互联网生活生态系统正日渐完善成熟。当前在美国，O2O 模式正迅速向各行业渗透，产生了各类新模式的服务类电商，其中一部分已经实现上市，如 Yelp（生活服务类点评网

第四章 互联网生活和互联网生产：孕育互联网金融生态的土壤

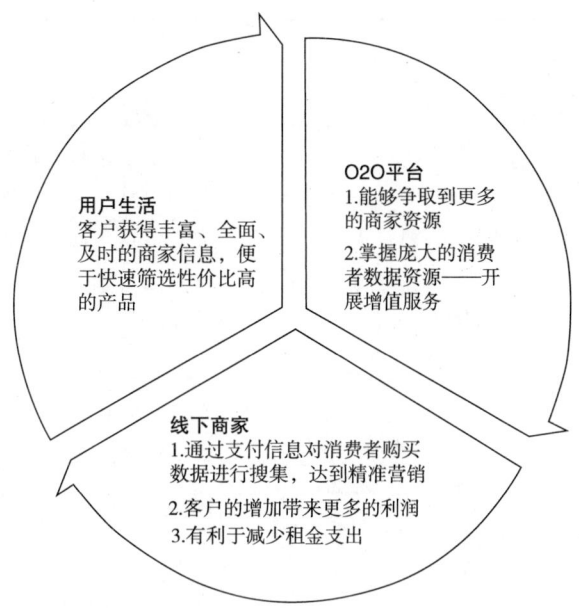

图4-33　O2O有利于实现用户、商户和运营商的共赢

站）、Zillow（房地产估价服务网站）、Trulia（在线房产服务商）、Angie's List（家庭服务点评网站）、Groupon（团购网站）、Opentable（在线订餐网站）等。Uber租车和Airbnb租房等未上市的网站也在美国市场上大热。

表4-4　　　　　美国各行业O2O模式相关企业

一级行业	二级行业	相关公司	一级行业	二级行业	相关公司
餐饮	外卖	GrubHub	金融	个人理财	Mint、WealthFront
	私家菜	Munchery		众筹	Kickstarter
	餐馆订餐	Opentable		P2P	LendingClub
	团体订餐	Caviar、EATClub		智能账单整合服务	Money Dashboard
	廉价快餐外送	Sprig、SpoonRocket		P2P外汇交易平台	Kantox
	食谱化原材料订购服务	Plated、Blue Apron		在线保险团购	Consumer United
	有机食品运送	Good Eggs、DoorDash		女性个人理财指南提供商	LearnVest

续表

一级行业	二级行业	相关公司	一级行业	二级行业	相关公司
房产	二手房交易	Zillow	教育	在线教育平台	Curious、Clever
	家装和设计	Houzz		云端教育软件平台（和学校合作）	Renaissance Learning、K12国际教育、谷歌教育
	住宅交易平台	Opendoor		真人在线教育网站	TutorGroup
	租房（在线中介服务）	Urban Compass		语言学习工具	Duolingo
用车	在线购车	TrueCar		适应性学习平台	Declara
	打车	UBER、Lyft		教师发展专业平台	BloomBoard
	二手车交易	Beepi		在线家教和教育服务	InstaEDU
	养车	Repairpal、AutoMD		C2C在线教育平台	Helpouts
旅行	在线旅游中介	Priceline、Expedia		高校公开课	Coursera、Udacity、edX
	旅游社区点评	TripAdvisor		职业和再就业培训	APOL
	路线推荐和票务预订	fromAtoB		基础教育的教辅和高等教育	Kaplan
	垂直搜索	Hotels、Kayak	医疗	医生咨询	Doctor On Demand
	短租	Airbnb		健康管理	Welltok
	分时度假平台	RCI		慢性病治疗关怀社区	MyHealthTeams
家政	度假屋租赁	Dwellable、HomeAway		减肥方案提供商	Lifesum
	儿童、老人看护	Care.com、		在线医嘱服务平台	Patient IO
	钟点工	Homejoy、Handybook		治疗预约提醒	Yellow Schedule
	鲜花速递	BloomThat		医生预约	ZocDoc
	营养教练提供商	Rise		移动药物字典	Epocrates
	搬家方案提供商	Update		医院移动通信设备	Vocera
	个人仓储服务	Boxbee		移动睡眠检测、个性化睡眠指导	Zeo
	商超一小时送达服务提供商	Instacart		患者自诊和分诊	iTriage
本地生活	同城活动推荐	Sosh		心脏病远程监控	CardioNet
	夜店活动自助式提供商	Shoobs	法律	移动端法律合同DIY	Shake
	私人船只租赁服务提供商	Boatbound		法律智能引擎	Ravel

资料来源：光大证券。

第四章 互联网生活和互联网生产：孕育互联网金融生态的土壤

在我国，O2O 模式也在各行业快速普及。在零售、团购、旅游、本地生活、餐饮、娱乐票务等领域，O2O 模式起步较早，已形成一些行业领先企业，如美团、携程、大众点评、58 同城、快的打车、格瓦拉等。而在教育培训、医疗健康、社区服务等领域，O2O 模式仍有巨大市场空间。

表 4-5　　　　　　　　中国各行业 O2O 模式相关企业

一级行业	二级行业	公司	一级行业	二级行业	公司
餐饮	团购	美团网、糯米网	本地生活	法律服务	中顾网
	点评	大众点评网		婚庆	婚礼季、591 结婚吧
	外卖	饿了么、点我吧		电影、打球、话剧等	格瓦拉等
	私家菜	阿姨厨房		运动服务平台	运动酷
	熟人餐饮推荐	饭本		KTV 预订+交友	一起唱
	蛋糕配送	极致蛋糕		商超 O2O	社区 001
住房	房屋销售	搜房网、乐居		在线洗涤服务	泰笛
	合租	自如网、V 租房		生日	生日管家
	出国及海外房产方案提供商	出国邦	金融	汽车抵押贷款 P2P	微贷网
	房地产营销	房多多		抵押物品	淘当铺
	装修	土巴兔、极客美家		理财产品垂直搜索	钱先生
用车	打车	滴滴打车、快的打车、易到用车		在线贷款、信用卡	360 融
	P2P 租车	凹凸租车		股票交易平台	8 Securities
	普通租车	神州租车、一嗨租车		P2B 网贷	爱钱帮、投哪网
	拼车	AA 拼车		贷款组合推荐	钱小二
	汽车后服务	车福网、车事网		面向大学生的分期贷款	趣分网
	二手车买卖	车易拍	教育	儿童教育	AR 学校
	汽车团购	汽车之家、易车网		B2C 在线教育开放平台	传课网、微课网
旅行	OTA	携程、艺龙		公务员考试试题库	猿题库
	机票搜索	去哪儿		IT 教育	北凤网
	门票	同程网		围棋等兴趣教育	真朴教育
	度假	途牛、驴妈妈		知识分享类网络大学	万门大学
	旅游攻略	蚂蜂窝、穷游网			

续表

一级行业	二级行业	公司	一级行业	二级行业	公司
旅行	民宿	松果网	教育	美国留学解决方案提供商	啄木鸟教育
	短租	途家网、小猪短租		课外辅导O2O	孩子学啥
	特定目的地旅游	在首尔、我趣旅行网		外语学习	爱语吧
	小团体旅游定制	六人游		高端中小学教育	鹦鹉螺
	青少年游学、夏令营	世纪明德		在线职业技术培训	麦可网
				高校公开课	网易公开课
	目的地探索旅行提供商	去兜风		中小学教育平台	一起作业网、梯子网
	旅途体验记录和分享	蚂蜂窝、面包旅行、发现旅行	医疗	特种病院外管理	博医帮
	跨境短期租房	住百家		健康互助网上匿名服务	看处方
	周末游	周末去哪儿		免费自诊、TOC收费问诊、2B收费导诊	好大夫、春雨
本地生活	家政工人	阿姨来了、阿姨帮		用药助手、在线患者交流	丁香园
	美甲、美妆	河狸家美甲、美妆心得		女性健康	美柚、大姨吗
	小区生活、物业管理	叮咚小区、彩生活		家庭医生、医生预约	5U家庭医生
	美发	波波网、时尚猫、艾美云		家庭健康检测平台	东软西康、九安医疗、中卫莱康
	印刷	eprint			

资料来源：光大证券。

移动互联网依托O2O模式加速推动线上线下世界的融合，互联网生活成为未来的重要趋势。我国互联网三大巨头企业百度、阿里巴巴、腾讯也在O2O领域积极布局，试图在未来互联网生活生态体系中占据主导地位。BAT的积极布局打通了O2O的线上端，顺应了移动互联网时代全渠道消费的趋势，为线下商户在线上端转型提供了合作机会。

第四章 互联网生活和互联网生产：孕育互联网金融生态的土壤

表 4-6　　　　　　　　　　BAT 的 O2O 布局

O2O 布局		百度	阿里巴巴	腾讯
交易前引流	搜索	百度+91 无线	淘宝+天猫	搜索
	地图	百度地图	高德地图+丁丁地图	四维图新+腾讯地图
	社交	百度贴吧	新浪微博+来往+陌陌	QQ+微信
细分 O2O 领域转化、交易	打车	百度地图	快的打车	滴滴打车
	生活信息	安居客	口碑网+丁丁网+淘点点	大众点评+微生活+58 同城
	餐饮	百度团购+糯米团	淘点点	大众点评
	团购	百度团购+糯米团	美团+聚划算	高朋网+QQ 团购
	旅游	去哪儿	穷游+在路上+佰程+淘宝旅行	同程+艺龙+旅人网+QQ 旅游
	百货		银泰+美宜佳便利店等	王府井百货+新世界百货+天虹百货+海底捞等
支付	支付工具	百度钱包	支付宝	微信支付+QQ 钱包+财付通
线下资源	自身资源	糯米网线下团队	美团、丁丁、淘宝生活、聚划算、淘点点的线下团队	高朋、微生活、通卡的线下团队
	合作商家	地图开放平台上集成的餐饮、酒店等商家	银泰、中航九方、美宜佳便利店等	王府井百货、新世界百货、海底捞等
	涉及场景	餐饮、打车、酒店	服装、百货、便利店、打车、自动售货机	餐饮、服装、百货、打车、自动售货机
交易后	点评分享	旗下团购平台和地图	旗下点评平台、社交平台新浪微博等、团购平台	旗下点评平台大众点评、社交平台 QQ+微信、团购平台

资料来源：广发证券。

O2O 模式的市场规模未来将呈现迅猛增长，互联网生活时代加速到来。目前，不管是中国还是美国，线上消费只占整体消费的 3%~8%，也就是说，有90%以上的消费发生在线下。这就为线上和线下的融合提供了巨大的市场空间。据艾瑞咨询预测，2013年中国本地生活服务O2O在线市场规模达1240.8亿元，同比增加64.2%，在线商务用户规模为1.9亿人，同比上升37.0%。到2015年，O2O市场规模将上升到2709亿元，O2O用户将上升到2.93亿人。在餐饮、婚庆、休闲娱乐、亲子、美容美护等领域都有着巨大的市场潜力。

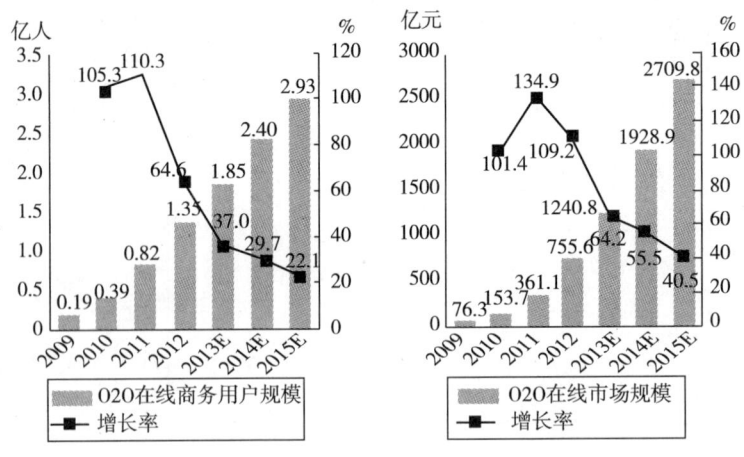

资料来源：艾瑞咨询。

图4-34 中国O2O市场发展潜力巨大

3. O2O模式将加快传统企业与互联网的融合

O2O模式将由浅至深推动传统企业与互联网的融合。中信证券认为，传统企业与互联网的融合将由浅入深经历三个层面：第一层面是互联网工具对营销和渠道环节的重构，即利用互联网搭建线上渠道，拓宽用户入口，并利用大数据、社交网络等开展精准营销；第二层面是互联网技术对供应链的重构，即利用互联网高效匹配供需双方的特点，使消费者参与到产品服务的设计和研发环节，开展规模化定制，最终实现以消费者为中心的市场；第三个层面是互联网思维对企业价值链的重构，即以互联网思维对企业的经营理念、组织架构、业务流程进行彻底改造，使企业经营完全打通

第四章 互联网生活和互联网生产：孕育互联网金融生态的土壤

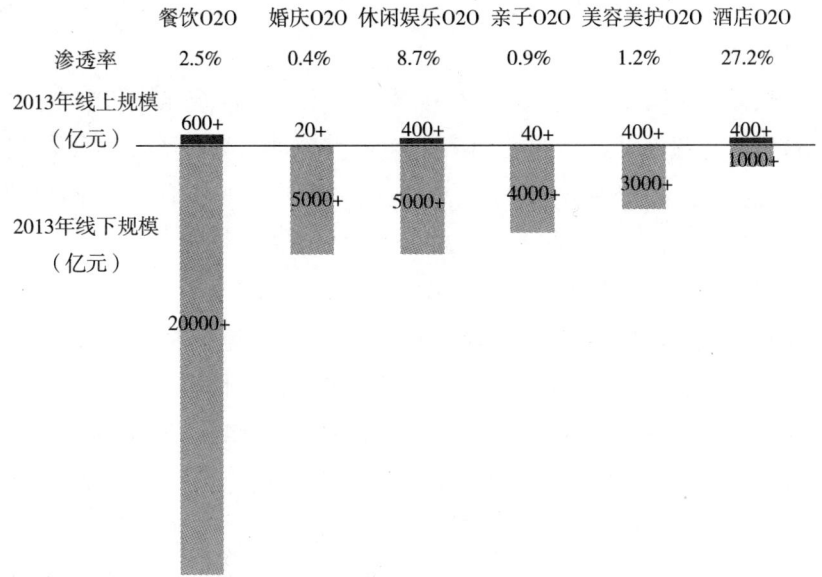

资料来源：艾瑞咨询。

图4-35 O2O模式各主要线下市场的潜力

线上线下的边界，实现线上线下的全面融合。

第一层面：线上线下全渠道融合

O2O模式帮助企业商家将线上线下渠道打通，并实现充分的融合，本质是通过互联网对营销和渠道环节的重构。这主要来自三个路径：电子商务提升渠道效率、社交网络助力精准营销、移动互联放大"大数据"的客户价值。

电子商务提升渠道效率。O2O模式帮助传统企业"触网"发展电子商务。电子商务通过重构渠道、简化流通环节，大大提升商品流通效率。企业可以在淘宝、京东等电子商务平台上开展电子商务，也可以通过自建平台实现渠道的互联网化。

社交网络助力互动营销。社交网络营销，即基于社交网络（Social Network Service，SNS）的营销渠道。社交网络为商家提供了与客户沟通的低廉高效的互动工具，大大增进了商家与客户的互动，有助于降低企业的营销成本，增进与客户的互动，并能及时了解客户需求和意见反馈，大大提升营销的互动性。

大数据支撑精准营销。在O2O模式下，用户的消费偏好和消费行为都可以被转化为数字化的信息，商家因而可以借助大数据等技术手段追踪、收集、分析客户的行为数据，更精准地把握客户的需求偏好，进而在此基础上开展精准营销，显著提升营销的针对性和效果。

第二层面：以消费者为中心的供应链

O2O模式使消费者的需求能够通过更有效率的途径反馈给供给端的企业，而企业也能够在供应链的生产中更精确、更有针对性地反映消费者的个性化需求，构建以消费者为中心的供应链，使C2B（Consumer to Business）成为现实。消费者参与到产品设计和研发环节，不再是产业链末端的被动接受者，而是成为了推动产业变革的重要力量。

高效的供需匹配最终实现以消费者为中心的市场。O2O模式对于信息不对称的极大改善使得供需匹配得以高效完成，也使得传统的供应链发生了改变。O2O模式下，线上部分及时反馈消费者的个性需求，使得产品在设计之时考虑到客户的个性化需求，为后端市场的销路提供更大的保障；线上消费者购买决策也能够对产品的线下分销渠道进行引流，避免出现局部性的缺货或库存积压。供应链的变革，还将进一步延伸至上游的供应商及下游的服务提供者或分销商、零售商，实现整个供应链上下的高效匹配，最终构建起以消费者为中心的市场形态。

第三层面：互联网思维带来根本的商业革命

互联网思维是相对工业化思维而言的，就是在互联网、大数据、云计算等科技不断发展的背景下，对市场、用户、产品、企业价值链乃至整个商业生态进行重新审视的思考方式。小米的雷军和阿里巴巴的曾鸣对于互联网思维的阐述是两种代表性的观点。雷军将互联网思维总结为"专注、极致、口碑、快"。"专注"即控制产品数量、集中关注产品品质，"极致"即产品或服务做到能力的极限，"口碑"即产品或服务超过用户预期，"快"即用户和厂商之间、厂商内部的员工之间、合作伙伴之间互动都要做到快

第四章 互联网生活和互联网生产：孕育互联网金融生态的土壤

速反应。曾鸣则将互联网思维总结为"平等、开放、互动、迭代"。"平等"即去中心化、分布式，虽然不同节点有不同的权重，但没有一个节点是绝对的权威；"开放"即一个"个人"跟一个"企业"的价值，是由连接点的广度跟厚度决定的；"互动"即无论是从互联网还是从大数据的角度，只有双向的互动才能创造出更大的价值；"迭代"即无论是研发产品还是提供服务，不再通过严谨的论证和流程来实施，而更多的是通过实践、优化、不断修正来逼近。

O2O模式的普及将加速互联网思维在企业中的运用，将促使企业重新审视其价值链，通过改造、革新，甚至摒弃某些价值链环节，进而提升整个价值链的竞争力。同时，以用户需求和用户体验为中心的互联网思维将贯穿价值链的始终，从而将整个价值链联结为闭环模式。

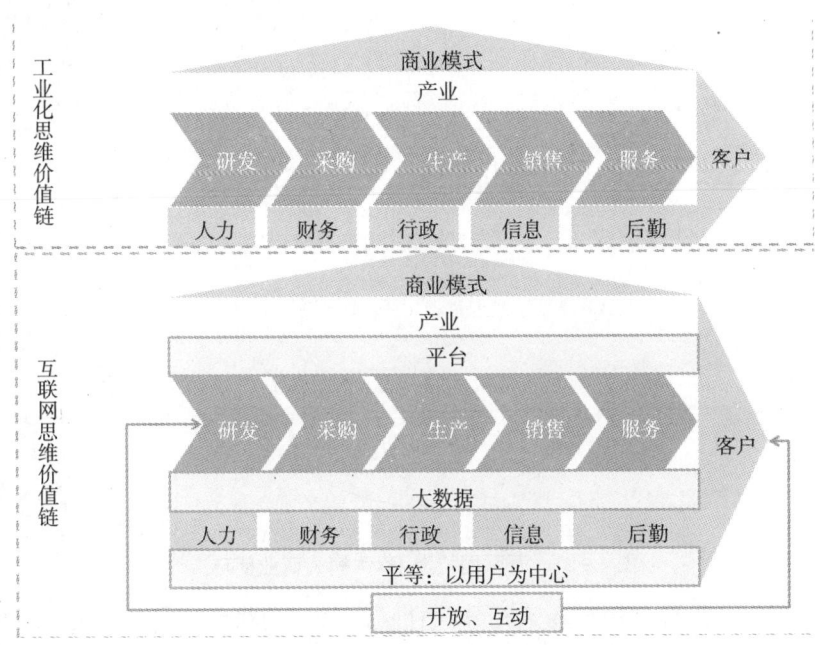

资料来源：和君咨询、中信证券。

图4-36 互联网思维对企业价值链的重构

4. 互联网金融是打造O2O模式商业闭环的关键

O2O模式的成功需要打造一个完整的商业价值闭环。商户和用户是O2O商业闭环中的两个关键要素，只有将这两者打通，才能实现线上和线下世界的互动，O2O模式的商业价值才能实现。而打通商户和用户则有赖于移动互联网带来的三大工具：社交工具、支付工具和地图工具。支付结算是互联网金融最核心的功能。因此，互联网金融是O2O模式成功的关键一环，也是打造互联网生活生态的重要基础。

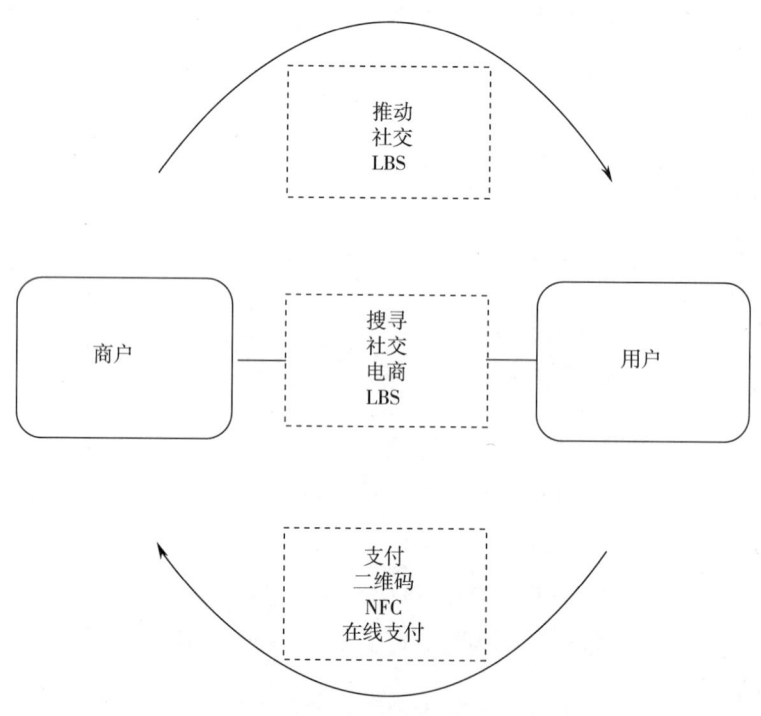

图4-37 互联网打造O2O模式商业闭环

互联网金融要与用户场景充分融合。按照《即将到来的场景时代》一书的观点，移动互联网将带领我们进入场景时代。在场景时代，企业借助移动设备、社交媒体、大数据、传感器和定位系统五种力量，应该感知客户所处的位置、预判客户此时此刻的需求，并针对用户此时此地的场景提

第四章 互联网生活和互联网生产：孕育互联网金融生态的土壤

供个性化的产品服务。O2O模式的日益普及，将与越来越多的生活场景融为一体。互联网金融作为O2O模式中的重要环节，要将金融服务放在场景中进行思考，感知客户在各种不同场景中的需求和偏好，提供个性化、智能化的金融服务。

专栏6

支付宝O2O行业解决方案

支付宝于日前发布了O2O行业解决方案，其中包括未来商超、医院、餐饮、百货、酒店、物流等14个行业场景。实现方式大多为通过扫码和关注服务窗（支付宝钱包内部推出的类似于微信公众号的产品）完成。在能够直接完成付款的场景，用户可以直接扫码付款。在不能直接完成付款的场景，用户扫码后关注服务窗，通过服务窗提供的一系列附加服务后付款。通过服务窗，商家还能够基于用户实名信息，结合大数据，开展优惠券发放、会员卡领取等精准营销。此外，支付宝可以结合数据罗盘和云服务，为商户提供定制化的数据服务方案。

场景1：未来售卖终端解决方案

（一）声波支付方案

1. 在售卖机面板处标示声波支付区域并打孔。
2. 在打孔处内部安装接收声波的话筒，并进行系统升级。
3. 用户打开支付宝钱包，使用当面付功能进行支付。
4. 支付宝钱包和售卖机语音同步提示支付结果。

（二）扫码支付方案

1. 无屏幕：在货架上粘贴商品二维码贴纸。
有屏幕：在屏幕上显示商品二维码。
2. 用户打开支付宝钱包，使用扫一扫功能进行支付。
3. 支付宝钱包或屏幕提示支付结果。

（三）支付宝资金对账、结算方案

实时结算，不设账期，资金流水一目了然，对账方便快捷。

（四）商户服务方案

1. 支付宝付款成功后即提示可添加服务窗。

2. 用户可基于地理位置，查看附近售卖机、优惠信息。

3. 基于用户实名信息，结合大数据，生成用户画像，做精准数据营销。

4. 发生未出货的情况时，可实现系统自动将金额退还至用户支付宝账户。用户电话投诉售卖机未出货时，可在商户企业版实现人工核对发起退款。

场景2：未来商超解决方案

（一）条码支付方案

1. 在钱包首页选择付款码。

2. 收银员用扫描枪扫描二维码。

3. 付款成功后默认关注服务窗。

（二）搭建电子会员体系方案

1. 用户可以在服务窗中、在卡商城中领取或购买会员卡。

2. 电子会员卡的功能主要包括绑定实体会员卡、用支付宝为会员卡充值、通过签约代扣功能用支付宝为会员卡自动充值、转赠会员卡给其他人。

（三）精准营销方案

1. 优惠券发放：支付后发券、快抢发券、服务窗发券。

2. 精准化投放红包：通过支付宝爱生活平台，按需求投放红包。

（四）数据化服务方案

结合数据罗盘和云服务，为商户提供定制化的数据服务方案。

场景3：未来医院解决方案

（一）医院服务窗方案

第四章 互联网生活和互联网生产：孕育互联网金融生态的土壤

1. 在服务窗内绑定就诊卡（医保卡）。
2. 用手机挂号不用排队。
3. 支付宝钱包在线付费。
4. 检验报告直接通过服务窗推送给手机。
5. 医生通过服务窗跟患者在线交流。

（二）服务窗推广方案

服务窗推广有使用支付宝钱包扫码付费关注、扫描医院内铺设的二维码印刷品关注、登录支付宝钱包推送的免费WIFI即关注三种推广方式。

（三）扩展方案：电子地图

点击服务窗内的"立即导航"按钮，医院室内全景图即展现在手机上，同时开启医院室内导航，找科室不再迷路。

场景4：未来餐饮解决方案

（一）门店支付方案

门店的支付有四种平行方案，分别是门店现有收银系统接入支付宝API开放接口、使用签约支付宝的POS机、移动PAD集成点菜和支付功能、人流量大的门店使用自助点餐机。

（二）服务窗方案

1. 在线订座，点菜并完成支付，提升餐厅翻台率。
2. 用户到店出示订单进行核销。

（三）营销方案

1. 根据真实交易数据，为商户提供用户画像及交易行为分析，帮助商户提升到店转化率。
2. 帮助商户发展会员，提供差别化的服务和精准的营销，提高顾客忠诚度。
3. 通过爱生活平台，商家可自由配置活动，包括实时优惠、折扣、礼品券、商家红包等多种形式。

4. 基于LBS，面向门店3公里以内的用户及历史消费行为关联的用户，推荐关注服务窗。

场景5：未来教育解决方案

（一）校园一卡通解决方案

支付宝钱包内嵌校园一卡通入口，用户可以便捷为校园一卡通充值，并查看余额。

（二）教育缴费方案

1. 通过支付宝钱包缴纳教育费用，方便快捷。

2. 通过支付宝钱包实时查询缴费账单。

（三）电子学生证方案

通过支付宝钱包与学生证信息绑定。

场景6：未来百货解决方案

（一）服务窗方案

利用服务窗，展示商品信息、优惠信息、添加会员卡等。

（二）扫码支付方案

打开钱包扫一扫功能，扫描收银台收款二维码完成支付，支付成功可关注服务窗。

（三）付款码支付方案

在首页选择付款码，收银员用扫描枪扫描二维码，付款成功后即默认选中关注服务窗。

（四）会员卡商户服务方案

用户可在服务窗添加会员卡，享受会员折扣与充值优惠。

场景7：未来物流解决方案

（一）运单条码支付方案

1. 用户打开钱包扫一扫，扫描快递运单上的条形码，确认支付信息后完成支付。

第四章 互联网生活和互联网生产：孕育互联网金融生态的土壤

2. 快递员使用POS机、PDA、支付宝钱包扫描运单条形码；或开通短信通知功能，来确认支付结果。

（二）二维码支付方案

1. 确认支付金额后，快递员在手持设备上生成二维码，用户扫码支付后打印小票作为支付凭证。

2. 用户打开钱包扫一扫，扫描快递员手持设备上的二维码确认支付信息后完成支付。

（三）扩展方案：向商户输出金融能力

1. 供应链融资：以物流订单数据为基础，为物流体系内部以及上下游客户提供贷款服务，克服资金短缺和流转速度慢的瓶颈。

2. 保险：对电商和物流客户提供退货险、拒签险等保险服务，提升用户转化率，降低客户配送运营成本。

场景8：未来展会票务解决方案

（一）票务解决方案

1. 用户打开支付宝钱包扫码，自动跳转到展会服务窗。

2. 选择门票种类、购票数量，并完成支付。

3. 购票结束后，电子票实时出票并下发到支付宝钱包卡券。

4. 通过支付宝钱包，展会门票电子化，入场核销更便捷。

5. 使用支付宝钱包提供的展会现场免费WIFI，顺畅上网。

（二）展会服务方案

1. 支付宝钱包服务窗能为各类展会、活动提供包括会议日程、大会抽奖等整合解决方案。

2. 商户可以结合大数据，分析用户群体特征，精准推送活动信息。

3. 通过支付宝钱包服务窗与用户实时在线活动。

场景9：未来酒店解决方案

（一）酒店自助方案

1. 在酒店服务窗内自助完成预订。

2. 共享支付宝用户实名信息，完成入住登记，并下发电子钥匙到用户手机，通过 NFC 实现自助开门。

（二）酒店会议体系搭建方案

1. 商户通过与支付宝会员卡系统集成，带来大量高质量用户。

2. 商户通过支付宝发放的虚拟会员卡，发起营销，节省发卡成本。

3. 商户通过支付宝会员卡的担保备付金，降低用户对预发资金的担忧。

（三）扩展有多种并行方案

1. 通过对入住用户消费行为分析，精准推荐餐厅套餐，如家庭套餐、素食套餐等。

2. 服务窗中集成 LBS、到店路线规划、地图导航等功能。

3. 服务窗上发票、水单申请和补寄功能。

4. 入住会员分享、推荐朋友圈，整合第三方评价系统数据，为口碑营销提供支持和便利性。

场景 10：未来便民解决方案

（一）订奶解决方案

1. 结合大数据，圈定用户群体，推荐用户关注商户服务窗。

2. 用户在服务窗内，选择商品、完成支付，自动匹配淘宝收货地址。

3. 订单到期前，通过支付宝钱包服务窗发送续订提醒，用户一键续订。

（二）推荐解决方案

1. 家政解决方案：用户可以在线预约家政服务，查看中介信息与服务报价。

2. 洗衣解决方案：用户可以在线预约洗衣服务，并预约上门取衣等服务。

场景 11：未来景区解决方案

（一）景区售票及核销方案

1. 用户通过支付宝钱包中商户服务窗，在线购买景区门票并以电子门票下发到用户手机。

2. 用户在景区自助售票机上，使用支付宝钱包当面付功能购买景区门票并以电子门票下发到用户手机。

3. 用户在闸机口扫描二维码完成核销进园。

二、动态调整票价方案

景区淡季客流人群少，通过门票优惠、目标群体圈定，推送活动信息。

三、已购票用户提醒方案

对于高峰时段，已经购票但还未入园的用户，通过支付宝钱包推送信息，提示用户错开高峰时段。

场景12：未来停车场解决方案

（一）自助缴费机解决方案

1. 自助缴费机显示支付宝订单码。

2. 打开钱包扫一扫，扫描屏幕上的二维码。

3. 用户付款成功，获得离场信息。

（二）服务窗缴费解决方案

用户在服务窗中绑定车牌号或输入停车卡号，可查看停车信息并自助缴费。

（三）停车卡扫码缴费解决方案

用户扫描停车卡上的二维码即可查看停车信息，自助缴费成功后，获得离场信息提示。

（四）扩展方案

1. 车位信息预报：基于地理位置，精准推送停车场车位信息，为用户避免车位难找的尴尬。

2. 停车场室内全景导航，语音引导用户寻找最近最便捷的空余车位。

3. 快捷取车引导，通过停车信息记录，为用户指引最快速的取车路线，停车场不再是迷宫。

场景13：未来数据解决方案

（一）商家经营决策分析工具：数据罗盘

随时随地了解店铺交易，从金额、笔数、客户三个维度解析店铺运营情况。

（二）商家精细化运营工具

1. 实时判断用户的线上支付能力，帮助商家引导客户进行线上支付，从而降低结算费和退货率，加快资金归集。

2. 根据 LBS 信息，为商户在线下准确定位到目标用户群体，进行店铺选址、活动推广等商业决策。

（三）数据共创方案

商户获取新的关注用户，商户通过支付宝获知用户的基础属性，商户根据用户的属性，推送相应的商品或信息，或者商户也可委托支付宝完成推送。

场景14：未来资金解决方案

（一）资金解决方案生态模型

针对商户的直营模式、加盟模式和平台模式，支付宝将分别推出有针对性的结算方案、分润方案以及对账方案。

（二）多级结算方案

1. 结算方案定制化：可以按结算周期汇总净额结算；可以按交易金额逐步结算；可以按业务类型分别结算。

2. 结算周期多样化：可以实时结算或自主设置日结或月结。

3. 结算分账场景化：一级、二级、多级分账模式的自由选择，可满足合作伙伴不同的场景需求。

第四章　互联网生活和互联网生产：孕育互联网金融生态的土壤

> （三）灵活对账方案
> 1. 根据对账主体形成不同的账单。
> 2. 根据业务类型形成不同的账单。
> 3. 根据个性需要自由定制账单展示的内容（如入账时间、收支金额等）。
>
> 资料来源：亿邦动力网。

（五）物联网将开启智能化生活的新时代

当前互联网已经从传统PC互联网时代步入移动互联网时代，未来将进一步向万物互联的物联网时代前进。互联网已经使人类生活走向数字化和网络化。物联网时代的到来将开启智能化生活的新时代，将人类从枯燥重复的事务中解放，释放人的个性与创造力。

1. 全面数据化是智能化生活的基础

互联网使日常生活化的相关的行为得以数据化。在物联网时代，以可穿戴设备、智能家居等为代表的各种智能互联网设备能够感知、监测人们的各类日常生活行为数据，如温度等环境数据、水电煤气等公用事业数据、身体机能参数数据、交通行使参数数据等。当生活中的一切都开始通过智能互联设备进行数据化并能够通过云端进行存储、分析，根据每个用户的数据进行智能化和个性化的生活调节将成为可能。

2. 智能互联设备是智能化生活的前提

在移动互联网时代，手机、平板电脑等智能互联终端已经广泛普及。而未来随着物联网的发展和普及，越来越多的智能互联设备将涌现出来，并通过后台数据的强大的学习能力帮助人们做出个性化、智能化的生活决策。当前，可穿戴设备、智能家居、智能汽车等智能互联设备方兴未艾，未来将进一步走向成熟，为智能化生活的到来奠定基础。

可穿戴设备实现了将人类生活、运动、身体、思维等信息数据化的功能，进一步刺激数据的产生，并为未来潜在商业开发提供数据基础。能够为用户决策提供信息支持，成为全面协助个人信息处理与决策的智能化个人助理。医疗保健、信息娱乐、健身运动将成为未来可穿戴设备的最大应用领域。

表 4－7　　　　　　　　　　当前主要可穿戴设备一览

类别	产品	开发者	简要介绍
智能眼镜	Google Glass	谷歌	这款眼镜将集智能手机、GPS、相机于一身，在用户眼前展现实时信息，只要眨眨眼就能拍照上传、收发短信、查询天气路况等操作。
	eSight 眼镜	Conrad Lewis 团队	eSight 眼镜系统采用高分辨率的摄像机和一对明亮、高对比度的显示器来提高佩戴者的视力，帮助改善视力问题，如青光眼、利伯病和糖尿病视网膜病变等。该产品还可以根据佩戴者进行变焦放大和缩小，看清楚人脸或者纸面上的文字等等，也可优化色彩，根据对比度最优法找出佩戴者最佳视觉角度。
智能手表	Apple Watch	苹果	2014 年下半年问世。
	SmartWatch 第二代产品	索尼	其造型跟上一代基本一致，为其加入了 NFC 功能，能通过一触连接功能与 Android 手机完成配对，还可以配合蓝牙用手机处理来电、接听和回电等功能。能查阅短信、邮件、日程和天气，新浪微博和人人等社交媒体的好友状态也可在上面察看。
	Galaxy Gear	三星	采用 1.1 英寸的 OLED 显示屏，分辨率为 320×320 像素，搭载三星 Exynos4212 双核处理器，主频达到 1.5GHz，集成 Mali－400 MP4 图形处理器，运行 Android 4.1 或 4.2 操作系统。

第四章 互联网生活和互联网生产：孕育互联网金融生态的土壤

续表

类别	产品	开发者	简要介绍
服装配饰	卫星导航鞋	多米尼克·威尔考克斯	内部拥有 GPS 芯片、微控制器和一对天线。
	智能服装	CuteCircuit	正在设想开发能提供压力反馈的服装。
	Up 智能手环	Jawbone	主要可以用于三个方面：锻炼、睡眠和饮食。通过对手机的数据进行跟踪统计，并以图标的形式将数据直观地表现在用户面前。除了这三类基本功能，Jawbone 简约的设计风格也可以起到了饰品的装饰作用。
	Reebok CheckLight	MC10	这是一款头部设备（帽子），目前在赛车手身上试用，当使用者头部受到的撞击足够造成脑震荡时，它能够迅速向教练或相关人员发送报告。
	Lumoback 智能腰带	Zero2One	除了可以时刻监控用户的坐姿，在用户脊椎弯曲时，会发出振动提醒之外，它还能够在行走时进行跟踪，记录用户的站立、休息时间以及睡眠姿势和睡眠时间。
其他智能产品	智能隐形眼镜	美国多个研究机构及企业	韩国蔚山国家科学技术学院化学工程师 Jang-Ung Park 利用多机构合作研发的透明、高导且具有弹性的石墨烯银纳米导线，成功地在普通的软性隐形眼镜表层加入了一个发光二极管（LED），使隐形眼镜也可以显示图像。他们希望开发的这款智能隐形眼镜能具备可穿戴计算机设备的功能，但是比传统的设备更柔软、更透明。
	EyeRing	麻省理工学院媒体工作室	该设备对盲人很有帮助，它可以带在使用者的手指上，连接无线设备后通过智能手机的语音功能来为使用者提供语音表述功能。

续表

类别	产品	开发者	简要介绍
其他智能产品	Biostamps（皮肤设备）	MC10	Biostamps 包含了嵌入塑料的柔性电路板，因此可以像一个纹身一样粘贴在人的皮肤上，Biostamps 的传感器能够侦测运动员的新陈代谢情况、心率以及体能等数据，这些数据可以通过 RFID 技术读取用来进行分析。
	嵌入电路板的球囊扩张导管	MC10	这是一款植入身体的设备，它可以测量到由于心律不齐造成的心脏骤停。

智能家居设备以家庭生活为平台，利用计算机、综合布线技术、网络通信技术、安全防范技术等将与家居生活有关的设施进行集成，构建高效的住宅设施与家庭日程事务管理系统，范围涵盖灯光、温度、空气质量、窗帘、安防、家用电器、影音系统等多方面。智能家居的终极意义在于让家庭生活更方便、温馨、舒适、安全及经济。

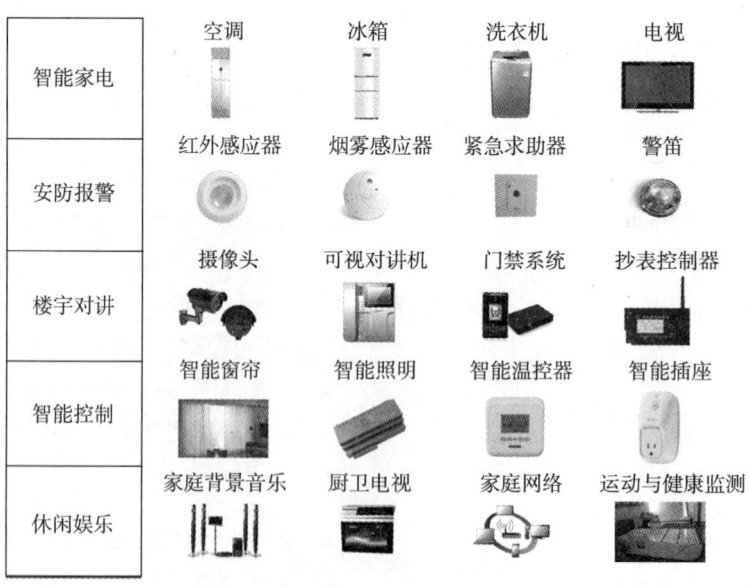

图 4-38 智能家居设备

第四章 互联网生活和互联网生产:孕育互联网金融生态的土壤

智能汽车是在普通汽车的基础上增加了先进的传感器、控制器、执行器等装置,通过车载传感系统和信息终端实现与人、车、路等的智能信息交换,使汽车具备智能的环境感知能力,能够自动分析汽车行驶的安全及危险状态,并使汽车按照人的意愿到达目的地,最终实现替代人来操作的目的。Google已经初步研发出无人驾驶汽车。而奥迪、雷克萨斯、沃尔沃、奔驰、宝马、雷克萨斯和福特等均已展开无人技术的研发,并取得积极进展。未来,智能汽车将深刻改变人类的出行方式。

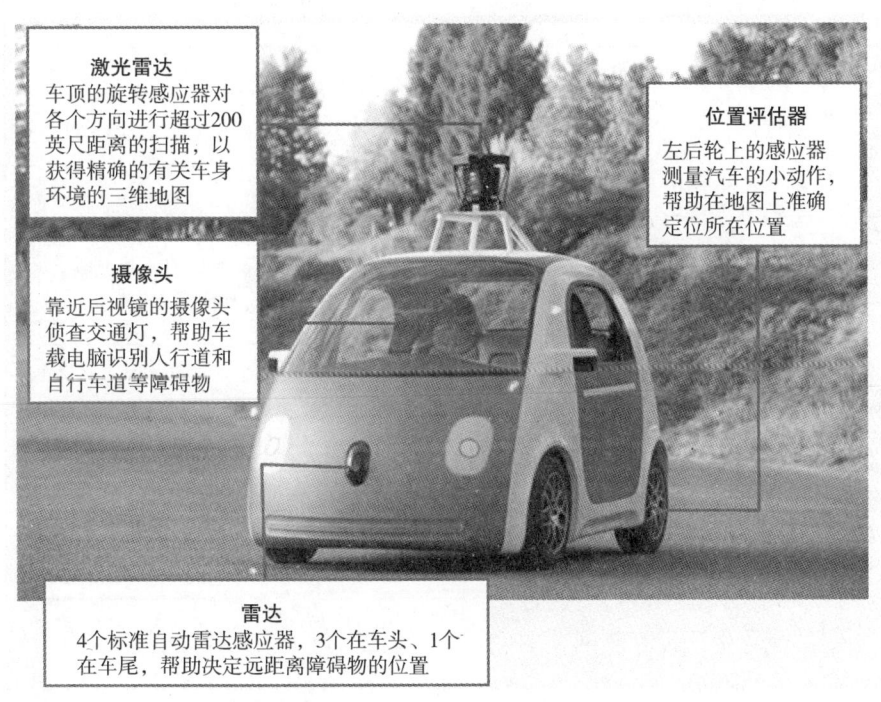

图4-39 Google无人驾驶汽车原理

表4-8　　全球汽车产业巨头对于无人驾驶技术的研发

厂商	代表车型	已搭载技术	小结
雷克萨斯	LS	立体型高像素摄像头、GPS天线、360度激光追踪技术、主动巡航系统、车道偏离系统、侧向辅助系统	不仅拥有诸多感应设备,同时车载辅助系统也十分丰富

续表

厂商	代表车型	已搭载技术	小结
沃尔沃	V60	堵车辅助驾驶系统、摄像机、雷达、激光感应器、自动泊车、紧急制动系统、应急车道辅助系统	致力于成为第一家推出无人驾驶技术的厂商，目前正逐步开发无人技术中
宝马	5系	新型自动巡航系统（CDC）、GPS定位、雷达、超声波、激光探测器、激光扫描仪、摄像监控等设备、车道偏离系统、自适应巡航控制系统	搭载CDC系统的宝马5系已经进行了5000公里的路面测试，无人技术已相当成熟
奥迪	TTS	雷达传感器、激光扫描仪、视频摄像头、泊车辅助系统、自适应巡航系统、主动式车道保持系统、超车警示等系统	奥迪是继谷歌之后，第二家拿到美国无人驾驶测试的厂家，足以证明奥迪无人技术的成熟
奔驰	新S级	智能巡航系统、车道保持系统、路标识别系统、自动导航系统、自动泊车系统	新S级拥有丰富的驾驶辅助系统，也拥有部分职能感应设施
通用	XTS	雷达传感器、摄像头、激光等、自适应巡航系统、智能刹车辅助系统、前方碰撞报警系统、车道偏离报警系统	通用汽车独特的Super Cruise系统，已可使车辆实现半自动驾驶，不过暂无无人车试验
福特	暂无	自适应巡航系统、智能刹车辅助系统、盲点信息系统、车道偏离报警系统、主动泊车系统	是较早进行无人驾驶技术研发的厂商，但目前公布的进程与成果有限

3. 智能化生活为互联网金融生态的演化提供了应用场景

未来，人们在生活起居、出行交通、购物娱乐、医疗教育方面都将享受到智能化生活带来的便利，从而为互联网金融生态的演化提供了应用场景。未来的智能生活主要可分为两大类场景。

第一类是以家为中心的应用场景。消费者能便捷地控制家庭中的各种终端设备，家庭中各种终端设备能无缝连接、共享信息，甚至能自动为人们完成特定的任务（如智能灯光、智能温度控制、智能能源管理、智能环境监测、智能清扫、智能娱乐），家庭设备能与外界交互与反馈（通过家电

第四章 互联网生活和互联网生产：孕育互联网金融生态的土壤

设备监测自动发出购物、安全管理、健康娱乐需求等指令，与智能社区交互），从而极大提升家居生活的舒适性、便利性和安全性。智能家居一般涵盖智慧家庭和智慧社区两个层次。智慧家庭是指以住宅为平台，利用通信、安防、控制技术等将家居生活有关的设施集成，构建高效的住宅设施与家庭日常事务的信息管理系统。智慧社区基于智慧家庭，但将应用范畴从住宅扩展至整个社区。除智慧家庭系统之外，智慧社区还包含社区安全防范系统和社区智能管理系统等。

未来智能家居的生活场景可能会是这样的：在回家的路上，提前打开家中的空调和热水器；到家开门时，借助红外传感器，系统自动打开过道灯和电子门锁，安防系统撤防，开启家中的照明灯具和窗帘迎接我们的归来；回到家里，系统识别我们的身份，选择"量身定制"的灯光环境；远离家时，通过手机可随时查看家中情况；家中无人时如有来访者，门口摄像头会拍下照片供回家查询等等。

专栏7

小米布局智能家居

雷军曾提出过硬件＋软件＋服务的铁人三项，但传统意义上的硬件仅限于智能手机、平板电脑、智能电视、路由器等，随着小米对外投资100家智能硬件公司，小米正在围绕智能家居形成三个层次的生态系统——三大基础平台型硬件、MIUI及移动互联网服务、新型智能硬件。

小米的三大平台型硬件包括小米手机（包括小米平板电脑）、小米电视（包括小米盒子）、小米路由器，三者分别对应用户自身（随身携带并控制）、家庭娱乐中心和智能控制（智能家居等）中心，都是获取用户的杀手级硬件，因而也成为小米布局移动互联网服务和新型智能硬件的基础。

资料来源：小米公司、东方证券。

图 4-40　小米的三层生态系统

不同于大多数手机厂商从硬件开始布局，小米开始于操作系统界面 MIUI，从而让小米高度重视软件和生态圈的布局，虽然硬件是当前的主要收入和利润来源。通过三大基础硬件（目前仍主要是手机），小米获得了大量活跃的年轻用户。手机和电视通用的操作系统界面 MIUI 已不是单纯的 UI 用户界面或简单的 ROM，不同于其他安卓界面的碎片化的情形，而是形成了一个类似于 ios 的封闭安卓操作系统。在 MIUI 的基础上，小米逐步建立了一个包括应用商店、游戏中心、视频、阅读、主题、云服务等在内的移动互联网服务生态体系。同时，小米还搭建了一个用户交流和第三方开发者的平台。

小米通过强大的资本运作和资源整合能力，在过去几年间投资了30多家企业。2014年下半年以来尤其重视智能硬件领域的布局，投资华

第四章 互联网生活和互联网生产：孕育互联网金融生态的土壤

> 米、Misfit、美的等可穿戴、智能家居厂商，并推出一系列产品，如智能手环、智能灯泡、智能摄像头、智能插座、空气净化器等。小米的三大平台型硬件与小米投资公司的新型智能硬件初步构建起了了一个智能硬件生态圈。小米手机（平板电脑）、电视（盒子）和路由器处在生态圈的核心位置，被投资企业生产的智能硬件与之形成产品线的互补。
>
> 一方面，新型智能硬件能够使小米三大平台型硬件发挥更大价值，并增强小米三大平台型硬件的用户粘性。未来手机等平台型硬件与周边智能硬件连接的程度将成为小米的重要竞争力来源。另一方面，小米的知名度、电商能力等能够拉动新型硬件的销量。相当一部分新型硬件的用户出于对小米手机的信任和兴趣而购买这些产品。小米计划5年内以50亿美元投资100家智能硬件公司，用小米模式复制100家小米。

第二类为出门在外的场景。消费者需要有一款或多款智能终端，能够采集个人或环境信息，并能借之与各类场景进行交互，提升移动生活的便利性、舒适性和娱乐性。这些智能终端主要将由智能手机、叮穿戴设备、智能化汽车组成，这些场景包括驾驶场景（与智能汽车交互）、室内场景（与智能建筑交互）、室外场景（与智慧城市交互）等。例如，未来智能交通的生活场景可能会是：无人驾驶汽车将解放驾驶者的双手，实现自动导航、自动驾驶；待在汽车中的人们将通过移动互联网进行办公或享受各种娱乐休闲内容。

4. 智能家居和可穿戴设备将成为更为精准的O2O流量新入口

O2O本质是线上线下的互联互通。一般而言，O2O流程包括流量入口——垂直平台——闭环工具及大数据——商家服务——后端运营等关键要素。在O2O的流程中，智能家居、可穿戴设备和智能汽车等新型智能终端的定位将成为O2O模式中更为精准、细分的流量新入口。

首先，智能家居和可穿戴设备、智能汽车等智能化硬件，长期看产品数量级远大于现有手机等移动智能终端，将成为重要的流量入口新来源。

资料来源：品途网。

图4-41 O2O流程关键要素示意图

根据 KPCB 的估计，随着设备计算能力的提升，每隔 10 年的主流技术覆盖的用户和设备数往往提升一个数量级，会以 10 倍速度上升。例如 20 世纪 90 年代的 PC 机装机量在亿台级别，而移动互联网和智能手机驱动装机量在 21 世纪迅速提升到十亿台级别。未来随着智能硬件的普及和扩散，包括智能家居、可穿戴设备、智能汽车在内的新型智能终端的数量将有望攀升至百亿级别的数量级。

其次，智能终端有助于定位特定应用场景，采集更为精准的数据，成为更为细分精准的流量入口。传统的智能终端如 PC、智能手机尽管计算、通讯、存储功能强大，但多数是为更为广泛应用场景开发存在的，流量入口地位大而全。而智能家居和可穿戴设备等新型智能终端，当前或多或少在移动性、功耗等方面受到限制，中期内将作为传统智能终端的补充形态存在。可以预见，随着新型智能终端的逐渐成熟和普及，新型智能终端将定位于更为特定的应用场景，搭载更多生物、环境传感器，采集更为精准的数据，成为更为精准的、细分的、小而美的流量入口。

表 4-9　　　　传统智能终端和泛智能终端的比较

	传统智能终端	新型智能终端		
代表形态	智能手机、平板电脑等	智能家居	可穿戴设备	智能汽车
应用场景	宽泛、多功能	精准细分		
		居住相关	个人相关	出行相关
产品配置	强大的处理、存储、通讯功能	强调环境交互（环境传感器）、强调自动控制（人工智能）	强调低功耗长续航（配置要求精准）、强调个性化（生物传感）	强调安全（传感器、车联网）、强调便利（智能交通）
入口平台地位	大而全	小而美		

资料来源：中信证券。

第二节　互联网带来生产方式的革命

当前，互联网对人类社会的影响，更多地体现在商业、流通和消费等领域。而随着物联网时代的到来，互联网将对生产制造服务领域带来革命，深刻改变人类的生产方式，催生新工业革命的到来。新工业革命将使虚拟世界与现实世界实现更加紧密的融合。

（一）物联网引领新一轮工业革命

近年来，全球范围都正积极拥抱新工业革命的到来。专家、媒体、政府、企业等各方都对新工业革命提出了自身的见解。美国经济社会理论家杰里米·里夫金2011年著书《第三次工业革命》，从新能源革命与互联网技术结合对生产制造带来变革的角度，阐述了新工业革命的到来。此后，里夫金又在《零边际成本社会》一书中做了进一步阐述。他认为，第三次工业革命的一个重要特征是互联网的分布式技术所导致的协同共享机制。无处不在的通信网络正在与初期的可再生能源互联网、处于萌芽状态的自动化物流运输网络相连接，形成全球影响力，从而建立起一个分布式的神经网络。企业和产消者（消费者同时也是生产者）将与物联网相连接，并使用大数据和分析方法来开发预测算法，提高生产力，减少能源和其他资源的使用。在现实世界中，这将使许多实物的生产和销售边际成本降低到接近于零，使零售价格接近免费，人们能够生产和分享越来越多的可再生能源、商品和服务。

此后，2012年4月，英国《经济学人》（Economist）以封面报道的形式，提出了"第三次工业革命"的概念，强调物联网、3D打印、新型机器人等新技术，将改变制造业形态，规模化定制生产将走上历史舞台。《经济学人》的报道引起了关于新工业革命的广泛讨论。

全球制造业巨头通用电气公司也在2012年11月提出了"工业互联网"（Industrial Internet）的概念，倡导将人、数据和机器连接起来，形成开放而全球化的工业互联网。通用电气公司认为，"工业互联网"代表了近两百年来继工业革命（Industrial Revolution）、互联网革命（Internet Revolution）之后的第三次创新浪潮，将带来制造业的重大革命。

德国政府则提出了"工业4.0"战略，在2013年4月的汉诺威工业博览会上正式推出。德国学术界和产业界认为，"工业4.0"概念即是以智能制造为主导的第四次工业革命。"工业4.0"战略旨在通过充分利用信息通信技术和网络空间虚拟系统——信息物理系统（Cyber-Physical System）相结合的手段，推动制造业向智能化转型。

（二）各国积极推进制造业转型升级，应对新工业革命的到来

近年来，面对新工业革命带来的机遇和挑战，许多国家认识到制造业实力对于本国竞争力的重要意义，积极推动制造业的转型升级。

德国着力打造"工业4.0"模式。在德国工程院、弗劳恩霍费尔协会、西门子公司等德国学术界和产业界的建议和推动下，"工业4.0"战略在2013年4月举行的德国汉诺威工业博览会上正式推出。这一项目是德国政

第四章 互联网生活和互联网生产：孕育互联网金融生态的土壤

府《高技术战略 2020》确定的十大未来项目之一。德国希望利用物联网等技术提高本国制造业水平，使德国在新一轮工业革命中占据先机。德国的"工业 4.0"本质是充分利用移动互联网、大数据、云计算、物联网等技术大力促进产业变革，实现智能化生产。

美国实施国家先进制造战略。2009 年初，美国开始调整经济发展战略，同年 12 月公布《重振美国制造业框架》，2011 年 6 月和 2012 年 2 月，相继启动《先进制造业伙伴计划》和《先进制造业国家战略计划》，实施"再工业化"。包括调整、提升传统制造业结构及竞争力和发展高新技术产业两条主线。提出要发展包括先进生产技术平台、先进制造工艺及设计与数据基础设施等先进数字化制造技术。2013 年 5 月，美国政府又宣布成立数字化制造与设计创新（DMDI）研究所，这是奥巴马政府继增材制造（3D 打印）创新研究所（NAMII）后提出设立的第二家创新研究中心，旨在提升数字化设计、制造能力。

英国以"高价值制造"重振制造业。英国在重振制造业方面注重发展"高价值制造"，使服务业和制造业相互补充和促进。自 2008 年起，英国政府就推出"高价值制造"战略，力求本土企业生产更多世界级的高附加值产品。制造业人员除了从事传统的车间生产和机械操作外，更多从事研发、设计、销售、售后服务等配套工作。英国甚至还把高端制造业融入金融行业等，以抢占制造业的新制高点。同时，英国政府非常重视对制造业的研发投入，并且更多地投向了高端技术领域。

日本以产业升级稳固"日本制造"地位。日本的产业策略是通过制造业升级，优先确保重点产业保持优势。这些产业包括：一是具有高附加值、高收益和长周期的特点，比如航天、海洋和生物等产业；二是对日本经济具有支柱意义、可以用先进技术带动升级的产业，汽车产业就是典型代表。在发展战略产业之外，日本也非常重视使用新技术改造自身仍有优势的传统产业，如船舶、铁路、动力设备等。

（三）工业互联网

美国在信息技术领域走在世界前列，尤其在互联网、软件等领域独领风骚,拥有雄厚的技术创新力。在世界前二十大互联网上市公司中,美国公司就占据了 13 席。因此,美国注重发挥互联网的力量,对生产制造业进行变革。通用电气公司(GE)提出的"工业互联网"代表了美国在未来互联网生产的发展趋势。

1. 工业互联网是第三次技术革新浪潮

GE 认为工业互联网代表了近 200 年来的第三次技术革新浪潮。第一次技术革新浪潮是工业革命。机器和工厂的出现推动规模经济和经济领域的扩展。蒸汽机、电力等重大技术发明,创造了大规模工业生产的模式。第二次技术革命为互联网革命。20 世纪末,互联网革命再次改变了世界。互联网革命的特质与工业革命有很大不同。互联网、计算以及接受大量数据的能力是构建在网络的搭建和价值、横向结构和分布式智能的基础之上。通过允许更深层次的集成和更加灵活的操作,它改变了思考生产系统的方式。此外,与有序的线性研发方式不同,互联网能够支持并行创新。快速交换信息以及分散决策的能力造就了更多不受地理环境限制的协同工作环境。因此,集中化内部创新的旧模式让路于创业企业以及利用更丰富知识的更加开放的创新模式。因此,互联网革命是信息和知识密集型的,而不是资源密集型的。第三次技术革新浪潮就是 GE 提出的工业互联网。互联网数字技术的全部潜力还没有在全球工业系统上完全发挥出来。21 世纪,工业互联网有望再次改变我们的世界。工业革命促成的全球工业系统的融合,再加上作为互联网革命的一部分开发的开放式计算和通信系统,这为加快生产力、减少低效和浪费,以及改进人的工作体验开辟了新领域。

2. 工业互联网将企业、机器、人联通

通用电气公司 2012 年在《工业互联网:打破智慧与机器的边界》中首次系统阐述了"工业互联网"的概念。这一概念是对互联网概念的延伸。GE 认为过去十年是消费互联网的时代,而未来十年工业互联网将成为主流。通过将企业、机器设备进一步接入互联网,将形成一个比消费互联网大得多的工业互联网,社会的信息化程度将向更深层面推进。

工业互联网是全球工业系统与高级计算、分析、传感技术以及互联网

第四章 互联网生活和互联网生产：孕育互联网金融生态的土壤

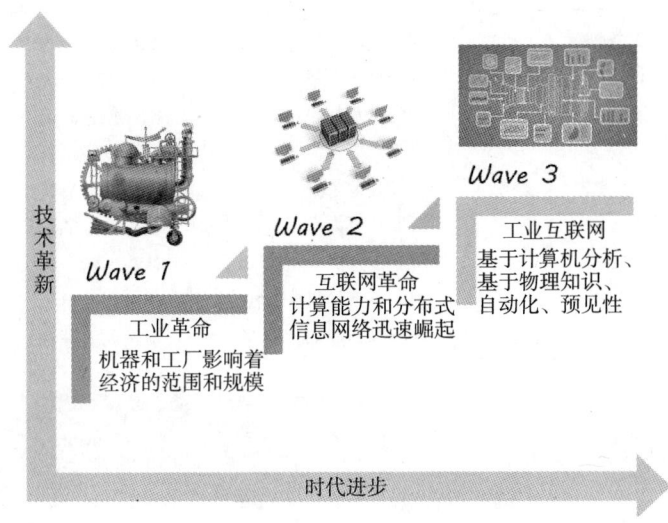

资料来源：通用电气。

图4-42 工业互联网的崛起

高度融合的产物。它通过智能机器间的连接并最终将人机连接，结合软件和大数据分析，重构全球工业、激发生产率，让世界更美好、更快速、更安全、更清洁且更经济。工业互联网汇集了两大革命的进步：工业革命带来的无数机器设备、设施及其网络，以及互联网革命中涌现出的各类信息通信技术。

工业互联网的三大关键元素分别是智能机器、高级分析技术、工作中的人。工业互联网要把世界上各种机器设备、生产设施和系统网络与先进的传感器、控制和软件应用程序相连接，从而产生能够进行自组织、自调控、自生产的智能化机器。同时，工业互联网要借助高级分析技术，对智能机器运行中产生的数据加以收集分析，进而对生产的各个环节流程进行分析、预测、监控和调节。此外，工业互联网还要将工作中的人连接起来，发挥人的智力决策作用，支持智能机器的生产。

3. 工业互联网将实现智能化的互联网生产

工业互联网带来了企业生产制造和经营信息的联网，将使生产方式走

资料来源：通用电气。

图 4-43　工业互联网的关键元素

向互联网生产，并使其逐步走向智能化，这一过程将从智能设备向智能系统，进而向智能决策逐步深入演化。

工业互联网的初级阶段是智能设备（Smart Device）阶段。通过在机器设备上安装数字传感器，并相互联网，机器设备能够自动收集和反馈自身运行的大量信息数据，成为能够自我感知、自我反馈的智能化设备。机器操作人员通过工业互联网可以获取、分析这些"智能信息"，了解机器设备的运作情况，预测故障发生的可能性和时间，优化生产经营流程，从而提升生产效率。在工业互联网的初级阶段，仅仅部署这类设备，就能挖掘出额外的生产力潜能。

工业互联网的第二个阶段是智能系统（Smart System）阶段。智能系统包括各种传统联网系统，但其定义更加宽泛，包括大量智能互联的机器设备以及在系统网络上部署的各类软件。智能系统具备网络优化、维护优化、系统恢复、学习等多种智能运行模式。随着越来越多的机器设备进入工业互联网，智能机器和软件之间的协同效应将越发明显，将会形成一个持续扩展、自主学习的智能系统，并将随着工业互联网内机器的日益增多而变得更加智能。

第四章 互联网生活和互联网生产：孕育互联网金融生态的土壤

工业互联网的第三阶段则是智能决策（Smart Decision）阶段。智能决策是工业互联网的长期愿景。在智能决策阶段，工业互联网的威力将得到最大的发挥。当从智能设备和系统收集到足够的信息以促进数据驱动的学习时，智能决策就出现了。这反过来将让智能设备和智能系统的一部分功能从机器操作人员转移到数字化决策系统。智能决策对于应对越来越复杂的联网机器设备的运营至关重要。

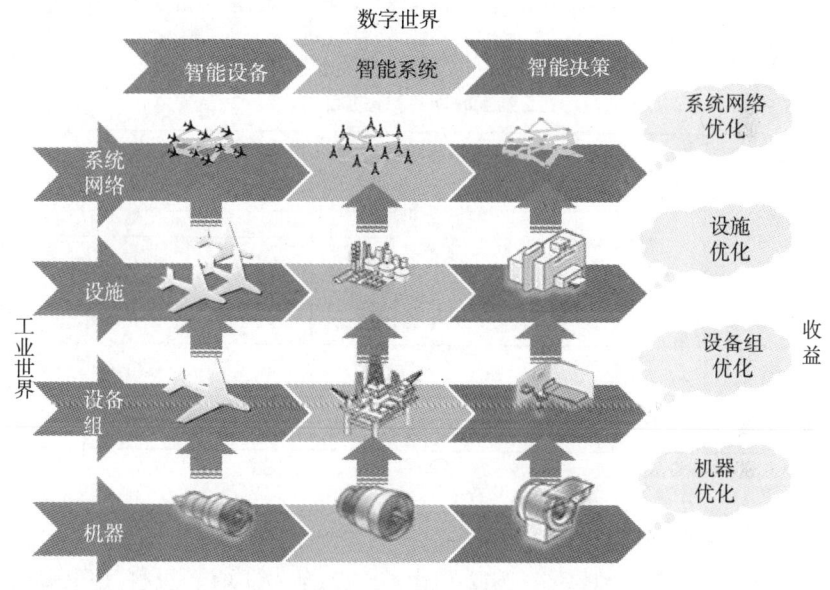

资料来源：通用电气。

图 4-44 工业互联网的应用

4. 工业互联网革命再造工业体系，打开万亿市场空间

GE强调，工业互联网通过智能化生产，能够推动下一波生产力大爆发。工业互联网的到来，将大大降低生产过程中的能源消耗，优化生产流程从而降低生产成本，提高劳动生产率。在商用航空、铁路运输、电力、石化、医疗等领域都有着极其广阔的应用前景。

工业互联网为工业经济带来的好处主要体现在几个方面：首先，通过实时监控动力设备,提高能源利用效率。比如提高飞机引擎的燃油效率,提高发电企业的燃料利用率。其次,通过实时监控运输线路,降低巡检成本。比如,目前在电网企业、轨道交通行业仍坚持周期性巡检的工作方式,耗费人力物力,通过在沿线布设传感网络,则可以降低巡检频率。此外,通过实施监控设备运转状态和性能,判断耗损程度,确定更换时间。通过智能监控设备发出的零件更换信号,我们就可以从传统的零件更换周期中解脱出来,在正确的时间更换零件,而不是周期决定是否更换零件,从而降低故障发生概率,提高资产使用效率。

表 4-10　　　　　　　　工业互联网:1%的威力

行业	部门	节约种类	15年内的估计价值（亿美元）
航空	商用	节约1%的燃料	300
电力	天然气发电	节约1%的燃料	660
医疗	整个系统	系统效率提高1%	630
铁路	货运	系统效率提高1%	270
石油天然气	勘探与开发	资本支出降低1%	900

资料来源:GE,基于全球具体行业节约1%。

5. GE:领航工业互联网

"工业互联网"的概念在2012年由GE提出。AT&T、思科(Cisco)、通用电气(GE)、IBM和英特尔(Intel)已经在美国波士顿宣布成立工业互联网联盟(IIC),以期打破技术壁垒,促进物理世界和数字世界的融合。据工控网报道,截至2014年底,GE已推出24种工业互联网产品,涵盖石油天然气平台监测管理、铁路机车效率分析、医院管理系统、提升风电机组电力输出、电力公司配电系统优化、医疗云影像技术等领域。

GE将现实世界中的机器、设备、团队和网络通过先进的传感器、控制器和软件应用程序连接起来,从而实现智能机器和智能网络。GE的资产性能管理系统(APM)每天共监控和分析来自1万亿设备资产上的1000万个传感器发回的5000万条数据,终极目标是帮助客户实现100%的无故障运行。

第四章　互联网生活和互联网生产：孕育互联网金融生态的土壤

例如，亚洲航空公司部署了 GE 的飞行效率服务（FES），帮助亚航优化交通流量管理、飞行序列管理以及飞行路径设计。亚航预计 2014 年 FES 系统有望帮助其节省 1000 万美元的燃油费用，而 2017 年节省的燃油开支将高达 3000 万美元。据 IT 经理人报道，欧洲能源巨头德国意昂集团也部署了 GE 的工业互联网软件平台——Wind PowerUp，将其 283 台风力发电机的输出功率提升了 4%，每年多生产 40 千兆瓦/时电力，足够为 4000 户美国家庭供电一年。

2015 年，GE 决定向所有企业开放 Predix 操作系统，帮助各行各业的企业创建和开发自己的工业互联网应用。Predix 是一个软件平台，负责将各种工业资产设备和供应商相互连接并接入云端，并提供资产性能管理（APM）和运营优化服务。GE 的 APM 系统每天共监控和分析来自 1 万亿设备资产上的 1000 万个传感器发回的 5000 万条数据，终极目标是帮助客户实现 100% 的无故障运行。为了进一步推广 APM 方案，GE 还发布了 Predix 应用工厂（App Factory），用于快速开发建模、实现和部署工业互联网应用。Predix 的开放将有助于其成为工业互联网的操作系统标准，而且能大大降低企业采用工业互联网应用的门槛，吸引广泛的应用提供商的参与。

（四）"工业 4.0"

新工业革命有着丰富的内涵，但我们认为新工业革命的本质在于智能制造。上一次工业革命是依托电子信息技术实现的自动化生产。而物联网时代到来将使制造业实现从自动化生产向智能化生产的飞跃。德国提出的"工业 4.0"战略对于以智能制造为主导的新工业革命给予了最为充分的展望。

1. 德国以"工业 4.0"战略应对制造业面临的挑战

德国长期以来在装备制造、工业自动化领域处于世界领先地位，但近年来中国装备制造业的低成本优势、美国力推的工业互联网都正在蚕食德国制造的优势地位。德国认识到在互联网时代，必须以信息化改造传统工业，才能使制造业焕发新的生机。为此，德国推出了"工业 4.0"战略，提出要在其制造业的雄厚基础上，利用互联网联结整个工业体系，构建智能化的生产制造体系。德国政府于 2013 年将"工业 4.0"项目纳入了《高技术战略 2020》的十大未来项目中，支持工业领域新一代革命性技术的研发与创新。随后,德国设立了"工业 4.0"平台并发表了德国首个"工业 4.0"标准化路线图。

2. "工业 4.0"是新一轮的工业革命

"工业 4.0"就是利用信息通信技术把产品、机器、资源和人有机结合在一起,通过信息通信技术建立一个高度灵活的个性化和数字化的智能制造模式。未来,企业将建立全球网络,把它们的机器、存储系统和生产设施融入到"信息物理系统"(Cyber – Physical System, CPS)中。在此模式中,CPS 系统将推动生产对象直接或借助物联网通过 M2M(Machine – to – Machine,机器对机器)通信自主实现信息交换、运转和互相操控;智能工厂能够自行运转,产品与机器可以相互交流,机器可以自组织生产,供应链将自动化协同,产业链分工将被重组,创造新价值的过程将发生改变。

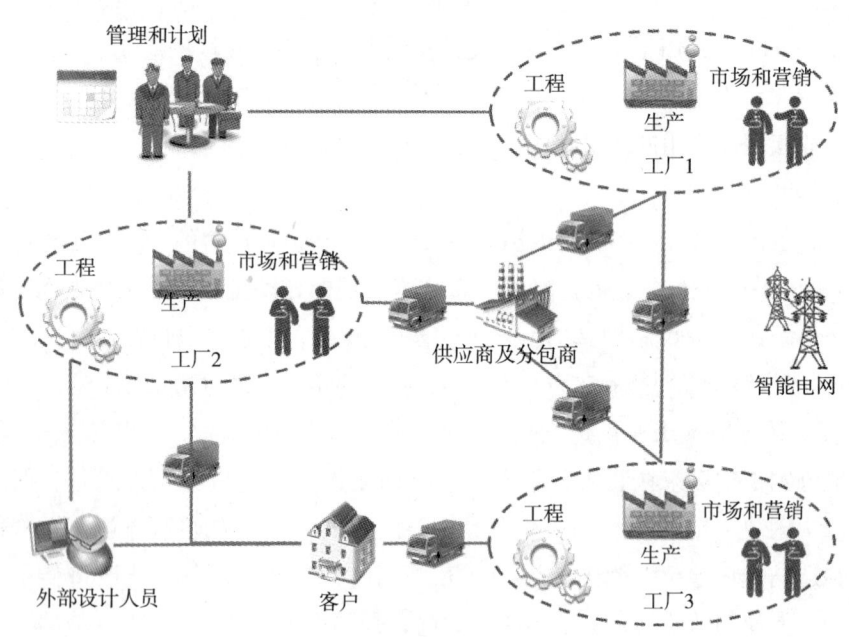

资料来源:德国工业 4.0 工作组。

图 4 – 45　互联网让制造链条上的各个环节更加紧密、高效协作

第四章　互联网生活和互联网生产：孕育互联网金融生态的土壤

18世纪引入机械制造设备定义为工业1.0；20世纪初的电气化为工业2.0；自20世纪70年代自动化技术大发展以来，工业生产的规模越来越大，工艺越来越复杂，技术要求越来越高，在生产的效率、生产的质量上人们做了不断改进和提高，一个大规模、大批量的简单智能化生产模式定义为工业3.0。但随着信息技术与工业技术的高度融合，网络、计算机技术、信息技术、软件与自动化技术的深度交织产生新的价值模型，在制造领域，这种资源、信息、物品和人相互关联的"虚拟网络—实体物理系统"（Cyber-Physical System，CPS）被德国人称为"工业4.0"。

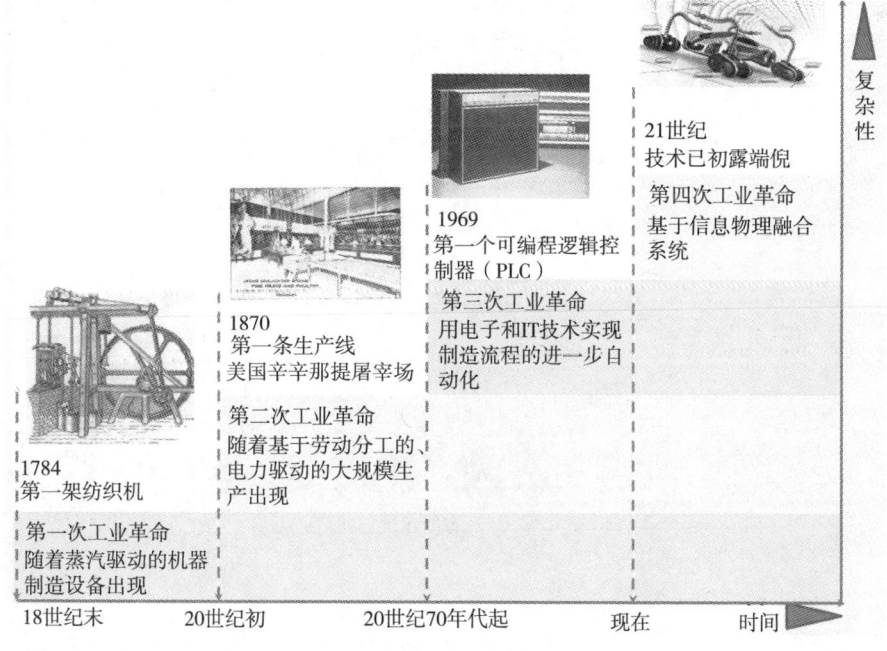

资料来源：德国工业4.0工作组。

图4-46　工业4.0

3."工业4.0"的主要内涵

德国"工业4.0"战略的要点可以概括为：建设一个网络、研究两大主题、实现三项集成、推动三大转变。

(1) 建设一个网络：信息物理系统网络

信息物理系统（Cyber-Physical System，CPS）就是将物理设备连接到互联网上，让物理设备具有计算、通信、精确控制、远程协调和自治五大功能，从而实现虚拟网络世界与现实物理世界的融合。CPS可以将资源、信息、物体以及人紧密联系在一起，从而创造物联网及相关服务，并将生产工厂转变为一个智能环境。这是实现"工业4.0"的基础。依托CPS系统，在新工业革命的时代，企业将拥有两座工厂——其中一座是现实工厂，另一座是虚拟工厂，任何生产计划的改变都通过虚拟工厂下达任务，再传递到现实生产中实施，而这种计划的调整可能发生在转瞬之间。机器的自我学习、自我决策、自我调节的能力将会极大提升。

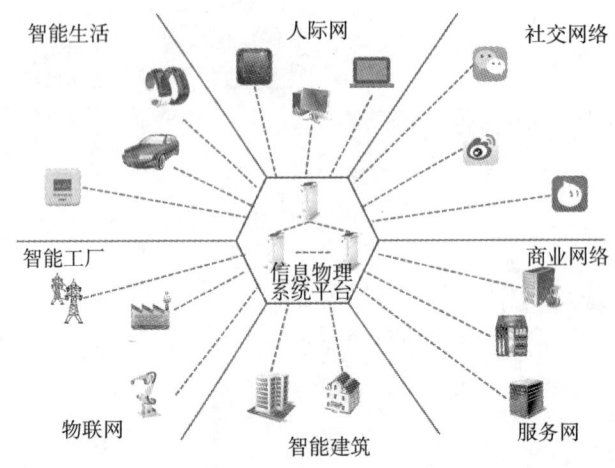

资料来源：德国工业4.0工作组。

图4-47 信息物理系统

(2) 研究两大主题：智能工厂和智能生产

"智能工厂"是未来智能基础设施的关键组成部分，重点研究智能化生产系统及过程以及网络化分布生产设施的实现。"智能生产"的侧重点在于将人机互动、智能物流管理、3D打印等先进技术应用于整个工业生产过程，从而形成高度灵活、个性化、网络化的产业链。生产流程智能化是实现

第四章 互联网生活和互联网生产：孕育互联网金融生态的土壤

"工业4.0"的关键。

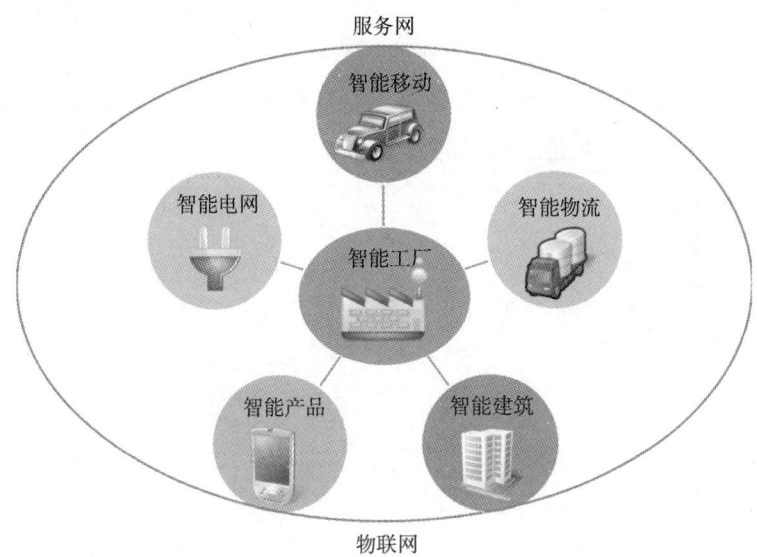

资料来源：德国工业4.0工作组。

图4-48 智能工厂和智能生产

（3）实现三项集成：横向集成、纵向集成与端对端的集成

"工业4.0"将无处不在的传感器、嵌入式终端系统、智能控制系统、通信设施通过CPS形成一个智能网络，使人与人、人与机器、机器与机器以及服务与服务之间能够互联，从而实现横向、纵向和端对端的高度集成。一是商业价值网络中的企业实现横向集成（Horizontal integration through value networks）。智能制造将同一商业价值网络中处于不同生产阶段的企业的IT系统集成在一起，这包括发生在公司内部以及不同公司之间的材料、能源以及信息的交换（比如入站物流、生产过程、出站物流、市场营销）。二是价值链上的各环节的端到端集成（End-to-end engineering across the entire value chain）。将价值链上的各环节予以数字化，以实现价值链各环节之间的数字化对接，为CPS系统发挥作用提供基础。三是制造工厂内部的纵向集成，构建网络化的制造系统（Vertical integration and networked manufacturing systems）。将处于同一工厂中的不同层级的 IT 系统进行集成（例如，执行器和传感器、控制、生产管理、制造和企业规划执行等不同层面），其目的是为了创造灵活有弹性的制造系统。在智能制造时代，价值链和供应链的革命将对公司金融服务提出全新的要求，以智能化的金融服务于智能化的生产制造将是新时代的需要。

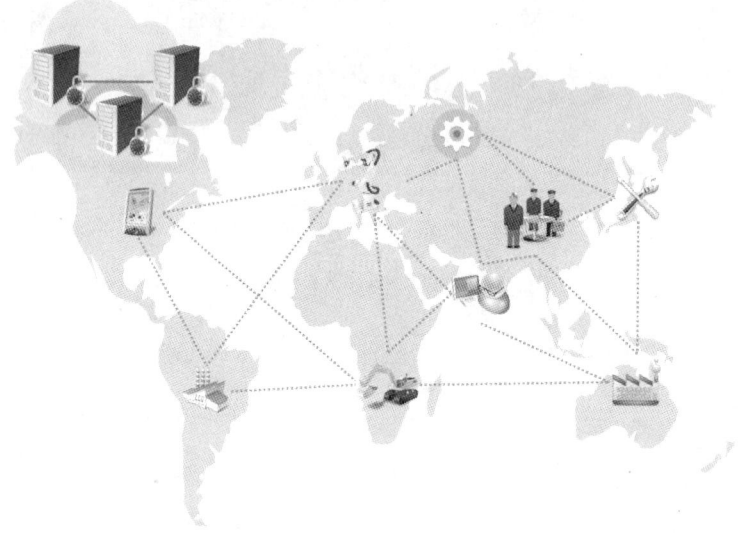

资料来源：德国工业 4.0 工作组。

图 4-49　商业价值网络中的横向集成

4. "工业 4.0" 将真正实现规模化定制生产

智能制造的动态价值链能使客户和特定产品设计、配置订货、计划生产和物流得到统一协调。这也为即时响应、生产前甚至在生产过程中最后一分钟的需求变更提供了可能。以智能制造为核心的新工业革命将推动制造业实现三大转变：一是实现生产由集中向分散的转变。规模效应不再是工业生产的关键因素，工业生产的基本模式将由集中式控制向分散式增强型控制转变。二是实现产品由大规模标准化生产向规模化定制生产转变。未来产品都将按照个人需求进行生产，在极端情况下，将成为自动化、个性化的单件制造。三是实现由客户导向向客户全程参与的转变。客户不仅

第四章 互联网生活和互联网生产：孕育互联网金融生态的土壤

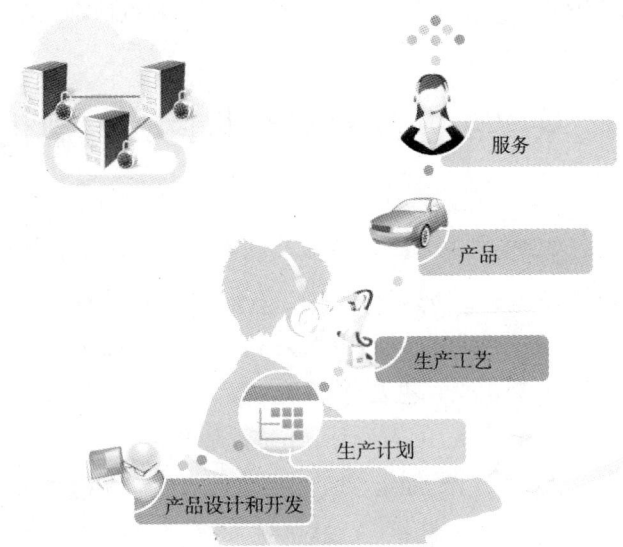

资料来源：德国工业4.0工作组。

图4-50 贯穿企业价值链的端到端集成

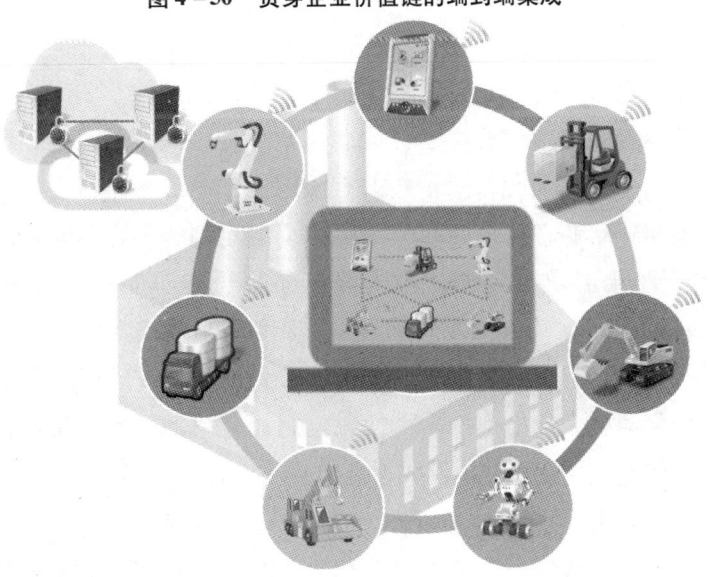

资料来源：德国工业4.0工作组。

图4-51 工厂内部的纵向集成和网络化制造系统

出现在生产流程的两端,而是广泛、实时参与生产和价值创造的全过程。

第三节　未来的互联网社会将进入定制化时代

　　未来,随着O2O模式的普及、智能互联网时代的到来,智能化的生活和生产也将成为现实。在智能化的时代,人们不再需要面对千篇一律的产品服务,人的个性化需求可以得到极大的满足。以个性化、定制化为特征的新型商业模式将涌现出来,主要有C2B、C2C、C2M等模式。

　　C2B模式(Consumer to Business,消费者对商家),是由消费者(Customer)发起需求,企业(Business)进行快速响应的商业模式,即客户需要什么,企业就提供什么产品服务。C2B的核心是消费者角色的变化,由传统工业时代的被动响应者变为真正的决策者。C2B模式存在三种形式:聚定制、模块定制和深度定制。第一种是聚定制。即通过聚合客户的需求组织商家批量生产,让利于消费者。天猫"双11"的节前预售即属于这种形式。第二种是模块定制。聚定制只是聚合了消费者的需求,并不涉及到在B端产品环节本身的定制。模块定制属于C2B商业模式里的浅层定制,它为消费者提供了一种模块化、菜单式的有限定制。第三种是深度定制。深度定制也叫参与式定制,客户能参与到全流程的定制环节。厂家可以完全按照客户的个性化需求来定制,每一件产品都可以算是一个独立的SKU(Stock Keeping Unit,库存量单位)。目前深度定制最成熟的行业当属服装类、鞋类、家具定制,但在其他领域仍难以大范围普及。深度定制最核心的难题是如何解决大规模生产与个性化定制相背离的矛盾,随着新工业革命到来,智能制造将使深度定制成为现实。

　　新型的C2C模式(Consumer to Consumer,消费者对消费者),是O2O模式在服务领域的延伸,也可以称为O2O 2.0模式。这一模式并非传统意义上的C2C模式。传统C2C模式主要是围绕产品在个体商家和消费者之间的交换,如淘宝。而新型的C2C模式则是主要围绕服务在个体服务业者和

第四章 互联网生活和互联网生产：孕育互联网金融生态的土壤

消费者之间的交换。这种模式的本质在于去中介化，直接把消费者跟个体服务业者连接，实现需求跟服务的直接匹配，满足用户个性化的需求。这一模式也与传统的 O2O 模式不同。传统来讲，O2O 是服务线下商户，让线下商户通过网络获得更多消费者。而新型 C2C 模式则是直接越过线下商户，跳过中介，解放各类服务业者。借助移动互联网的 SoLoMo 特性（Social 社交、Local 本地、Mobile 移动），消费者和个体服务业者之间的搜寻、匹配和沟通成本几乎为零，因此服务业者可以与消费者直接对接，越过中介。而用 C2C 跳过中介后，服务业者可以直接了解消费者需求，为消费者提供定制化服务，同时降低服务成本，实现双赢。

C2M 模式（Consumer to Manufacturer，消费者对制造商）则是实现消费者与制造商的对接，越过了经销商等渠道中间环节。消费者在制造企业的营销平台上直接下单，在 CPS 系统支持下，直接将客户、生产者、设备、物料直接联通，工厂接收消费者的需求订单（含客户定制需求），企业根据需求设计、采购、生产、发货，省去了流通环节，比淘宝更省钱。

第五章 互联网金融生态的兴起与发展

第一节 互联网金融生态中的主要模式及市场格局

与服务对象的多样化相对应,互联网金融的各种业务模式层出不穷,主要包括第三方支付、互联网理财、P2P、众筹和供应链金融等几种模式。

（一）第三方支付

第三方支付公司最早在美国诞生,在 20 世纪 90 年代中期出现了 Amazon Payments、Yahoo PayDirect、PayPal 等第三方支付公司。其中 Paypal 是其中最为典型的代表,目前在全球拥有 1.53 亿个账户,是全球最著名的第三方网上支付服务商之一。Paypal 公司于 1998 年成立,其成立初衷非常明确,就是为了应对全球逐渐兴起的电子商务发展热潮,同时弥补商业银行不能覆盖个人收单业务领域了不足。公司 1999 年 10 月开始运营,2002 年被 eBay 以 15 亿美元并购,从此真正步入了发展"快车道"。当时的 eBay 已经是全球最大的个人电子商务交易平台。

第三方支付伴随电子商务交易需求产生,是具备一定实力和信誉保障的第三方独立机构提供的交易支付平台。在电子商务交易中,买方选购商品后,使用第三方支付提供的账户进行货款支付,由第三方通知卖家货款到达、进行发货;买方检验物品后,就可以通知付款给卖家,第三方再将款项转至卖家账户。在这个过程中,第三方支付平台最重要的是起到了在网上商家和银行之间建立起连接,实现第三方监管和技术保障的作用。

第三方支付消除了消费者与商家之间"支付信任"问题。在成功解决了资金的安全流转之后，使得电子商务交易双方能够安全放心地进行网上交易。而对于第三方支付而言，获得的则是资金的沉淀利息、手续费以及渠道费用等。从运转流程的角度看，互联网支付与POS支付最大的区别在于互联网支付无需"转接机构"。互联网支付的低成本优势，使得其不需要中介机构的转接即可实现高效率的互联网支付。

经历过十余年的发展，第三方支付已经成为我国金融支付体系中的重要组成部分。同时第三方支付解决了互联网交易的资金流转问题，成为我国互联网金融发展的"主动脉"。截至2014年7月，我国共有269家第三方支付企业获得支付牌照。牌照的发放使得第三方支付企业的业务种类更加多样化，由原来狭义的互联网支付企业，扩展到从事支付业务的诸多非金融机构，业务范围也延伸至"互联网支付、银行卡收单、移动支付、跨境支付、电话支付、数字电视支付、预付卡发行与受理"等多种业务类型。第三方支付牌照的发放，进一步提升了第三方支付企业在金融服务领域的合法性和可信度，但同时也加剧了行业的竞争度。可以预见，第三方支付还以较快的速度扩张，并不断渗透至我们生活的各个领域，改变着人们的生活方式。

第三方支付的业务范围与其获得的支付牌照种类相关。第三方支付牌照的种类是指中国人民银行2010年颁布的《非金融机构支付服务管理办法》中规定的三类支付服务牌照，包括：（1）银行卡收单牌照；（2）网络支付牌照；（3）预付卡发行与受理牌照；（4）中国人民银行确定的其他支付业务。其中，网络支付下又具体分为货币汇兑、互联网支付、移动支付、固定电话支付和数字电视支付。

随着电商及银行卡业务（诸如信用卡、借记卡和预付卡）迅猛扩张，我国第三方支付市场交易规模从2010年的5万亿元飙升至2013年的17.2万亿元（艾瑞咨询a，2014）。其中，线下收单市场占比最高，为68.8%；其次为互联网支付，占比为28.3%；移动支付市场尚处于起步阶段，但增长势头迅猛。

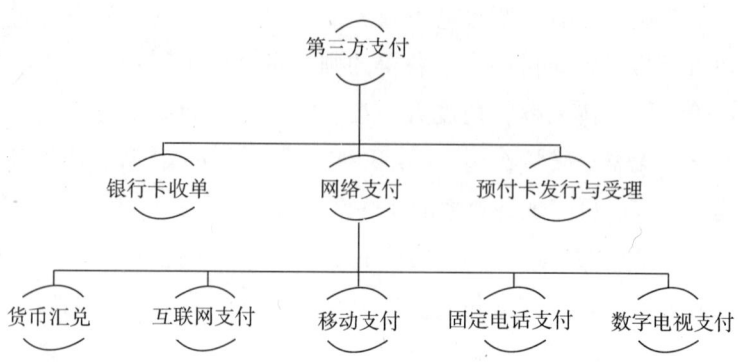

图 5-1　第三方支付公司牌照分类

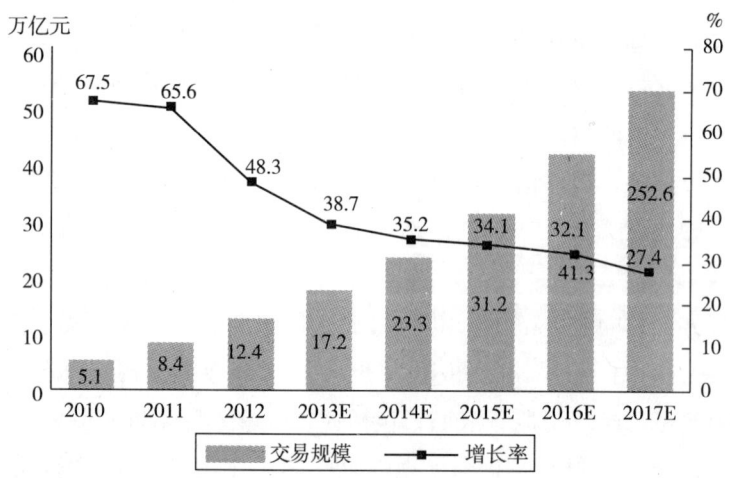

资料来源：艾瑞咨询。

图 5-2　我国第三方支付市场交易规模

我国第三方支付市场呈寡头垄断的态势，前三大企业占比接近 80%。支付宝以 48.7% 的占比市场领先，财付通占 19.4%，银商占 11.2%，快钱占 6.7%，汇付天下占 5.8%，易宝支付占 3.4%，环迅支付占 2.9%，其他占 1.9%。

第五章　互联网金融生态的兴起与发展

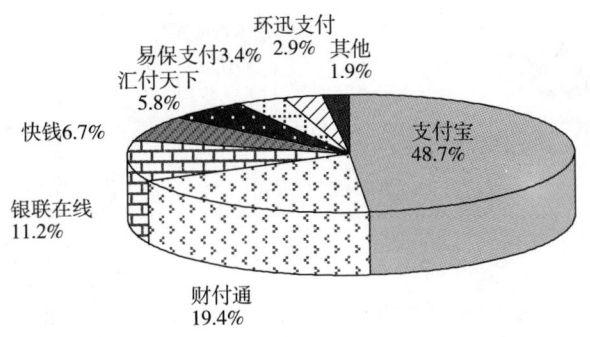

资料来源：艾瑞咨询。

图 5-3　第三方支付市场结构

随着银行卡收单、互联网支付领域的逐步成熟和瓜分完毕，第三方支付企业一方面积极寻求业务领域的拓展，逐渐渗透到基金、保险、物流等传统金融电商化领域；另一方面不断通过创新支付模式和产品，为不同行业需求提供定制化综合解决方案。盈利模式也初步从单一的手续费向营销等增值服务费多元化中间业务收入转变。

银行卡收单是第三方支付的传统业务领域。银行卡收单业务是指，金融支付企业通过各类 POS 机具以及自助终端等受理的银行卡刷卡消费、公共事业缴费、信用卡还款、转账支付类业务。有收单牌照的第三方支付机构，通过线下布放 POS，替商户收单。第三方支付机构一般是找一个合作的收单银行，对于收单银行自己的持卡人交易，收单银行自己处理，其他银行的交易，由合作收单银行转接到银联，由银联转接到其他发卡行处理。

移动支付是第三方支付热点业务。移动支付是通过移动电话与金融系统相结合，将移动通信网络作为实现手机支付的工具和手段，为用户提供商品交易、缴费、银行账号管理等金融服务。移动支付分为远程支付和近端支付两种方式，目前第三方支付企业多集中于远程支付领域。远程支付是指客户通过手机，基于通信网络，通过 SMS、WAP 等方式完成支付的方式。

图 5-4 银行卡收单的业务流程

在保持传统的互联网支付优势的同时，部分具有实力的第三方支付企业也在加速线上到线下（O2O）的支付布局。支付宝已经实现高校缴费功能，并开通了校园一卡通绑定支付宝账户，具备自助充值的功能。支付宝应用从物业缴费到医院挂号，从买交通票到买彩票，从理财到还贷款，已经多达 30 多种生活服务项目。2015 年 1 月，支付宝发布了 O2O 行业解决方案，其中包括未来商超、医院、餐饮、百货、酒店、物流等 14 个行业场景。

在第三方支付的业务范围中，跨境支付逐步成为新的蓝海。跨境支付是指两个或两个以上国家或地区之间因国际贸易、国际投资及其他方面所发生的国际债权债务，借助一定的结算工具和支付系统实现的资金跨国和跨地区转移的行为。跨境支付包括跨境网络消费、跨境转账支付和境外线下消费。跨境支付业务由于受到诸如政策法规、社会环境、市场环境以及用户使用习惯等多重因素的制约，目前市场尚处于发展初期。根据艾瑞咨询数据显示，截至 2012 年中国跨境电商交易额 2.3 万亿元，同比增长 31.5%，但在中国整体进出口贸易市场规模中占比仍然很低，仅为 9.6%。

第五章　互联网金融生态的兴起与发展

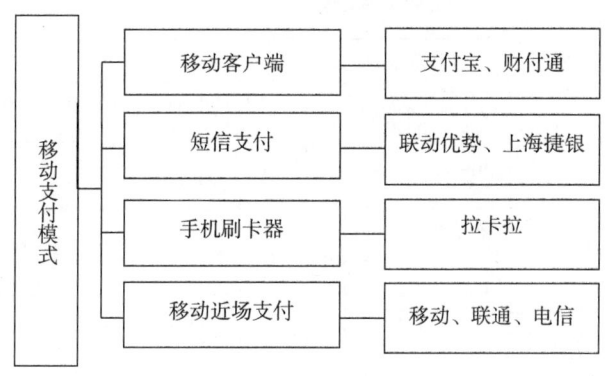

图 5-5　移动支付模式

（二）互联网理财

互联网理财是一个比较宽泛的概念，客户通过互联网平台实现的资产配置，都属于互联网理财的范围。从对银行业务的影响角度，本书主要关注通过互联网平台销售的货币基金。

由天弘基金和支付宝联袂打造的余额增值服务——余额宝于 2013 年 6 月 17 日正式上线，其实质是将基金公司的基金直销系统内置到支付宝网站中，在用户将资金转入余额宝的过程中，支付宝和基金公司通过系统的对接将一站式为用户完成基金开户、基金购买等过程，整个流程就跟给支付宝充值一样简单，首期支持的是天弘基金的增利宝货币基金。短短几个月内用户数迅速突破千万，并成为中国基金史上第一个规模破千亿元的基金，巨大的规模体量和惊人的规模增速成为市场关注的焦点。通过余额宝，用户不仅能够得到较高的收益，还能随时消费支付和转出，无任何手续费。用户在支付宝网站内就可以直接购买基金等理财产品，获得相对较高的收益，同时余额宝内的资金还能随时用于网上购物、支付宝转账等支付功能。截至 2013 年 12 月 31 日，在半年时间内，余额宝的客户数便达到了 4303 万人，户均持有额为 4307 元，其间累计为用户发放收益 17.9 亿元。2014 年底，余额宝规模已达到 5789 亿元，处于平稳发展态势。

表 5-1　　　　　　　　　主要的互联网货币基金产品

产品	推出时间	合作基金	门槛	特征
余额宝	2013-06	天弘增利宝货币基金	1元	赎回资金可实时转到支付宝。转银行账户对于少数卡可实时到账，手机端2小时到账，电脑端一般次日到账
理财通	2014-01	华夏财富宝货币基金	0.01元	仅限于微信平台，赎回资金2小时到账
苏宁零钱宝	2014-01	广发、汇添富基金	1元	赎回资金可实时转到易付宝。转银行账户2小时到账
百度百赚	2013-10	华夏现金增利货币E	1元	最快可1秒到账

在互联网理财大潮的推动下，很多商业银行也启动了货币基金T+0业务，或者和基金公司合作创建有货币基金绑定的银行卡等。2013年12月，平安银行打响了银行界对抗互联网货币基金的"第一枪"——推出"平安盈"货币基金产品。交通银行推出了"货币基金实时提现"业务，工商银行浙江省分行联合工银瑞信推出了"天天益"业务，交通银行的"货币基金实时提现"业务在交通银行的手机银行、网上银行和柜台均可实现快速申购和赎回，目前对接交银施罗德、光大保德信和易方达基金等公司旗下的4只货币基金，客户赎回货币基金后，资金可真正实现"7×24小时资金T+0到账"。此外，部分商业银行推出了直销银行互联网开放平台，以互联网的模式销售货币基金和银行理财产品。

在商业银行中，最早推出互联网货币基金的是平安银行，其网络理财工具"平安盈"，是平安银行通过财富e电子账户，在互联网上为投资者提供的一项创新金融服务。平安盈的首家合作方为南方基金，投资标的为南方现金增利货币基金。该产品实行"一分钱"起购，与传统的银行理财产品相比有不少优势。客户在网上开立财富e电子账户，可将其闲置资金归集起来，而且赎回资金实时到账，从而在不影响客户资金流动性的条件下，让客户享受到高出活期存款利息多倍的超额收益。平安盈内资金的转入与转出,均无需任何费用。此外,平安盈内资金可 T+0 实时转出使用,还可直接购买基金或理财产品,并支持转账及信用卡还款,操作方便。

表 5-2　　　　商业银行推出 T+0 货币基金产品

银行	产品	推出时间	合作基金	门槛	特征
工商银行	天天益	2014-01	工银瑞信货币市场基金	1 元	赎回资金 T+0 实时到账
广发银行	智能金账户	2013-07	易方达货币市场基金	100 元	设置留存现金额度后,可以自动申购货币基金。赎回资金一般 T+2 到账
交通银行	快溢通	2013-07	易方达、南方基金、鹏华基金等	100 元	设置留存现金额度后,可以自动申购货币基金。赎回资金 T+0 实时到账
平安银行	平安盈	2013-11	南方现金增利基金、平安大华日增利货币基金	0.01 元	赎回资金 T+0 实时到账,基金资金可直接用于信用卡支付

互联网货币基金市场结构不均衡现象十分突出,截至 2014 年 8 月,互联网货币基金总规模 7856.20 亿元,其中 5741 亿元来自余额宝——天弘增利宝,占比高达 73%。从平均规模上看,除余额宝外,互联网货币基金平均每只规模为 72.49 亿元。

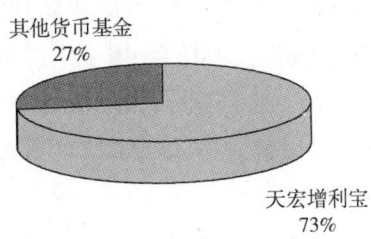

资料来源:艾瑞咨询。

图 5-6　互联网货币基金市场结构

(三) P2P

P2P（Peer to Peer Lending）是通过互联网平台，以点对点的方式完成借贷的模式。P2P 以第三方网站作为中介平台，借款人在平台发布借款需求，投资者通过投标的方式给予借款人贷款，中介平台收取一定服务费或管理费（艾瑞咨询 b，2014）。P2P 市场一个特点是融资服务的覆盖面空前扩大。P2P 平台把资金出借方和借款人直接联系起来，消除了许多中间环节的成本，对实体经济的发展能够起到重要的作用。而商业银行由于成本较高、网点覆盖不足等因素，服务的客户群基本集中在资信较好的优质客户、大型客户。个人和小微企业在消费、投资的过程中的贷款需求，能够通过 P2P 获得解决。因此，P2P 最能体现金融的民主化和普惠化，符合普惠金融的发展方向。P2P 对正规体系的商业银行信贷形成了很好的补充。

在我国，P2P 网络借贷平台迅猛发展。数据显示，在 2009 年，国内 P2P 借贷平台只有 9 家；截至 2014 年 2 月底，已有 626 家 P2P 借贷机构。根据《中国 P2P 借贷服务行业白皮书 2013》（第一财经金融研究中心，2013）统计的数据，2012 年末，可统计的 P2P 平台线上借款余额将近 100 亿元，投资人超过 5 万人，若加上尚未统计的 P2P 平台线下业务，其借贷余额和投资人数还将倍增。2013 年，P2P 市场迎来井喷发展，平台数量超过 800 家，交易额超过 1000 亿元。与此同时，各种跑路、倒闭事件也时有发生。据统计显示，2013 年，发生风险事件的 P2P 平台数量已超过 80 家。

中国第一家 P2P 网贷平台是成立于 2007 年 8 月的拍拍贷，仅扮演信息中介的作用，不参与线下运营。2007 年 10 月，宜信网贷平台上线。2011 年，平安集团投资 4 亿元成立了上海陆家嘴国际金融资产交易市场股份有限公司（简称"陆金所"）。目前，国内较为知名的有宜信、人人贷、拍拍贷、红岭创投、E 速贷、盛融在线等平台。

P2P 通过互联网平台替代银行的传统物理渠道和电子渠道，省去了人力成本，降低了单位资金的渠道成本。同时，借贷资金的门槛较低，使得投资人易于入门。互联网借贷可以通过小额分散投资控制风险。从负债端的客户定位看，P2P 信贷投资者目前主要集中在资产净值为 10 万元以上的互

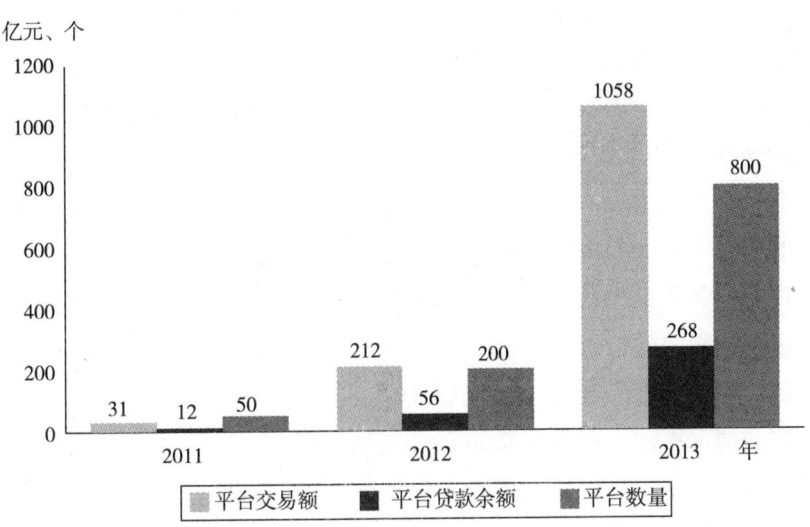

资料来源：互联网公开资料。

图5-7 我国P2P行业近年来井喷发展

联网人群，地域上主要分布在北上广深等一线二线城市。线上投资人主要为80后，互联网接受度高的群体。10万元以上的投资者占比为60%以上。累计投资额在百万元以上的投资者的占比呈逐步下降的趋势，数据显示，随着平台投资者增加，百万元以上投资者占比减少。同时，1万元以下小额投资者占比也增加，这类投资处于尝试阶段，未来增长空间较大。

从资产端的客户定位看，核心借款需求是小微企业主的短期资金需求。借款人主要是小微企业主、电商商户，个人消费贷款只占很小的比例。人均贷款金额较小，从数万元到数十万元不等。借款期限主要半年以下，用途多为短期周转。由于客户质量比不上银行，因此逾期水平也高于银行，部分平台的借款逾期率在3%以上。大多数P2P网站的贷款获取和审批没有突破传统的金融方式，信息不对称核心问题未解决。客户信息获取和审贷技术与银行等传统信贷机构比较，缺乏优势。同时，P2P行业快速发展仅仅最近两年，数据积累和审贷经验非常有限。审贷技术人员多数来自银行等金融机构，采取传统的审贷模式。

不同的P2P平台，运营模式也不相同，初步形成差异化发展的格局。拍拍贷的运作模式属于典型的P2P借贷模式，平台主要发挥信息中介的作用。借款人在平台上发布借款信息，多个出借人根据借款人提供的各项认证资料和其信用状况决定是否借出资金。平台收益主要以服务费为主，通常为成交金额的2%~4%。拍拍贷审核方式基本以线上审核为主，对用户提交的书面资料的扫描件或电子影像文件进行审查。对用户提交的书面资料的内容与其申报的信息的一致性进行审查。对不良贷款的处理，根据不同地区不同用户的情况，借出人可以进行法律诉讼程序或者找催收公司进行催收。拍拍贷将配合借出人提供法律支持。借款利率由双方根据资金市场的供需情况决定，拍拍贷设定最高的法定借款利率。在当前信用环境不完善的情况下，这种仅根据借款人提供的各项信息进行线上审查的P2P模式，存在较大的风险。

宜信是我国P2P业务开展的比较早、规模比较大的P2P平台。宜信的主要模式为债权转让交易模式，由平台所有者提前放款给需要借款的用户，再把获得的债权进行拆分组合，打包成类似固定收益的理财产品，后销售给投资理财客户。宜信的收益来源主要是服务费，其中包括债权转让费、风险金以及借款人的借款利率和出借人收益率差额。宜信在全国各地设有线下门店，宜信在收到贷款申请材料后，会采取线下实地审核的方式。在不良贷款处理上，宜信通过电话短信提醒、上门拜访、法律诉讼等多种方式进行催收。债权人可以与宜信共同追讨，债权人享有追讨回的本息和所有的罚息及滞纳金，或者通过平台的风险备付金代偿部分债权人的损失。宜信根据我国P2P行业的实际发展情况，采取线下的审核方式，这使得债权更为安全；宜信还采取了还款风险备付金的保证措施，在一定程度上对出借人的本息起到了保护作用，降低了债权人风险。

红岭创投的操作流程类似于拍拍贷，借入者发布借款信息，借出者根据借入者提供的各项认证资料和其信用状况决定是否借出。平台的收益主要来源是借款管理费和投标管理费。在不良贷款处理上，借款人如借款逾期以后，不接电话或恶意停机躲避债务等，网站将派人上门催收。红岭创

第五章 互联网金融生态的兴起与发展

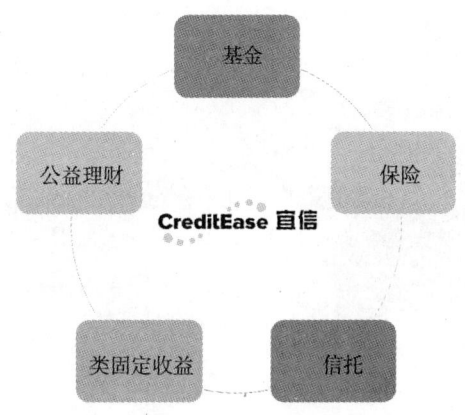

图 5-8　宜信是我国较早开展 P2P 业务的企业

投目前主要服务于小企业,在放款审查上采取了线下的模式,更为准确真实地掌握借款人信息。因其服务对象的借款额度一般较大,红岭创投要求借款人引入担保,以保证出借人资金的安全。

表 5-3　国内主要 P2P 平台 2014 年前三季度的成交情况

名称	成交量（万元）	投资人数（人）	借款人数（人）	平均利率（%）	平均借款期限（月）
温州贷	1038323.05	16622	1624	15.70	0.47
陆金所	641762.85	1205	114215	8.61	33.73
红岭创投	559339.31	38272	4703	13.99	6.63
盛融在线	506205.68	12687	941	19.62	1.54
合拍在线	464120.70	6104	770	14.74	1.20
鑫合汇	311612.22	10516	185	10.80	1.06
微贷网	300349.83	14718	12675	16.67	1.37
爱投资	260835.98	36467	1823	13.70	8.79
人人贷	247131.40	43292	42413	12.79	28.77
钱爸爸	214593.00	7943	371	14.03	1.49
PPmoney	211547.94	19464	458	16.46	2.72
团贷网	206220.73	12077	596	16.29	5.72

数据来源：网贷之家。

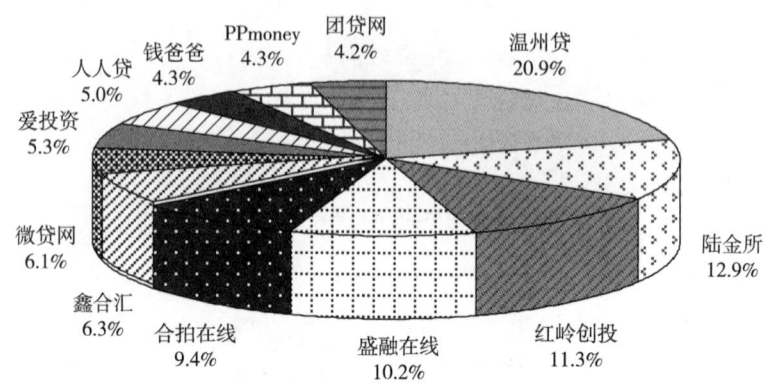

资料来源：网贷之家。

图 5-9 我国 P2P 市场结构

P2P 业务在迅猛发展的同时，也蕴含着较大的风险。P2P 的准入门槛低、运营成本高、无行业标准、无监管机构。近一段时间以来，P2P 平台倒闭频现，部分网贷平台出现跑路、恶意携款潜逃等违法现象。市场上常见的涉嫌违法的 P2P 经营行为主要有：一是采用理财—资金池模式，将借款项目设计成理财产品出售，或者归集资金，再寻找借款对象。这些做法都涉嫌非法吸收公众存款；二是一些 P2P 平台未尽到借款人身份的真实性核查义务，发布虚假的借款信息，有的直接将非法募集的资金转投高利贷赚取利差；第三种是 P2P 经营者用借新还旧的庞氏骗局模式，募集资金用于自身生产经营，甚至卷款潜逃。

目前国内对于 P2P 平台针对性监管制度尚未出台，市场准入没有特殊要求，行业仍处于监管套利的阶段。P2P 平台只需根据《公司登记管理条例》在工商管理部门进行注册，根据《互联网信息服务管理办法》及《互联网站管理工作细则》的规定在通信管理部门备案，即可合法运营。行业自律组织已经建立，互联网金融专业委员会已经成立，中央银行也已经批复成立互联网金融协会。行业监管方面已确定由银监会监管，确立了四条监管边界，即明确平台的中介性质、平台本身不得提供担保、不得将归集资金搞资金池、不得非法吸收公众资金。

第五章 互联网金融生态的兴起与发展

在行业运行尚不规范的情况下，P2P 行业频繁出现平台倒闭、跑路、非法集资等事件，为行业的健康可持续发展蒙上阴影。当前，P2P 投资者的金融知识、风险教育都显得远远不够，加强 P2P 投资者教育刻不容缓。这需要监管加大投资者教育警示的力度，需要 P2P 行业和投资者自身的共同努力。在监管条例颁布之前，让行业内较优秀的公司发挥标杆作用，规范经营，在征信和风险控制、信息披露等方面强化管理，采取积极措施控制借款人违约风险。

商业银行在 P2P 风控上能够扮演重要角色。2015 年 2 月，民生银行发布"网络交易平台资金托管系统"，以保障 P2P 资金安全。这是业内首个由银行总行统一开发、为 P2P 平台提供资金托管的系统。积木盒子、人人贷等多家国内领先的 P2P 平台宣布首批接入该平台。由银行全面实行资金托管的 P2P 平台能够提高资金安全水平和公众的信任度。用户能够直接登录民生银行的网银，查询到在积木盒子平台上充值、投资、提现等账户明细。用户对资金状况的了解将更加透明和规范。

近一段时间以来，P2P 行业的不规范现象，说到底是因为部分 P2P 机构缺乏一定资质，自身实力和信誉不足。商业银行直接开展 P2P 业务，能够带来丰富的风险管理经验和规范的业务操作模式，有利于更好地保护投资者的利益，对规范 P2P 市场、引导 P2P 行业健康规范发展，能够发挥重要作用。招商银行于 2013 年 4 月正式推出了专门面向中小企业客户的互联网金融服务平台——小企业 e 家，该平台的特色业务是 P2P。按照招商银行对小企业 e 家的定位，小企业 e 家投融资平台是在互联网金融领域全新模式的尝试和探索，利用银行风险识别和风险管控能力，通过线上线下相融合的银行信息见证服务，实现资金供给和需求者间对称的信息、资金交互。招商银行小企业 e 家上线以来，平台上聚集的小企业、小微企业客户迅速增长，目前已经接近 35000 家。

陆金所是另一家具有传统金融基因的 P2P 平台。作为中国平安集团倾力打造的网络投融资平台，陆金所隶属于上海陆家嘴国际金融资产交易市场股份有限公司。平安集团成立陆金所的目的是在健全的风险管控体系基

图 5-10　招商银行小企业 e 家投融资平台

础上，为中小企业及个人客户提供专业、可信赖的投融资服务，实现财富增值。陆金所代表的新型 P2P 模式与传统 P2P 模式有本质区别。陆金所目前提供中介服务，借款人申请借款，出借人进行投标，借款的发放和收回由陆金所代为办理，同时引入担保公司对借款人进行担保。陆金所收取债权转让手续费。在交易过程中引入平安集团旗下的担保公司进行担保，对于借款出现逾期，提供全额代偿，对于出借人来说，资金安全程度较高。陆金所模式的优点主要有：一是线下与平安银行、小额贷款、担保公司、信用保证保险等紧密结合，在营销、运营、风控等方面具有多种手段。二是在线上做成标准化、担保本息的固定利率和期限的产品。这类产品由于利率较高，对客户具有较大吸引力，已出现供不应求现象。这种模式有利于快速做大规模，并积累客户数据。目前，陆金所已加入人民银行征信系统，成为平安集团金融业务的重要组成部分。

第五章 互联网金融生态的兴起与发展

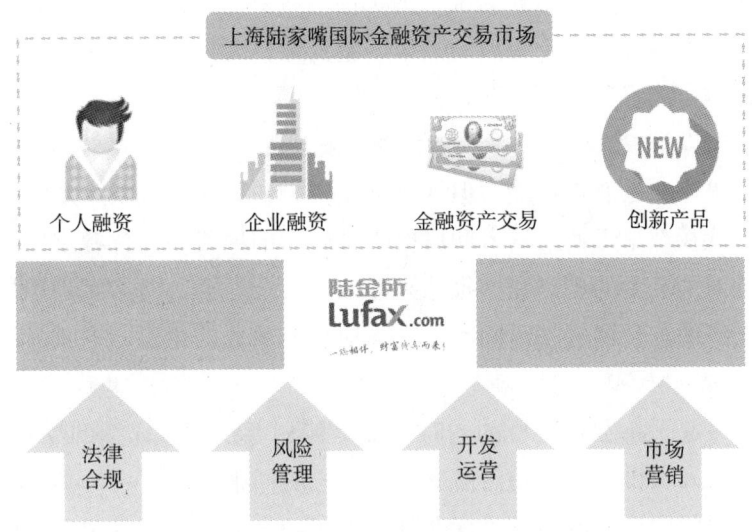

图 5-11 陆金所是传统金融企业向 P2P 行业渗透的典型

"稳盈—安 e 贷"是陆金所推出的一款典型的 P2P 产品。该产品运作的基本模式：陆金所充当交易媒介，通过平台的电子借贷协议，帮助投资方和融资方配对完成投资和借贷，并明确双方债务债权关系。投资者从网站上直接获取。借款人部分来源于线下渠道，由线下门店或者合作伙伴等渠道推荐；还有部分借款人是在陆金所网站提交借款申请后再去网点提交申请资料。该 P2P 产品由平安融资担保全额担保。投资期限主要分为一年、两年和三年三种，债权出让人持有该借款债权至少已满 60 天，可以在陆金所的平台上进行债权转让，使该产品具备了一定的流动性。

（四）众筹

众筹是一种新型的互联网融资模式，项目发起人以互联网为平台，集中大众的资金为小微企业或个人开展某个项目或活动提供资金支持。与传统融资方式相比，众筹具有融资成本低、资金碎片化、参与互动感强和参与者分散度高等特点。众筹利用互联网和 SNS 传播的特性，让小企业、艺术家或个人对公众展示他们的创意，争取大家的关注和支持，进而获得所需要的资金援助。相对于传统的融资方式，众筹更为开放，能否获得资金不再是由项目的商业价值作为唯一的标准。只要是网友喜欢的项目，都可以通过众筹的方式获得项目启动的第一笔资金，为更多创新企业和个人提供了无限的可能。

互联网众筹模式的主要参与者为项目发起人、众筹平台网站和支持者。项目发起人主要是有创造能力但缺乏创业资金的人。并且采用众筹模式融资的项目往往都是天使投资者和风投不会问津的项目。支持者主要是有闲置资金并对筹资者的创意和回报感兴趣的人。众筹平台网站就是连接发起人和支持者的互联网终端，同时也充当项目经理人的角色，同时为双方的利益而负责。

项目发起人在发布项目的同时需要上传创意视频、详细的项目策划、联系方式以及项目筹资成功后对支持者相应的回报。筹资项目必须在发起人预设的时间内达到或超过目标金额才算成功。项目筹资成功后发起人可获得资金，等到筹资项目完成后，网友将得到发起人预先承诺的回报，回报方式可以是实物，也可以是服务。目前众筹平台的模式主要有四种：股权众筹、债权众筹、奖励众筹和捐赠众筹。

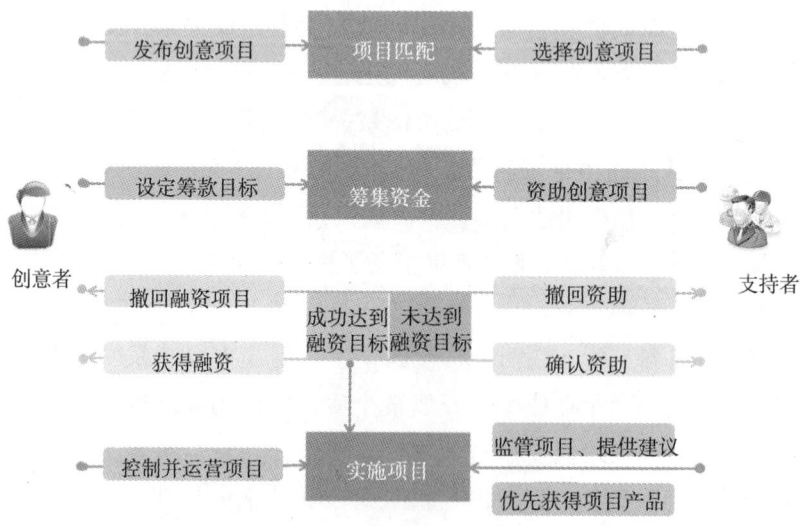

图 5-12　众筹项目资金募集模式

第五章 互联网金融生态的兴起与发展

众筹在我国尚处于起步阶段,已呈现快速发展的态势。根据中国人民银行2014年4月发布的《中国金融稳定报告2014》(中国人民银行,2014),中国众筹平台只有21家。根据估计,这些平台大多数实现的融资规模不过几十万元或者数百万元,总的融资规模不足10亿元。

由清科和众筹网联合推出的国内首份众筹行业月度报告——《中国众筹商业模式月度统计分析报告》显示,2014年5月,国内各众筹平台(包括股权类众筹和回报类众筹)共募集资金总额约2053.67万元,其中股权类众筹平台筹资金额约为1112万元,约占54%;回报类众筹平台筹资金额约940.67万元,约占46%。

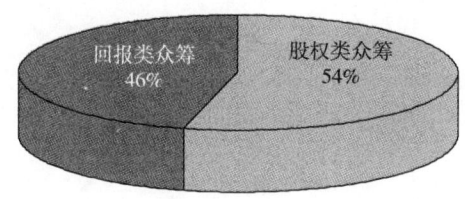

资料来源:清科集团。

图5-13 不同类型众筹市场占比

专栏8

产业互联网专著《风口》首发 未卖先筹400万元

产业互联网专著《风口》在北京首发。这部通过互联网众筹出版的新书尚未上市先筹得400多万元人民币,体现了众筹的威力。

该书通过微信朋友圈传播,从2014年11月23日发起出版众筹,到12月31日仅40天,众筹1万元以上的企业家、投资人等达到315位,众筹1万元以下的各行业人群达到484位。近800人创造了400多万元的业绩,创造了移动端众筹金额、参与人数、单品数量的纪录,也创造了图书出版行业的奇迹。

该书由国内中小企业孵化平台八八众筹联合创始人集体创作。第一作者何丰源把他近30年的运营、投资经验及商业模式在书中全盘托出。他认为，大多数企业都感觉钱越来越难挣、人越来越难招的时候，就预示着机会正在悄然来临。在这个从消费互联网向产业互联网快速迁徙的时代，网络世界的基础设施建设已经完毕，传统企业只要快速抓住产业互联网的"风口"，就一定会翻身，获得下一个黄金20年的发展机会。

　　《风口》的众筹结果以及大量事实证明，只要拥抱产业互联网时代，善于运用互联网思维，不管是通信、家电、汽车还是房地产、餐饮、图书出版，充分把握产业互联网思维这一时代的风口，将之贯穿企业商业模式升级、设计和实施的全过程，企业就会释放无穷的威力。"

　　资料来源：中国网，news.china.com.cn。

（五）供应链金融

　　供应链金融是由银行在供应链上打通上下游，开展金融服务的模式。随着互联网的深化应用，供应链金融也由"线下手工处理"转向"线上多系统集成"，业务种类涵盖了预付线上融资、存货线上融资、线上反向保理、电子仓单质押线上融资等。线上供应链金融的核心在于银行通过线上供应链金融系统实现与核心企业的数据协同，促进核心企业与供应链中合作者在线交互商流、资金流、物流、信息流信息，增强其风险防范能力，提升供应链管理效率及供应链整体竞争力。企业可在线完成合同签约、融资申请、质押物在线入库、存货管理、打款赎货等主要业务流程。商业银行通过在线深度整合对公业务平台与企业ERP系统，将对公业务的传统结算、支付等业务同企业的融资、现金管理等业务需求紧密结合，进一步参与到核心企业的经营过程中，较传统的供应链金融更"前"一步。

　　中国银行业最早进入供应链金融领域的银行是深发展银行（现平安银行），其业务模式是"N+1+N"，以中小企业为敲门砖作为产品先导期，逐步渗透到核心企业，再以核心企业为中心向供应链的上下游开拓业务。

中信银行开展供应链金融的主要模式是"1+N"。该行充分利用其对公业务优势，直接切入核心企业，打通核心企业的供应链上下游。民生银行的模式是"一圈两链"，"圈"是指一个商圈，"两链"是产业链、供应链，先利用中小企业融资铺路来寻找对应的供应链，并成立了专门的贸易金融事业部，开展行业专业化、特色化的服务。

同时，在互联网金融发展的大潮下，商业银行与B2B电子商务平台优势互补，合作发展供应链金融成为趋势。传统B2B电子商务平台的定位是信息服务型平台，通过提供供求信息，促成企业线下完成交易。平台为客户节省信息获取成本，盈利模式以"会员费+广告费"为主。在融资业务上，由于牌照和资本的限制，B2B电商多采用与商业银行合作，向商业银行推荐客户。同时对于小额的融资业务，B2B电商也可通过成立小贷的模式，开展融资业务。

表5-6   B2B供应链融资

B2B电商	向融资领域的发展
上海钢联	与中国银行签订战略合作协议，提供供应链融资产品和多样的结构性融资方案，同时用自有资金和其他渠道的资金向钢贸厂商发放贷款，建设钢贸交易电子平台，力图成为复星系的阿里小贷角色。
生意宝	设立浙江网盛担保有限公司（暂名），与中国银行浙江省分行签署《网络融资战略合作协议》。意图建设大宗商品网上交易平台，在此基础上向客户提供融资服务。
慧聪网	慧聪网联合中国工商银行推出了"易融通"网商企业贷款服务。牌照和资本暂时成为其规模化开展融资业务的限制，未来将更多地通过自有资金开展融资业务。

互联网金融对大宗商品交易模式变革也产生了推动作用。以新技术高效整合大宗交易供应链，能有效管理大宗商品的采购、仓储、物流、销售等上下游企业链条，打通资金流、信息流、物流和服务流，建立敏捷的供应链，在经济下行的情况下最大程度降低企业运行成本。

第二节　当前互联网金融生态发展中存在的问题

（一）互联网金融制度的安排尚不健全

1. 中国互联网金融发展迅速，但相关制度安排并不健全

从规范发展的角度，应该结合互联网特点，对现有互联网金融服务加以规范，完善现有监管办法，加快出台有针对性监管政策，敦促行业自律。但在现有的互联网金融模式中，仅第三方支付有中国人民银行发布的相关制度，而互联网理财、P2P、众筹等模式仍缺乏原则性的意见或是一些管理办法。

2. 还未建立对金融消费者权益的保护机制

虽然产品应遵循买者自慎、卖者有责的原则，但由于金融产品的复杂性和高风险性，一般消费者专业知识不足，处于弱势地位，必须加强对消费者的财产权、信息权、隐私权、公平交易权、诉讼权的保护。传统金融业务在机构准入、新产品报备、跨业产品代理销售、客户风险偏好评估、敏感信息披露等方面受到现行法律法规的严格规定，而互联网金融跨业、混业拓展的金融服务，也亟待类似的法律和监管框架去保护和规范。

3. 缺乏对互联网金融的协调监管

目前，我国家实行的是分业监管，这种监管模式已经不适应互联网金融发展的实际情况。目前看，支付机构归人民银行监管，预计 P2P 归银监会监管，互联网基金和众筹归证监会监管，互联网保险归保监会监管，但互联网金融的许多创新产品包含跨界增值的因素，经常会打出"一行三会"边界间的擦边球。比如，余额宝是一个跨机构和跨功能监管的典型案例。支付宝是由人民银行监管的支付机构，天弘增利宝基金是由证监会监管的货币基金产品，两者撮合形成了互联网销售新模式，而余额宝的资金投向为银监会监管的银行协议存款。最近支付宝推出的"娱乐宝"产品，更是对接了保险公司，属于保监会监管的范畴。如何发挥好"一行三会"的协

同监管作用，还有许多需要协调的工作。

4. 对客户规模庞大的机构，尚未纳入系统重要性金融机构监管范围

互联网金融的领军企业，客户群体数以亿计，其服务模式和产品创新，对全社会影响巨大，媒体和舆论广泛关注。由于募集或管理的资金已经到了千亿元人民币的级别，同时关系到亿级客户的投资收益水平，如管理不善或对风险事件处理不到位，会导致系统性和区域性金融风险，因此还需要考虑纳入系统性重要金融机构进行监管，避免出现大而不能倒的庞然大物。

(二) 互联网金融服务的供给不充足

从上文分析可以发现，伴随互联网的快速发展，互联网金融生态的土壤已经逐步形成，互联网将逐渐进入到人民日常的生产、生活当中，应用场景日渐丰富。但总体来看，互联网金融企业对互联网金融生态圈未来的金融需求把握并不全面，产品尚不够丰富，提供的金融服务也很有限，仍落后于互联网生活、互联网制造等比特世界对金融服务的需求，无法支撑整个互联网金融生态圈的发展。

(三) 互联网金融行业的违法犯罪现象及网络安全问题较突出

1. 违法情况时有发生

在互联网金融各种业务模式中，由于行业的进入门槛较低，违法的成本也较低，导致违法现象时有发生，尤其P2P与众筹领域的情况比较严重。从本质上说，P2P网络贷款平台如同影子银行，没有纳入监管部门视线，但又在发挥着银行业的业务职能。一些机构已经突破资金不进账户的底线，演变为吸收存款、发放贷款的非法金融机构，甚至变成非法集资。此外，我国P2P平台利用中介平台参与交易，成为金融中介，演变成其他金融业务，如对放贷人进行担保、以高额回报承诺诱惑放贷人出借和参与信托，保证的投资回报收益率远远高于银行同期存款利率，吸引广大民众将资金投放P2P平台。实际利率超出法律保护范围。以拍拍贷为例，借款人的成本主要由贷款利率、第三方支付平台费用和网站的管理费用构成，这三项费用累计加起来将近30%。P2P平台一年期的实际利率常在20%~40%之

间,部分已经突破"民间借贷利率不超过人民银行基准利率的4倍"的法律红线。

2. 欺诈现象较为突出

近年来,互联网金融相关的诈骗案件已经受到社会极大关注,也令人们看到了其背后的高风险及运行合法边界的问题。与传统金融相比,基于网络技术发展起来的互联网金融业务突破了时间和空间的限制,具有显著的经济性,但网络技术的固有虚拟性也给互联网金融业务发展带来的巨大挑战。2014年初发布的《2013—2014中国互联网安全研究报告》显示,2013年每天新增钓鱼网站6400个,每天有接近600万网民会访问此类钓鱼网站。据相关网络安全数据,2013年百度安全中心共截获新增金融投资类钓鱼网站8.6万个,较2012年增长45%。360安全中心发布的《2013年网络投资理财诈骗现状及防范措施报告》数据也显示,2012年该中心共截获新增金融投资类钓鱼网站4.5万个,截至2013年三季度,已截获的新增金融投资类钓鱼网站就有6.4万个,其中,网上投资理财欺诈造成的金融消费者损失最为严重。

开展互联网金融业务,特别是P2P网络贷款业务为不法借款人进行诈骗创造了条件。因为P2P网络贷款的一大特点是利用便捷的互联网运作借贷业务,特别是单纯中介型以线上业务为主的网络贷款平台,这导致了交易对方难以了解借款人提供的信息真实与否,贷款平台的信息收集仅有赖于借款人提供的信息,其可能利用虚假身份作为借款人发出贷款申请,如在签订、履行合同过程中,以虚构的个人或者冒用他人名义签订合同、以虚假的资料证明自己的财务状况等等;还可能借款人身份信息虽然是真实的,但是资金用途是虚假的,例如商业计划书是虚假的,在计划书中宣称自己即将从事的商业活动能够还款,但其实却用于高消费。

3. 网络安全问题突出

互联网金融的技术基础是计算机软件技术、数据库技术、网络技术等多种技术。客户端软件技术和支付芯片技术等都还在发展之中。客户的资金在转账、交易和支付等服务过程中安全问题仍然存在,还需要克服面临的技术风险。

从网络安全技术发展的阶段看,防病毒是传统防御手段中最主要的技术,但是由于防病毒事后性的特点,同时防病毒是应用层的防御手段,恶意应用软件可以拥有同样的能力,因此现有防病毒技术手段还不能满足高安全级别应用的需求。针对操作系统(OS)的安全增强技术(如SE Android),可以较大提升终端安全性,但是对于通用操作系统(OS),必然存在各种缺陷和漏洞,也不能满足高安全级别应用的需求。针对当前安全技术仍然存在的弱点,一些不法分子使用网络诈骗手段,比如钓鱼网站、短信诈骗,造成用户账户密码泄露,盗取用户资金的情况,在互联网金融领域时有出现,未来还可能变得更加严重。

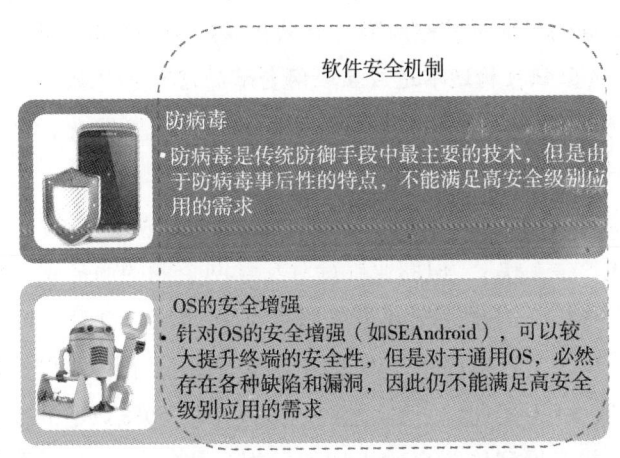

图 5-14　网络安全技术仍难以满足高安全级别应用的需求

(四) 互联网金融企业的价值难以用传统方式评估

互联网金融企业属于特殊的 IT 行业,不仅具有互联网企业固定资产少、投资风险高、收益波动大的特征,而且作为新兴行业还面临更加复杂的金融风险,也缺乏相应同类企业做类比,这都导致其价值难以评估。传统以 NPV 为标准的企业估值理论无法评估互联网金融公司的平台价值,也会因为互联网金融公司在构建平台阶段没有现金流而无法使用。尽管 DEVA 方法在风险投资中常用,但近些年也因为估值泡沫过大而备受诟病,无法被银行或投资者放心使用。因此，在实际运营过程中，互联网金融行业因为缺乏抵押品而难以获得贷款，也因轻资产运作而无法上市融资，即使在被并购或寻找风险投资时，也会因为无法估值而很难成功，严重制约了互联网金融企业的发展。事实上，互联网金融企业的价值往往反映在其创业者的能力、创业团队的管理水平、专利或知识产权的价值，以及其构建平台所吸引客户的价值，这些企业的项目同时具有投资不可逆性和未来收益的不确定性，理论上可以采用专门用来对未来不确定条件下投资估值的实物期权方法。通过划分互联网金融企业不同的融资和经营阶段，采用实物期权方法对不同阶段的互联网金融平台、专利或知识产权进行估值，并通过设立不完全合约手段限定创业者和创业团队的行为和权利，可以有效评估互联网金融企业的价值并控制风险，推动互联网金融行业的发展。

（五）传统金融机构还不适应互联网金融的思维和机制

1. 商业银行还未将线下的投融资等金融服务互联网化，也没有形成类似互联网金融的盈利模式

在服务模式方面，互联网金融的盈利模式可形象描述为"羊毛出在猪身上，猴数钱、牛买单"，但商业银行对互联网企业的服务主要限于支付结算领域，还未将线下的投融资等金融服务互联网化，也没有形成类似互联网金融的盈利模式。目前高达94%的中国家庭仍属于财富水平较低的家庭（可投资资产在10万美元以下），远高于发达市场50%以下的比例，而如此广大的客户群并未得到传统金融机构的重视，往往面临投融资渠道不畅的困境，且缺乏有效的金融服务。而互联网金融凭借移动互联、大数据、云计算等一系列新的技术手段及新的盈利模式，有效服务于这一"长尾市场"，典型的是以余额宝为代表的"宝宝"们的推出和迅猛发展，其商业模式非常成功。

2. 在推进电子化转型方面，金融行业巨大的IT投入以"提升工作效能"为导向，缺乏对客户体验的考虑

商业银行早在互联网金融兴起之前，已经紧跟信息技术革命的浪潮，投入了大量的人力和资金进行信息技术的改造，仅次于互联网行业。国际

信息产业研究机构 IDC 的一份报告表示，早在 2010 年，中国银行业整体 IT 投资规模便达到 595.7 亿元。伴随着银行新业务的扩张，2012 年，中国银行业整体 IT 投资规模增至 669.6 亿元。IDC 预计到 2017 年，中国银行业整体 IT 市场规模将达到 1163.2 亿元，2013 年到 2017 年的年均复合增长率为 12.1%。但遗憾的是，在理念方面，包括互联网在内的巨大 IT 投入只是作为完善传统商业银行运行过程的一种工具，以维护系统稳定，提升工作效能为目的，盈利模式和观念并没有发生变化，缺乏对客户体验的考虑。而互联网公司从一开始引进国外技术，就是建立开放式技术平台，提供平台化服务，具有尊重客户体验、强调交互式营销、主张开放平台和快速交互等特点，其互联网企业大量的 IT 投入也是以"提升用户体验"为导向的。这就使得金融机构在系统开发和新产品投入，客户服务的灵活性、友好性方面，以及云计算、大数据的运用方面，与互联网公司存在先天不足和明显差距。所以，互联网金融生态下的消费者，较大程度地掌握了信息的主动权，使传统的银行和客户关系正在被破坏。因此，商业银行必须要根据互联网金融模式的变化积极融入，从体制机制、技术平台、业务模式、激励机制等方面加快改革和战略转型。

第六章 基于生态视角的互联网金融模式创新

正如第二章所述,以比特世界为核心驱动力,互联网生产子系统、互联网生活子系统和互联网金融子系统紧密结合,共同构成了互联网金融生态系统的整体。互联网金融生态系统同所有的生态系统一样,具有有机的、动态的演化、蜕变特征。展望未来,我们认为,在新一代互联网技术快速发展的背景下,互联网金融模式创新将依托互联网金融生态系统,沿着比特世界、互联网生活、互联网生产和互联网金融自身进化四个维度发展。就具体的创新领域而言,我们认为互联网金融至少会在比特世界、大众客户、小微企业、科技企业、制造企业、智慧城市、直销银行、金融同业八个领域演化发展出新的创新模式。同时,既有的已经成熟的互联网金融模式,如第三方支付、互联网理财、P2P、众筹、供应链金融等模式也将更深度地参与到上述四个维度、八个领域的互联网金融模式创新之中,从而形成更加完善的互联网金融生态系统,更好地发挥支持实体经济的作用。

表6-1　　　　　　　　互联网金融生态的未来模式

领域＼维度	比特世界维度	互联网生活维度	互联网生产维度	互联网金融自身进化维度
比特世界	√			
大众客户		√		
小微企业			√	
科技企业			√	
制造企业			√	
智慧城市		√		
直销银行				√
金融同业				√

第六章　基于生态视角的互联网金融模式创新

第一节　比特世界维度

互联网金融的发展最初来自在线游戏的充值，后逐步发展到为电商交易提供支付手段。因此，互联网金融最初的需求就是来自在线虚拟世界的交易需求。目前，通过社交类的应用，已经形成了服务于比特世界的诸多互联网金融模式。例如，借记卡账户查询、转账汇款、信用卡账单查询、信用卡还款、积分查询等卡类业务，也可以实现网点查询、贷款申请、办卡申请、手机充值、生活缴费、预约办理专业版和跨行资金归集等。未来，随着互联网应用的不断丰富，互联网金融服务接入口呈现多元化发展，比特世界领域内的互联网金融创新模式势必会大量涌现。

以微信银行为例。多家金融机构的微信银行已经成为集借记卡、信用卡业务为一体的全客群综合服务平台。可以说，银行已经把相当一部分零售业务开到了微信上。与此类似的社交 APP 还有阿里巴巴集团旗下的"来往"，网易的"易信"等，这些社交平台集中了移动运营商和门户网站的用户基数优势。互联网金融将会在这些平台上继续拓展客户群体，并与用户建立起紧密的关系。

表6-2　与社交类的应用对应的互联网金融服务

分类	代表性应用产品	对应的互联网金融服务
社交应用	微信、新浪微博、QQ空间、人人网、腾讯微博	以社交应用平台挖掘潜在客户，利用社交应用平台展开关系营销，为社交应用平台提供支付功能
地图导航	Google地图、百度地图、SOSO地图、图吧导航、高德地图、搜狗地图	为用户提供沿途加油站、酒店、便利店等支付功能，提供金融机构物理网点信息
网购支付	淘宝、天猫、京东商城、携程、美团、苏宁易购、支付宝	提供购买实体商品及虚拟商品的支付功能
通话通讯	手机QQ、微信、Youni短信、飞信、QQ通讯录	提供话费充值

续表

分类	代表性应用产品	对应的互联网金融服务
生活信息类	大众点评、58同城、赶集网、百姓网	提供生活相关场景的支付服务
查询工具	墨迹天气、我查查、快拍二维码、盛名列车时刻表、航班管家	提供支付功能,提供票务代理、票据管理等增值服务
拍摄美化	美图秀秀、快图浏览、3D全景照相机、百度魔图、美人相机	提供美图手机和手机外设的商品营销
影音播放	酷我音乐、PPTV、优酷、快播、暴风影音	提供付费影视作品服务
图书阅读	91熊猫看书、云中书城、书旗免费小说、QQ阅读、手机阅读	提供付费阅读支付功能
浏览器	UC浏览器、QQ浏览器、ES文件浏览器	提供付费软件支付功能
新闻资讯	搜狐新闻、VIVA畅读、网易新闻、鲜果联播、掌中新浪、中关村在线	提供金融资讯(股票、基金、理财产品等信息),合作共建财经类频道

  一些银行,比如浦发银行抓住年轻一代虚拟生活和消费的趋势,以社交平台为依托,让广大客户充分参与互动体验,推出青春卡、微信红包、积分抽奖等新业务和营销活动。"浦发爱红包"微信活动是浦发信用卡在社交平台展开的互动式营销的一次尝试。在该活动中,只需绑定浦发银行信用卡官方微信,消费任意金额后,将获赠一个"浦发红包"。"祥云送福"则是浦发银行推出的一款互动游戏,消费者可以通过浦发银行信用卡中心官方微信提供的入口参与游戏刮奖。浦发青春信用卡以贴近年轻族群的方式,定位于服务广大青年客户的网络消费活动。互联网消费的年轻一族享受到贴心的金融服务,增加了用户的黏性与忠诚度。

第六章 基于生态视角的互联网金融模式创新

图 6-1 浦发银行"青春卡"依托社交平台服务互联网消费

专栏 9

浦发银行信用卡运用互联网思维实现业绩的飞跃提升

2014 年,浦发银行信用卡业务取得了亮丽的业绩。截至 11 月底,信用卡业务税前利润为去年同期的四倍,中间业务收入实现同比翻番,累计营业收入同比骤增 82%,收入费用比进一步优化;卡均年消费同比提升 60%,活跃账户同比增长 50%,信用卡中心超额完成年度经营计划。

浦发银行信用卡业务实现跃升的秘诀是用互联网思维重构产品生态链条,完成经营重心从线下到线上的转移。2014 年,浦发银行信用卡中心围绕着互联网消费的新趋势,进行了一系列有针对性更有创新性的战略布局,将产品和业务重心向线上转移,相继发起了消费红包、积分抽奖、积分布施、爱买单、互动游戏、小浦传橙、港囧"众筹"等一系列以社交网络为平台的活动。与传统的营销方式相比，这样的活动不仅趣味十足，同时实用性也极强，使得市场关注度迅速大幅提高。

在把互联网作为营销战场的同时，浦发信用卡还更加务实地打通了产品生态链条，推出了适合互联网消费思维的产品，满足了消费者的需求。首先，浦发信用卡中心在业界率先将互联网思维引入到产品设计与发布环节，推出浦发青春卡、虚拟卡、网游卡等创新产品。浦发信用卡从产品设计、营销思路、消费场景、积分兑换直到客户体验，从头到尾都被深深植入了互联网基因，一个完整的符合互联网消费思维与习惯的产品全生态链条构建完成。

2014年亮丽的年度成绩单证明，浦发信用卡依靠互联网战略做大做强的经营思维是精准和有效的。在这种新的商业思维得到市场验证之后，信用卡市场可能将加速洗牌，而这种洗牌的结果将是，原有的市场格局被逐步打破。对于信用卡市场而言，推动这种行业洗牌的动力正是以浦发银行为代表的新兴力量在信用卡市场所引领的互联网金融革命。

第二节　互联网生活维度

随着应用场景的不断增多，以及技术发展对于应用场景化程度的持续提升，我们预计在互联网生活维度，会产生大量的互联网金融新模式。埃森哲（2014）根据银行业务全面服务互联网生活的需求，提出的"全时银行"概念，就是一个很好的案例。全时银行是指通过利用颠覆性的技术，推动银行与客户之间持续的日常互动，根据收集到的信息，为客户提供完整的解决方案，帮助客户简化日常需求以及重大生活/业务活动需求的银行经营模式。

第六章　基于生态视角的互联网金融模式创新

在全时银行模式下，银行不仅仅是一个资金中介，而是身兼价值聚合者、咨询提供者、服务接入者和产品创新者等多种角色。通过构建一个完整的数字化网络，全时银行能够将现有的服务合作伙伴和其他重要的机构结合在一起，为客户提供近乎实时的量身定制服务。

在全时银行模式下，将出现如下的场景：

当你工作压力很大、睡眠不好、想出去旅游预算却又非常紧张的时候，银行通过连接你的睡眠监测器，根据你以往的偏好，可以马上为你推送可供选择的金融服务方案、旅游目的地。甚至根据你良好的信用和消费记录，还可以提供给你来自合作商户的远低于市场价的旅行优惠套餐和相应的旅游攻略。当你孩子渐渐长大，需要换新房的时候，银行通过与你持续的日常互动、在儿童用品上消费的数据，已有住房的大小，可以准确预知你换房的意愿。当你开始萌生换新房想法的时候，银行早已为你物色好符合你意愿的房屋以供选择。如果需要，从住房贷款、购房合同签订、房屋装修到搬入新家的每一个阶段也将会有银行联合专业人员提供服务。

目前，互联网金融也已开始全面渗入大众客户生活，发展较成熟的互联网金融模式主要有智能理财、消费金融、P2P、支付结算等。

在现有情况下，互联网金融主要通过渠道的改进和门槛的降低向大众客户提供便利化金融服务。客户无需去银行，无需排队，无需受到银行上班时间的制约，并且没有门槛的限制，1元钱都可以享受到平等的理财服务。例如，人人贷创新的优选理财计划。理财人通过资金充值加入优选理财计划，资金随即冻结，由系统设定的规则（投资期限、投资金额、分散度等）进行自动化的投资，无需理财人操作即可完成投资。到资金锁定期结束，可以将债权转让，获得资金和投资收益。这样也解决了等额本息还款的问题。在整个过程中，系统自动将理财人收到的本息自动滚动投资，客户非常便利。

借助交易平台和大数据，消费金融已成为互联网企业和金融机构角逐的新战场。京东在2014年推出两款面向个人用户的信用支付产品"白条"。天猫推出"分期付款"服务。此外，百度联合信托公司推出"百发有戏"

产品，给传统的消费金融加上了新的定义，不仅是"借钱消费"，而且是"边消费边赚钱"，实现了投资者、融资者、生产者和消费者的共赢，增加了消费的娱乐性和盈利性。

在现实生活中，能够借钱的朋友基本都是知根知底的至交好友，P2P 的出现让陌生人之间借钱成为了可能。我国国内目前流行的 P2P 平台大部分都是综合性的，但在世界范围内，渐渐已有细分领域 P2P 网贷平台出现。以美国一家 P2P 平台 SoFi 为例，该平台专门面向高校学生进行放贷，由四位斯坦福学生在硅谷创办。在风控方式上，偏向选择排名靠前的一些名校热门专业学生授信。此外，该平台还为学生提供终身服务，上学时提供学生贷款，毕业后提供买房买车信贷服务。此种细分市场的 P2P 平台，通过对某一特征人群的数据进行充分挖掘，将能够真正实现大数据授信和风险控制。

"存、贷、汇"是金融最基本的三个功能。随着金融行业的演变，"存、贷"所对应的聚集功能、运用功能都得了快速发展。银行、证券、保险、信托、基金从自身盈利的角度出发，在吸收资金、运用资金的市场上充分发挥主观能动性，激烈竞争。只有"汇"所对应的支付功能，长久以来变化不大。互联网金融的出现彻底打破了这一状态。第三方支付、NFC、Apple Pay、指纹识别、虹膜识别等一系列支付产品和技术的出现极大地便捷了市场的结算，基于支付结算的数据分析也为服务大众提供了更好的基础。

专栏 10

浦发银行发行我国第一款 NFC 手机支付产品

2013 年，浦发银行联合中移动在全国推出首款具有自主知识产权、基于 SIM 卡的 NFC 手机支付产品。

该产品将银行卡信息完整地植入 SIM 卡，用户可直接通过手机完成各类网上支付和近场支付。NFC 手机支付使用户的日常支付更加方便，只要轻挥手机就能完成消费。比如在具有 NFC 识别装置的自动售货机前，将手机贴近刷卡器就可以吐出饮料；到具有闪付功能的超市购物，不再需要携带钱包，用手机轻轻一刷就可带上物品回家；乘坐地铁，也不再需要刷卡，直接用手机就可以实现进出站点。

目前，浦发银行 NFC 手机支付产品发行量居国内同业首位，可在便利店、大型超市、餐饮娱乐商户、菜市场、地铁、公交、停车场等消费场所过百万台标有银联"QuickPass 闪付"标识的 POS 机和其他识别设备上使用。

第三节　互联网生产维度

在互联网生产维度下，"工业 4.0"的发展将极大地推动互联网金融创新模式的涌现。正如第四章所述，"工业 4.0"是建立在信息物理系统网络之上，以智能工厂和智能生产为两大重要组成部分，实现横向集成、纵向集成与端对端集成的工业模式，也是顺应新工业革命到来，实现从自动化生产向智能化生产飞跃的一个模式。它的存在将会极大地推动互联网金融创新模式的发展。

埃森哲（2014）认为，未来只有那些能够助力客户实现智能化生产并取得卓越商业成果的银行，才可能成为商业银行中的赢家。借助智能技术，银行将以前所未有的精准度来跟踪客户的生产情况，通过对实时数据的不断精准评估，提高对客户预期收益、资产价值和整体商业价值的准确预估。在此基础上，为客户提供合理的融资方案和及时的方案调整。数据将会是一种巨大的财富，通过与客户分享银行自身的人口统计数据和细分市场数据，结合客户自身所了解到的消费者偏好、市场区域化差异或需求波动等信息，将可以帮助客户完善市场定价、实现精准营销。

以物流领域为例，随着能获取的物流数据量越来越大，银行能够根据客户的货物销售情况，及时判断客户扩大生产、设备更新的需求，向客户提供无缝的金融服务。通过跟踪货物的流向，准确判断供应链上下游情况，银行也可以获得广阔的供应链金融业务发展空间。

目前，互联网金融主要在网络贷款、在线信用评级、现金管理、风险投资、在线供应链金融等方面服务于互联网生产，服务领域和对象主要集中于小微企业、科技企业、制造企业等。未来，随着工业互联网、"工业4.0"逐步发展和成熟，互联网生产领域也将出现更多的互联网金融创新模式。

（一）小微企业

互联网金融在服务小微企业方面有着内在优势：一是单个客户边际服务成本足够低，甚至接近于零；二是平台聚集了海量客户，带来了规模经济。国家工商总局数据显示，截至2014年11月，个体工商户登记的小微企业有4946万家，占总体企业数的比例为72.6%。监管部门的调查显示，中小企业因财务状况不良、信用不高和经营管理水平欠佳因素被银行拒绝贷款申请的比例均在50%以上。若按50%的比例，每个个体工商户50万元的融资需求计算，则每年有18万亿元的融资需求。按2013年P2P约1000亿元规模计算，目前渗透率只接近0.6%，发展空间巨大。针对此种情况，在传统方式之外，商业银行也做出了一系列的努力。以中信银行为例，该行借力大数据平台作为其介入小微业务的方式。2013年底，中信银行与银联商务合作推出POS贷，以POS商户的交易流水为依据，发放小额贷款，取得了累计发放贷款15.78亿元的成绩。

面对网商林立的电子商务市场，商业银行也开始在电子商务领域拓展业务空间，为网商客户提供融资服务。浦发银行为义乌电商企业提供创新金融产品——"电商通"，并配备了专项贷款规模。"电商通"以小额分散、收益覆盖风险为开展业务的核心理念。业务定位为小额信贷业务，确定单笔单户最高授信额度。同时，根据评分结果确定最低定价水平，确保收益覆盖风险。其次，"电商通"以网商评分卡为授信评价的依据。建立以网商经营特点和经营数据为基础的网商评分卡，通过评分卡对客户的信用状况进行评价，并根据评价结果给出一定的额度、利率并确定相应的审批模式。

第六章　基于生态视角的互联网金融模式创新

图 6-2　中信银行与银联合作推出 POS 产品

专栏 11

浦发银行开拓小微金融创新模式

　　小微企业金融服务既是商业银行中小微企业服务的重点，也是难点。如何根据小微企业"短、频、急"的融资需求配套提供适合的金融产品和流程，一直是浦发银行积极思考并实践的问题。

　　根据小微企业的经营特征和融资特点，浦发银行整合推出了"信贷工厂+微小宝"小微金融新模式。

　　其中，信贷工厂是浦发银行针对小微企业的一套专属授信管理体系和管理模式，可以实现小微信贷业务工厂式的批量化、标准化、集约化管理。浦发银行信贷工厂能够高效实现客户开发、客户筛选、产品配置、授信管理、贷后管理等诸多功能，并在客户开发模式、网络技术运用和风险评审技术三个方面具备领先优势。信贷工厂充分运用了全新的小微企业评价机制和先进的电子技术手段,能够显著提升小微客户授信管理效率与业务运营效率。以授信管理为例,通过信贷工厂,可将原有的授信管理环节和时间至少缩短60%。

微小宝则是浦发银行针对小微企业设计的一套以小额、信用、灵活为主要特征的创新授信产品系列,旗下包括网络循环贷、积分贷、组合贷和小额信用贷四个子产品。"微小宝"系列产品通过弱化抵押担保、有针对性的服务、多维度的评价标准和标准化的业务流程,着力解决小微企业"短、频、急"的融资需求。

信贷工厂和微小宝两者组合是浦发银行在小微领域金融服务的一大创新,彻底改变了商业银行小微企业金融服务的策略和模式,从对单个企业的服务转变为对小微企业客户群的服务;从关注单户企业的风险状况转变为关注大数法则下小微企业客户群的风险状况。这一整合模式的推出,极大提高了浦发银行小微金融服务的效率和能力。

专栏12

浦发银行运用互联网手段升级小微金融服务

浦发银行整合公司银行、零售银行业务资源,推出了专为小微企业客户订制的小微网上银行及小微手机银行产品,为小微企业主提供企业信息管理和个人财富管理于一体的全面金融服务,精简查询、支付和理财流程。这是该行运用互联网手段对小微金融服务的又一次服务升级。

考虑到小微企业规模通常不大,经营治理结构比较扁平,企业主往往直接参与经营决策,同时也兼顾个人财富管理。在传统银行服务模式下,企业金融服务和个人财富管理往往分属于银行不同业务板块,客户需要使用不同系统平台才能享受相应的服务。

而浦发银行整合内部资源，通过公、私联动，推出了专门服务小微企业的网上银行和手机银行系统，该系统秉承"企业授权在先、单人管理在后"的安全原则，在合理的授权范围内，企业主只需使用该一套系统平台，单人操作，就能实现企业现金管理和个人财富管理的双重目的，获得企业账户和个人账户信息查询、支付结算、投资理财、在线融资等在内的全面金融服务，从而更加高效、便捷地打理公司业务和个人理财。

单人操作，公私账户切换无需更换UKEY。本次推出的浦发银行小微电子银行，充分考虑了企业主的实际情况和使用体验，用户只需单人操作且不必更换UKEY，即可切换公司账户和个人账户。经授权的公司账户在业务办理时仅需单人操作的特点，大大提升了公司及个人资金支付的集中性和有效性。

多手段保障安全。浦发银行小微电子银行能够提供信息查询、支付结算、在线融资等全流程金融服务，好用是其最大的功能特色；而通过支付限额、数字证书、动态密码、安全控件等方式，系统能够为企业资金和企业主个人资金保驾护航。

（二）科技企业

科技型中小企业是技术进步与技术创新的重要源泉。作为国民经济最活跃的微观主体，由于受资产规模小、经营不确定性大等因素的影响，融资难一直是困扰科技型中小企业发展的现实问题。科技型中小企业的研发通常需要大量的资金投入，但因其高风险、规模小、从研发到产出的链条较长的特征，又缺少现金流，抵押资产少，按照银行现行贷款管理规定，传统金融服务很难满足其需求。如何为科技型中小企业创造一个好的融资环境和通畅的融资渠道，成为促进科技型中小企业健康快速发展的关键问题。

美国硅谷银行在这一领域的经验值得借鉴，支持的中小企业业务领域主要集中于 IT 技术、网络应用、生物医药等具有巨大发展潜力行业的，且自身高速发展的中小企业。硅谷银行的投资对象必须是创投基金支持的公司，并主动寻找更多的 PE、VC 来合作。业务模式采取直接投资和间接投资并用方式，即：既采用直接贷款给创业企业以获取利息收入的间接投资方式，也采用将资金注入创投公司，并通过协议成为 PE、VC 的股东或合伙人，以联合投资的方式获取股权收益。

2014 年，浦发银行推出国内商业银行第一个科技金融专业品牌——"科技巨人"，并与全国中小企业股份转让系统有限公司签署战略合作协议，推出新三板企业综合服务方案，针对新三板已挂牌和拟挂牌企业，订制了从信贷到投行的一揽子综合金融服务方案。新三板企业综合服务方案整合多方优势资源，全方位满足企业成长全程金融服务需求，包括信贷服务和投行服务两大板块：信贷服务为挂牌企业办理各项传统融资业务和创新性融资业务，其中创新性融资业务囊括了浦发银行极具创新特色的银证宝、投贷联动、股权质押贷款和千户工程专属信用贷款；投行服务为企业提供以财务顾问为核心，以多种银行产品为重点支撑的综合金融服务，包括项目对接、中小企业集合票据、中小企业私募债和并购交易等重点服务。该方案贴近新三板企业需求，因而一经推出便受到市场的高度关注。

互联网资金投资互联网企业，在实践中已经取得了显著的成效。互联网科技型中小企业的发展非常需要资金，但其具有高风险的特征，又缺少现金流，传统金融服务很难满足其需求。通过大型互联网金融企业的参股、控股等方式，为互联网科技企业提供发展资金，在实践中取得了很好的成效。互联网业资本近几年开始活跃，并随着 BAT 自身的壮大而逐步壮大。以腾讯、阿里为甚，每家在过去的几年都投入了几十上百个项目，成功的比例较高，因为它们本身更了解互联网，更能够合理布局互联网业的未来资产。截至 2014 年 6 月 30 日，BAT 三家公司的现金及短期投资总额分别为：阿里巴巴 2129 亿元、腾讯控股 508 亿元、百度 487 亿元。举例来说，2013 年，百度以 19 亿美元的代价收购了 91 无线，该案例成为 2013 年互联

第六章 基于生态视角的互联网金融模式创新

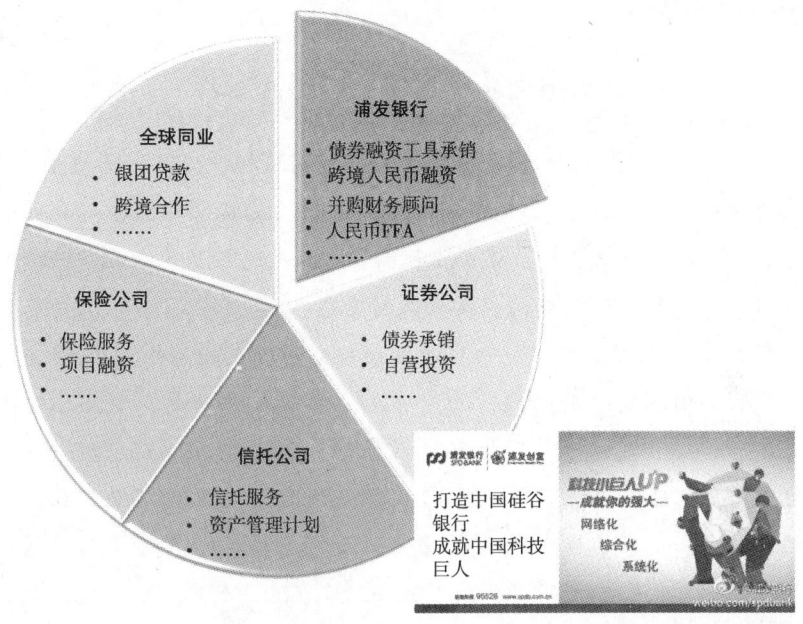

图 6-3 浦发银行推出科技金融专业品牌——"科技小巨人"

网界最大的并购案。BAT掌握的现金3000亿元人民币，未来并购将常态化、持久化、规模化以及生态化。

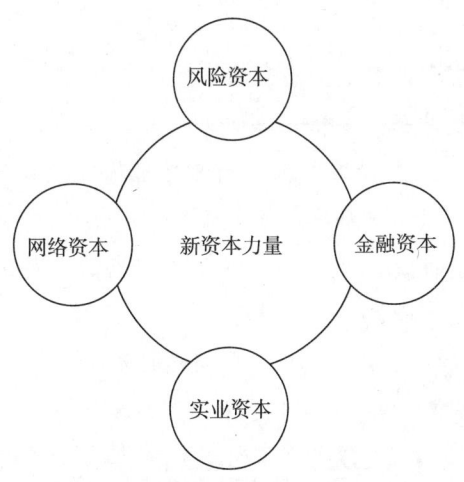

图 6-4 互联网资金成为新资本力量

专栏 13

阿里 5.9 亿美元入股魅族科技

阿里巴巴集团宣布斥资 5.9 亿美元入股魅族科技,这也是阿里上市以来金额最大的一笔投资。阿里首席技术官王坚就投资魅族接受媒体采访时称,"阿里不会做手机,不会做硬件",如果说阿里想从此项投资中获得什么,那么就是得到好的移动互联网生态。

阿里曾将"云"和"端"作为无线战略不可或缺的两大要素,昨日,阿里巴巴集团入股魅族科技,为自身生态系统硬件"端"做了最重要的补充,并推动阿里整个移动战略进入软硬件深度整合的新阶段。该笔投资也是阿里巴巴自上市以来金额最大的一笔投资。魅族未来仍将保持独立运营,独立上市的目标也不会改变,而阿里将获得其董事会席位。除阿里之外,魅族此次还获得海通开元基金的 6000 万美元投资,此次融资金额总计达到约 6.5 亿美元。

阿里首席技术官王坚昨日就投资魅族接受媒体采访时一再强调,"阿里不会做手机,不会做硬件。"王坚表示,如果说阿里想从此项投资中获得什么,那么就是得到好的移动互联网生态。而魅族总裁白永祥则表示,魅族希望通过阿里的战略投资,从单一的智能手机战场拓展至整个智能生态链战场,并得到互联网生态链的补全。

阿里意在软硬件全面整合

公开资料显示,进入 2015 年,阿里巴巴依次投资了整合数字营销平台易传媒以及以色列二维码技术创业公司"视觉码",均与自身业务有所打通。相比这两项投资,此次入股魅族与阿里的互补绝不仅在个别业务层面,而将深入到软硬件的全面整合。

据了解,入股之后,阿里巴巴集团同魅族也将在战略和业务层面开展一系列合作。阿里将在电商、互联网、移动互联网服务、智能手机系统方面、数据分析及支付等方面为魅族提供资源与支持,魅族将在智能手机系统的推广、针对硬件和用户在视觉和交互上的定制化、市场策略、线下销售渠道方面为阿里提供支持与帮助，从而延伸阿里巴巴的移动互联网优势。

完成入股魅族以后，独立运营的魅族将成为阿里巴巴无线互联网生态系统的一块重要拼图，扮演类似谷歌Nexus的角色。阿里想建设的移动互联网生态，是以大数据和云计算为支撑，以YunOS操作系统贯穿多个屏幕，开放阿里电商APP的基础能力和庞大用户，覆盖手机、客厅、智能穿戴，乃至汽车的全场景终端。而与魅族联盟，意味着在硬件终端上拥有了一座"桥头堡"，创造条件探索创新，建立示范效应。

事实上，阿里从未放松过对自己智能硬件生态系统的培养。比如，2014年12月，阿里旗下天猫平台还联手酷派、爱施德、芯片厂商高通合作，打通手机厂商在供应体系和销售体系的产销一体化。供应和销售层是手机厂商最为重要的两大体系，而手机生态圈以此为突破口，未来也有望扩大到数据分析和手机订制层面。据透露，目前这一计划也正在具体推进中。

魅族转战智能硬件生态链

在业界，魅族是一个值得尊敬的手机品牌，特别是在创始人黄章重新出山之后，旗下产品更是进入了"叫好又叫座"的良性循环，根据魅族官方微博公布的最新数据，其2015年1月整体月销量突破了150万台，创下历史新高。而根据白永祥昨日最新披露的数据，魅族2014年大约销售了近500万台手机，营业额约70亿元。尽管这一数据相对小米2014全年逾6000万的销量仍有不小差距。但魅族与阿里的合作仍具有颇多看点。

就在该项投资消息落定一周前，魅族宣布将联合阿里小智、海尔U+共同开发互联协议，共同打造智能生态圈。而与雷军欲投资一百家智能硬件的公司完善整个小米生态链的策略不同，魅族与阿里的合作秉持着开放合作的策略。三方合作中，海尔U+负责提供硬件接入标准，阿里的大数据提供智能分析能力，而魅族手机则成为终端入口。目前，魅族LifeKit已接入一批新的智能设备。

资料来源：《上海证券报》，2015-02-10。

> 专栏14
>
> **浦发银行推出新三板企业综合服务方案**
>
> "科技巨人"是浦发银行针对以科技型企业为代表的、具有成长性和成长需求的企业客户推出的特色服务,该行将聚合跨界资源,搭建跨界服务平台,打造覆盖企业成长全程的天使、成长、上市和战略四大服务联盟,着力于科技型企业成长培育,为企业成长提供全程专属培育机制和全面的金融服务。此次推出的新三板企业综合服务方案,是上市联盟下的第一个专属服务方案,无论是信贷服务还是投行服务,都体现了"科技巨人"跨界服务的理念:如银证宝、投贷联动、股权质押贷款是业态跨界,为新三板企业提供"股、债、贷"三位一体的综合服务;项目对接、中小企业集合票据、中小企业私募债和并购交易服务是市场跨界,为新三板企业提供跨越货币、债券、股权、期货、外汇、商品六大市场的产品与服务组合。
>
> 在推出新三板综合服务方案之前,浦发银行已在打造科技企业上市服务方面积累了大量的经验,针对在区域股交中心、各板交易所等挂牌上市和拟上市科技企业,整合交易所、券商及其他中介服务机构,打造全方位成长上市服务平台,为超过1000家上市企业提供了全面综合金融服务,而经浦发银行培育的各板上市企业就超过200家。浦发银行将通过新三板企业综合服务方案,不断融合"科技巨人"的先进理念和各方资源,为新三板的拟挂牌、挂牌企业提供更周到、完善的金融服务。

(三)制造企业

大型制造业企业通常都有着较长的产业链、较多的上游供应商,传统的贸易融资服务模式在信用风险、操作风险和法律风险等方面都还存在一定的缺陷,制约了其服务制造业整个产业链的能力。商业银行能够针对产业链各个环节上企业需求进行准确定位和切入,将综合金融平台、产融结

第六章 基于生态视角的互联网金融模式创新

合平台、数据信息平台、产业联盟平台的合作流程线上化，同时结合在线"商流、物流、资金流、信息流"积累形成的数据，以及与外部商务数据合作方整合形成大数据平台，全方位地为制造业企业提供综合化、复合式的金融服务。制造业整个产业链条的数据资源也得到了较好的整合，整个产业链的智能化程度、生产的效率效能都得到了很大程度的提升。

对于中小型制造业企业来说，开放的互联网金融平台，比如 P2P，提高了资源从供给方到需求方的配置效率，实现资金和资产的匹配。这对解决我国制造业企业融资难、成本高企的困境有很大帮助。根据目前我国 P2P 平台资金去向的统计，平台项目主要分布在制造业、商业零售，两者合计占比超过 70%。从我国制造业企业融资的困境看，成熟、有着稳定现金流，并且有着抵押资产的制造业企业一般能够从银行获得低成本资金，但在企业的起步阶段和成长阶段，需要选择网络微贷、P2P 等平台解决短期融资的需求。

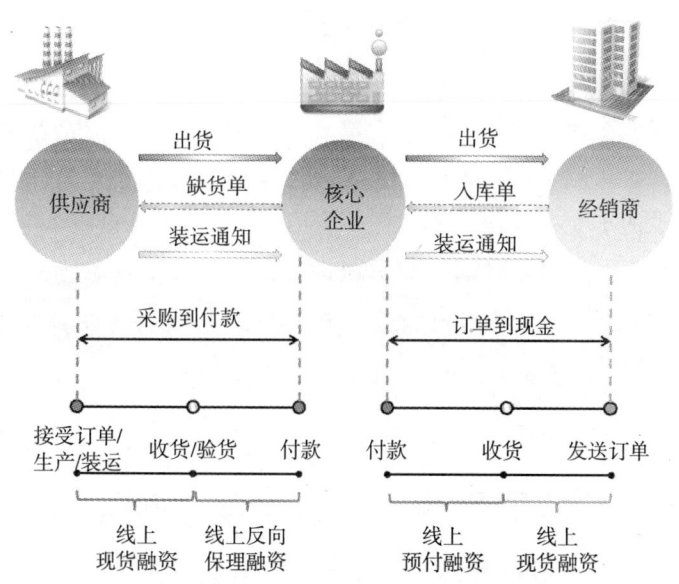

图 6-5 供应链金融服务制造业

> **专栏 15**
>
> **浦发银行公司网银全面布局供应链金融业务**
>
> 目前,浦发银行根据企业生产经营互联网化的需求,与诸多大型核心企业及其上下游企业无缝对接,面向其上下游企业提供全面的供应链电子金融服务。
>
> 面对企业多元化的金融需求和多变的市场环境,浦发银行把握时机,利用成熟先进的IT技术,借助公司网银、银企直连、支付网关等电子平台,将核心企业供应链的上下游及各参与方有效连接起来,全面布局供应链电子金融业务,在帮助企业提高产销周转率、减轻财务成本及管理负担的同时,在在线融资、结算、增值服务等方面也最大限度地为企业及各方带来了便利。
>
> 相比传统供应链金融业务主要依靠电话、传真及人工传递的方式,公司网上供应链金融业务在便利性与节约成本上不仅与企业的管理目标高度契合,而且在支付结算和融资领域有很大的拓展空间。随着未来实体经济由单个企业竞争模式逐步升级到以核心企业为中心的供应链竞争模式的转变,进一步打造新一代线上供应链金融业务将成为浦发银行未来业务发展的重要战略与亮点。
>
> 进出口企业可以通过浦发银行的网上贸易服务实时查询其在该行的进、出口业务和转让业务流转情况,并可开立/修改信用证和保函,或对单据进行相应的处理。

第四节 互联网生产维度和互联网生活维度的融合:智慧城市建设

智慧城市是一个未来城市,其理念就是把城市本身看成一个生态系统,城市中的市民、交通、能源、商业、通信、水资源构成了一个个的子系统。这些子系统形成一个普遍联系、相互促进、彼此影响的整体。在过去的城市发展过程中，由于科技力量的不足，这些子系统之间的关系无法为城市发展提供整合的信息支持。而在未来，借助新一代的物联网、云计算、决策分析优化等信息技术，通过感知化、物联化、智能化的方式，可以将城市中的物理基础设施、信息基础设施、社会基础设施和商业基础设施连接起来，成为新一代的智慧化基础设施，使城市中各领域、各子系统之间的关系显现出来，就好像给城市装上网络神经系统，使之成为可以指挥决策、实时反应、协调运作的"系统之系统"。

智慧城市建设涵盖互联网生活和互联网生产两个维度，涉及社会生产和生活的各个领域。毫无疑问，智慧城市建设领域必将产生具有更透彻的感应度量、更全面的互联互通、更深入的智能洞察功能的金融服务模式。目前，互联网金融为智慧城市建设提供的初步服务主要有流动资金贷款、项目贷款、投行业务、P2P、众筹等。

以银行为例，IBM商业价值研究院（2009）提出，银行将在更深入地分析收集到的数据，特别是整合和分析海量的跨地域、跨行业和跨职能部门的数据和信息的基础上，结合特定领域的专业知识，对特定行业、特定场景产生更加新颖、系统、全面的解决框架，并利用计算机强大的处理能力运算找出最佳解决方案，以更好地服务于智慧城市建设的各个子块。生活在智慧城市中的居民，如若放弃不了进入物理银行网点的习惯，通过电子柜台，无须进行排队，就能体验银行产品、进行交易、享受多渠道服务。新兴的网络用户，则可以充分体验虚拟银行将银行服务从网点延伸到家里、办公室或任何可以介入到互联网的地方的便利。具有高度洞察力的银行分析系统也会为智慧城市的居民提供前所未有的及时和贴心服务。

2012年底，住建部开展了"智慧城市"的试点工作。2013年8月，国务院出台了《促进信息消费扩大内需指导意见》，明确提出："在有条件的城市开展智慧城市试点示范建设，各试点城市要出台鼓励市场化投融资、信息系统服务外包、信息资源社会化开发利用等政策。在国务院批准发行的地方政府债券额度内,由各省、自治区、直辖市人民政府统筹考虑安排部分资金用于智慧城市建设。"但截至目前,真正启动智慧城市建设的城市不足20%,由于政府资金紧张和建设资金需求的矛盾仍旧突出,需要建设方提前垫资。

互联网金融能够发挥平台募集资金的优势,在支持大项目的建设方面具有很大潜力。P2P、众筹等互联网金融模式不受资本金的限制,能够成为商业银行信贷融资的良好补充。可以预计,未来围绕智慧城市的金融服务需求,互联网金融将提供全面的在线投融资解决方案。

专栏16

浦发银行推出"智慧城市"综合金融服务方案

2012年、2013年,住建部已经确定了两批共193个智慧城市试点,其中包括省会城市和地级市76个,城区、县及县级市75个,新区34个,镇8个,分布较为广泛和均衡,科技部和标准委也提出了智慧城市试点示范的20个城市名单。试点城市将在城乡规划、城市管理、市政基础设施建设与安全运行、建筑节能、城市公共信息平台、便民服务和产业发展等方面结合本地实际开展积极探索。有资料显示,在2012年的政府工作报告中,有3个直辖市、6个省、10个副省级城市、41个地级市明确提出要建设"智慧城市"。据不完全统计,自从两批智慧城市试点启动工作之后,共有近240个城市(区、镇)积极开展申报工作。

"智慧城市"建设过程中巨大的融资及配套金融服务需求,是金融机构崭新的蓝海。作为推进新型城镇化建设的重要抓手,建设"智慧城市"已受到中央及各地方政府的高度重视,浦发银行牢牢把握这一机遇,抢占产品和服务创新的先机,在服务地方经济和社会发展,支持新型城镇化建设的同时,推动自身转型发展,并推动品牌和市场份额的持续提升。

作为国内绿色信贷业务开展的领先银行，浦发银行一直密切关注智慧城市政策的发展和变化，积极开展配套的融资服务方案研究，在业内首推主题为"智慧城市，智绘未来"的"智慧城市"综合金融服务方案，针对"智慧城市"建设涉及的信息基础设施、智慧能源、智慧建筑、智慧公共服务、智慧市政、智慧交通、智慧物流、智慧医疗、智慧环保、智慧产业等十大重点领域及其典型项目，整合了传统金融产品和浦发银行的特色产品与服务，从项目运行模式和项目操作流程等角度，梳理了浦发银行对项目参与各方（政府、业主、项目运营商、系统集成商、产品供应商等）能够提供的金融产品和服务，如银团贷款、债务融资工具、财务顾问、股权投资基金、外国政府转贷款、融资租赁/融资租赁保理、企业资产证券化、产业基金及政府引导基金等。

依托在绿色金融领域广泛的合作伙伴和渠道，浦发银行可向政府推介国内外一流的"智慧城市"建设总承包商/集成商、设备供应商和运营商；为业主/项目公司提供项目融资财务顾问服务，针对"智慧城市"项目的特点，提供有利于降低客户融资成本的外国政府转贷款和特色能效融资产品，以及利用在资产证券化领域的优势，提供包括企业资产证券化在内的金融服务；为总承包商/集成商（含节能服务公司）增信，为节能服务公司提供合同能源管理特色融资，通过1+N供应链金融服务为下游供应商提供各类融资产品；为相关软硬件及设备供应商提供买方信贷、订单融资、1+N供应链保理等特色融资服务。

此外，浦发银行还能为政府下属投融资平台提供债务融资服务；为政府及下属项目公司或业主提供项目融资财务顾问服务，推介引入融资租赁，设计有助于后续融资的最优融资租赁方案；为政府成立的"智慧城市"发展基金从设立到退出提供全流程综合金融服务等。

第五节　互联网金融的自身演进

基于两方面的原因，互联网金融子系统自身也在不断地演化发展：一是来自系统内部的演化动力。互联网金融子系统本身也是一个生态体系，也会经历从简单到复杂、从低级到高级的动态演进过程，这是一种自我修复和完善；二是来自系统外部的演化动力。在技术进步的推动下，互联网金融生态系统每天都在发生新的变化，互联网金融中提供服务的个体和群体必须不断进化，才能不断提高服务实体经济的能力。

我们预计，未来将不再存在互联网金融概念。以银行为例，通过以客户需求为中心，合理平衡技术发展阶段和银行服务模式，银行将彻底消灭互联网金融概念，取而代之的将是新型的银行金融体系。银行服务模式将逐渐从O2O模式进化到O^2模式，即从线下服务到线上服务的互通模式转换到不再区分线上线下，服务完全融为一体的线上线下信息共享模式。银行的IT及运营体系将会实现"大、云、平、移"化，实现以共享为主、HTML5接入、C2C、NC2B的模式。银行的盈利体系也会从存贷无法挂钩的状态转变为客户核算打通、客户群打通、联接关联方、定向营销的模式。通过IT组织构架、虚拟组织构架的搭建与优化，银行将形成新兴的管控体系和运营机制，实现更加扁平的组织架构、更充分的信息沟通、更直接的授信体系、更优化的风险管理、更及时的预警机制。通过网点布局优化、平台投入、APP投入、新技术投入等选择，银行的服务将会更加高效，投资成本也会更加低廉。利用信息技术，银行母子公司、关联方及同业之间也将实现信用换信用、客户换客户、市场换市场以一得二的共赢，实现平等、自由、合作与共享。

目前来看，在金融服务领域，已出现一些新的互联网金融模式。

（一）直销银行：商业银行服务模式的嬗变

随着互联网金融的不断发展以及民营金融牌照的发放，第三方支付、

第六章　基于生态视角的互联网金融模式创新

P2P、众筹等互联网金融模式还将层出不穷，加速成长，银行业脱媒化的步伐也将进一步加快。互联网金融将促使银行在服务渠道、服务方式、产品销售以及服务对象等方面全面互联网化。这对传统银行业现今的经营思维提出了新的挑战和要求。在互联网金融发展的大潮中，商业银行不断探索适合自身特点的互联网经营模式。直销银行成为商业银行应对互联网金融的利器。

"直销银行"指几乎不设立实体业务网点，通过信件、电话、传真、互联网及互动电视等媒介工具，实现与客户直接进行业务往来的银行。尽管传统商业银行已经广泛采用了信件、电话、互联网等营销手段，设立了"电话银行"、"网上银行"等业务模式，但是这些营销方式对于传统实体银行而言，仅是其庞大实体网络的辅助和补充，并没有脱离实体网络而独立存在。"直销银行"则是业务拓展不以实体网点和物理柜台为基础，因此具有机构少、人员精、成本小等显著特点，而且通常能够为顾客提供比传统银行更优惠的利率和费用更低廉的金融产品及服务。

在美国，直销银行已经成为主流的银行模式之一，近十年获得了飞速的发展，增长速度远远快于传统商业银行。2003年美国直销银行的总资产为1000亿美元，到2012年已经超过了5000亿美元。2003年，美国直销银行存款从不到1000亿美元上升到2012年的4000亿美元左右。

在人均资产、人均存款、人均利润和生息资产占总资产的比重等银行经营的重点效率指标上，互联网银行的优势也非常明显。2012年，美国银行业的人均资产在500万美元左右，但互联网银行人均资产达到2500万美元，是传统银行的5倍左右。2012年，美国银行业人均存款不到500万美元，而互联网银行为1500万美元左右，是传统银行的3倍左右。在2012年的时候，美国银行业的人均利润约5万美元，互联网银行的人均利润超过了25万美元。美国银行业的生息资产大概在86%~88%之间，互联网银行在94%~96%之间。

在我国互联网金融发展的大背景下，直销银行将成为商业银行全新发展的潮流，并推动传统商业银行服务模式完成向互联网金融的嬗变。直销银行与传统银行的线上渠道模式存在本质的区别。直销银行不依赖于实体网点，能够开放获客，为客户提供全在线的简单便捷服务，且不受区域和营业时间的限制。"直销银行"的出现，有力增强了商业银行的服务能力。当前，商业银行通过直销银行平台提供的业务种类包括智能存款、转账汇款、基金代销、在线开户、P2P、网络贷款、贵金属销售等业务。

与传统银行相比，直销银行依托互联网，突破传统银行服务限制，展现了三大服务优势：一是服务时间长，不受空间局限，成为"永不下班的银行"，扩大了服务辐射面，方便了客户；二是没有分支机构，无需承担大量的员工支出，以较少的运营支出即可维持良好的经营，使客户得到更多服务"实惠"；三是客户可直接通过网络、电话或邮件来完成业务交易，大大节省了交易时间，享受更快捷的银行服务。直销银行模式的潜力巨大。以民生银行为例，上线两个半月，客户数达到35万人，资产规模达到140亿元。

商业银行直销银行规模化发展的障碍主要是用户开立商业银行结算户必须前往网点，进行联网核查。2015年1月，中国人民银行下发《关于银行业金融机构远程开立人民币银行账户的指导意见（征求意见稿）》，对银行远程开立账户提出框架性意见。商业银行账户开立有望突破柜台"面签"方式，实现"以柜台开户为主，远程开户为辅"的账户开立体系。这对于直销银行来说，业务空间豁然开朗，对银行业竞争格局带来重要影响。

目前，正式推出直销银行业务的有民生银行、兴业银行、平安银行、浦发银行、上海银行、南京银行、重庆银行、包商银行、华润银行、江苏银行等多家银行，"直销银行"已经成为商业银行探索互联网金融的主流模式。各家商业银行"直销银行"在客户定位和提供的特色产品方面有所不同，差异化发展态势初步形成。

民生银行是国内最早推出直销银行的商业银行之一。2013年9月16日，民生银行公告称与阿里巴巴签署战略合作框架协议，双方约定在资金清算与结算、信用卡业务、信用支付业务、理财业务合作、直销银行业务、信用凭证业务、互联网终端金融、IT科技等方面开展战略合作。双方合作

第六章　基于生态视角的互联网金融模式创新

图6-6　民生银行"直销银行"

最受人们关注的是"直销银行"概念的提出,民生银行将通过阿里巴巴的电子商务平台全力争夺互联网的流量入口,推动自身银行业务的发展。民生银行提供丰富实用并符合阿里巴巴客户需求特点的金融产品,而阿里巴巴或将负责利用自身渠道与资源大力促进民生银行直销银行发展。因此,实质上,民生银行的直销银行模式主要是通过第三方电子商务平台实现客户需求与金融产品的对接。

2013年9月18日,北京银行举行直销银行开通仪式,宣布与其境外战略合作伙伴荷兰ING集团正式开通直销银行服务,并在北京、南京、济南、西安四地率先推出首批共6个试点,未来将全面铺开此项业务。北京银行的直销银行模式更像国际上90年代以来的典型的直销银行实践。在这种模式下,商业银行主要通过互联网等自助式渠道,实现业务中心与终端客户直接进行业务往来。差别在于,北京银行的直销银行非独立的法人实体,而国外的直销银行是独立法人。北京银行的直销银行模式主要还是在商业银行自身的体系中，利用科技手段向客户提供更便捷化的金融服务。

浦发银行将直销银行作为互联网金融布局的重点领域，将"网上金融超市"嫁接直销银行，月交易规模近百亿元，居同业前列。浦发银行"直销银行"立足于客户体验的持续提升，开放式电商化的产品展示方式，使得所有客户均可在线方便地浏览浦发银行特色金融产品，并可凭本人有效身份证、国内任意商业银行的本人账户在线注册成为浦发直销银行客户。客户通过任意资金的转入即可在线激活直销银行账户，并购买理财、基金等相关金融产品。客户还可凭借本人有效身份证号及账户查询密码直接登录购买选中的相关金融产品。

平安银行的直销银行子品牌是"橙子银行"，是平安银行为了更好地服务年轻客群这一细分市场所构建的互联网金融平台。橙子银行主要依靠互联网提供服务，而不再依赖实体网点。"橙子银行"的价值主张是"简单、好玩、赚钱"，满足年轻人的金融服务需求，线上最快一分钟即可完成开户，并且设置了简单易懂的投资理财、消费记录、目标管理几大功能。橙子银行 25~47 岁年龄段的客户占到总数的 74%，15~18 岁的客户占比近 9%。

兴业银行直销银行将余额理财作为主打产品，资产规模迅速超 500 亿元。2014 年 11 月，兴业银行直销银行余额理财频道"兴业宝"再添一种 T+0 直销货币基金产品——由兴业银行子公司兴业基金管理有限公司管理的兴业货币市场证券投资基金，为客户提供更多余额理财产品选择。兴业银行直销银行自 2014 年 3 月 27 日正式上线以来，已覆盖电脑、手机、iPad 等终端。

表 6-3　　国内较具特色的商业银行"直销银行"品牌

商业银行	直销银行品牌	主要特点
民生银行	民生直销银行	是国内最早上线的直销银行之一。初期只有两款产品，一是"如意宝"余额理财产品，二是"随心存"储蓄产品。后扩展到智能存款、转账汇款、基金代销、网络贷款等产品种类。

第六章 基于生态视角的互联网金融模式创新

续表

商业银行	直销银行品牌	主要特点
兴业银行	兴业银行直销银行	兴业银行直销银行也提供两种登录方式,即电脑版和客户端手机银行版。登录兴业银行直销银行电脑版可以看到,目前上线业务有三种,分别为理财产品、代销基金和定期与通知存款等。
北京银行	北京银行直销银行	北京银行采用的是"线上互联网平台"和"线下直销门店"模式。线上服务由互联网综合营销平台、网上银行、手机银行等多种渠道构成;线下模式是建立便民直销店,设置远程签约机、存取款机、自助缴费终端等。
招商银行	小企业e家	招行小企业e家是专门面向中小企业客户的互联网金融服务平台,P2P是该平台的特色业务。按照招行对小企业e家的定位,小企业e家投融资平台是在互联网金融领域全新模式的尝试和探索,通过线上线下相融合的银行信息见证服务,实现资金供给和需求者间对称的信息、资金交互。
平安银行	橙子银行	橙子银行是平安银行推出的创新型互联网业务,主要定位于年轻人。客户可直接网上开户、理财。橙子银行的特色产品包括"平安盈"、"定活通"、"理财精选"、"特色优选"等产品。

(二)服务金融同业:互联网金融的"自服务"

兴业银行的银银平台是互联网金融服务金融同业的典型案例。兴业银行的银银平台最初为柜面通业务,是为城商行提供代收代付业务。小银行缺乏IT能力,兴业银行开始为中小合作银行建设核心业务信息系统,并提供数据托管和灾备等服务。随着互联网金融的兴起,兴业银行又通过线上理财平台"钱大掌柜",为同业的客户提供理财产品。兴业银行建立的强大网络,以及对中小银行的IT系统的科技渗入,使得兴业银行已在实质意义上拥有了对接入银银平台的近400多家金融机构、2.6万个网点进行内部清算、结算的能力。这在为兴业带来低廉的同业结算资金、更迅速的资金面洞察信息的同时,亦为其跨行资金交易带来了极大的便利性和成本优势。银银平台线上线以来,兴业银行通过与第三方银联支付的合作,进一步拓展了其跨行资金清算的外部延展性。

资料来源：易观国际。

图6-7 兴业银行"钱大掌柜"发展历程

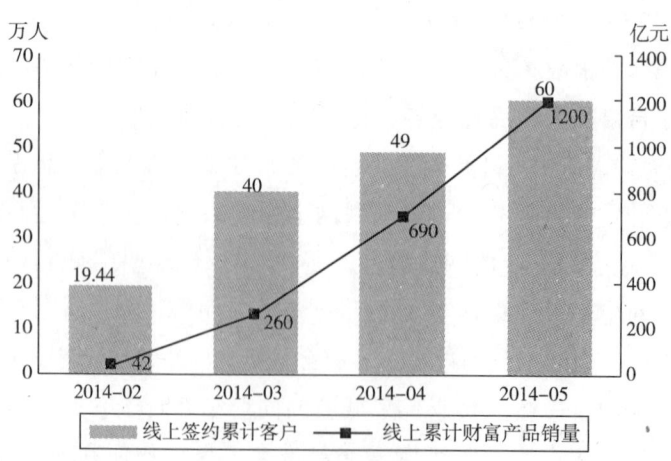

资料来源：易观国际。

图6-8 "钱大掌柜"互联网金融平台客户与理财产品销售量迅速增长

第七章　互联网金融生态的规制框架

当前，互联网金融在迅猛发展的同时，也呈现出"野蛮生长"的部分乱象。阎庆民（2014）指出，互联网金融兼具"互联网"和"金融"的双重基因，决定了其风险远比互联网和传统金融本身的风险更为复杂。前述分析表明，互联网金融虽然没有改变其金融的本质属性，但其理论基础也体现出了与传统金融模式不尽一致的地方，部分业务模式甚至出现了监管真空。特别是，互联网金融生态涉及了信息科技行业、金融行业及两大行业的相关子行业，体现出较强的跨界、融合与创新特征，在经济社会发展中具有一定的系统性影响。因此，单纯从金融监管角度出发来对互联网金融生态进行规制是不全面的，也难以真正促进互联网金融生态的健康和可持续发展。同时，为支持互联网金融生态实现一个良性的自我演化和发展，充分发挥其服务实体经济、促进经济增长的积极作用，为互联网金融生态确立一个科学有效的规制框架就显得非常必要。我们认为，国家应从顶层设计的战略高度出发，构建一个针对互联网金融生态的规制框架，这对于促进互联网金融生态的健康和可持续发展具有重要的意义。

第一节　整体规制框架

从互联网金融生态规制的主要内容及范围来看，至少应该包括以下几个方面。

（一）坚持互信包容、合作共赢的理念，构建互联网金融生态的规制体制应从国家战略层面，立足打造"网上丝绸之路"的高度，建立一个涵盖互联网生态发展所涉及的工信部、"一行三会"、发改委等管制部门在内的规制体制，确定有效的治理架构，并制定总体的发展规划，实现各施其责、高效有序的规制。这对于促进互联网金融生态的健康和可持续发展，实现大国崛起战略具有重要的理论意义和现实意义。

（二）强化信息规制，构建服务于互联网金融生态的整合的征信系统

信息是支撑互联网金融生态有效运转的核心变量，并且互联网金融生态中的信息结构更趋复杂，因此非常有必要强化信息规制。因此，要尽快构建科学合理的信息规制体制，建立高效协作的信息规制机制，从制度层面确保实现对互联网金融生态信息的有效治理，实现信息的真实、共享，以促进互联网金融生态的可持续发展。另外，作为一个最基础的制度建设，有必要适应互联网金融生态的发展趋势，尽快构建服务于互联网金融生态的整合的征信系统。

（三）从规制范围来看，互联网金融生态规制框架至少应包括产业规制、法律规制和金融规制三个部分

其中，产业规制主要是针对互联网金融生态的ICT技术基础、移动通信运营商、互联网金融机构等本身所独具的技术特点、行业特征、竞争特征可能对互联网金融生态产生不利影响的规制措施，如反垄断、治理市场失灵等。法律规制主要是针对当前互联网金融立法较为滞后的现实，从加强立法和加强法律运用的角度对互联网金融生态进行规制，如加强互联网金融消费者保护、加大刑法的打击力度等。金融规制主要是立足于互联网金融本质上仍是金融的特点，从金融监管的角度提出的规制措施，如防范系统性风险、线上线下一致性、加强监管协调、防范"大而不倒"等内容。

第二节　产业规制原则

根据互联网金融生态的特点，借鉴新规制经济学及互联网规制理论与实践的相关研究成果，我们认为对互联网金融生态的产业规制至少应包括

以下原则。

(一) 实施必要的反垄断规制，促进市场竞争效率提升

由于互联网金融生态具有互联网"开放、平等、协作、分享"的特点，以及"先下手为强"和"赢家通吃"的市场竞争特征，其在发展中更容易在技术的支持下形成垄断。实际情况表明，目前在互联网金融的某类细分市场中，如第三方支付、P2P平台等，已经出现了具有较强市场支配地位的经营者，它们有可能在利益的驱使下滥用其优势地位，排除、限制竞争，挤压其他互联网金融机构的生存空间，进而危及互联网金融生态的健康发展。因此，当前非常有必要对互联网金融生态实施反垄断规制。

同时，互联网金融生态又具有平台经济、双边市场的特点，因而也呈现出与传统商业或金融模式非常不同的特征，对其的反垄断也应不同于传统的规制政策。具体来看：第一，加强反垄断政策的前瞻性研究，更好地促进互联网金融生态的演化。从技术基础和理论基础来看，在我们界定的互联网生态的内涵和范围里，包括BitWorld、互联网生产、互联网生活、互联网金融这四个子系统都存在出现垄断的可能。但从我国反垄断政策的现状来看，只涉及了电信、石油、互联网、商业领域等传统的行业，还没有针对互联网与传统实体行业、金融业的跨界行业制定有针对性的反垄断政策，不能适应互联网金融生态的演化和发展。第二，合理界定互联网金融生态的垄断标准。"赢家通吃"的市场竞争特征决定了互联网金融生态极易形成垄断格局，但同时也极易被后来的搅局者凭借更先进的技术和商业模式消灭，可以预计互联网金融模式之间的覆盖式竞争将成为常态。因此，只要生态圈中的并购以及并购后形成的市场格局从总体上有助于提升资源配置效率、提升社会福利水平、提升消费者剩余，就可以暂时对其予以关注，视情况发展再决定是否采取反垄断调查。前提是制定科学合理的互联网金融生态垄断标准。第三，根据平台经济学和双边市场特征，合理界定互联网金融生态的相关市场，并据此判断价格竞争是否是垄断性行为。互联网金融生态连接的不同的边（市场），具有非对性的价格结构，即一边（市场）需要付费，另一边（市场）则能够享受到价格补贴。因此，制定合

理的反垄断政策，必须有效界定相关市场，将所有参与到生态圈的市场都纳入反垄断分析的视野。如此才能避免互联网金融机构在某一市场上实施免费策略或提供补贴而被视为垄断性行为，而实际上该互联网金融机构还同时在另外的市场进行收费，这实际上是由互联网金融生态的竞争特点所决定的。但对于明显超过市场合理竞争水平的价格战，要慎重对待，必要时应予以反垄断调查。

（二）激励性规制原则，促进互联网金融生态系统的内在优化和持续发展

传统规制经济理论建立在信息对称假设的基础上，主要经历了市场规制的公共利益理论、市场规制的俘获理论、市场规制的经济理论三个阶段。然而，传统规制经济理论在欧美的实践中产生了一系列问题，如企业内部无效率的产生、规制关联费用的增加、规制当局的自由裁决权和寻租成本的产生、因规制滞后而导致的企业损失等。而激励性规制经济理论正是在克服传统规制经济理论缺陷的基础上发展而来的，更加符合产业规制的实际情况，因此非常有必要借鉴激励性规制理论和实践，更好地促进互联网金融生态系统的演化和发展。

激励性规制理论属于新规制经济学的范畴，认为在信息不对称的前提假设下，会产生规制者与被规制者之间的委托—代理问题，即所谓的逆向选择与道德风险问题。这就要求经济学家对机制设计进行研究，以最大程度地避免委托—代理问题，Laffont 和 Tirole（1986）发展的关于存在道德风险情况下的规制模型在这一领域做出了杰出贡献。激励性规制理论的特点在于将激励问题引入到规制当中，将规制作为一个最优机制设计问题，来分析规制与被规制方的行为和最优权衡，承认规制的不完整性。激励性规制理论关注的重点是在信息不对称的条件下，设计一种既能够给予企业在降低成本、改善服务质量方面以足够的激励，同时又能有效防止企业滥用自由选择权的激励性规制框架。激励性规制方法主要包括价格上限规制（Price Caps Regulation）、区域间标尺竞争制规制（Yardstick Competition）、特许投标规制（Franchise Bidding Regulation）、延期偿付率规制（Rate Moratoria Regulation）、收益共享规制（Profit Sharing Regulation）、联合回报率规制（Banded Rate‒of‒return Regulation），以及菜单规制（Menus Regulation）等。激励性规制理论有效地打破了传统规制理论的桎梏，取得了两大进展：一是将规制过程中的信息不对称问题纳入了考虑范围；二是将规制机构分为规制者和立法机构，强调对规制者的规制和控制。在实践中，西方发达国家在公用事业的改革中广泛运用激励性规制，在生产效率、成本效率以及投资方面取得了一定成效。

我们认为，互联网金融生态是一种新兴的金融服务方式，是我国金融模式创新的有益探索，总体上应持积极支持其发展的态度。为此，监管部门应充分借鉴激励性规制理论和实践，更好地促进互联网金融生态的演化发展，进一步增强互联网金融服务实体经济的能力和效率。对互联网金融生态的规制，一方面要着眼于长远发展，鼓励互联网金融生态领域内的基础设施建设，积极发挥政府的扶持和引导作用。另一方面，还应充分发挥市场的作用，不能过度干预而制造规制的权力，以保持互联网金融生态系统的充分竞争性和公平性，促进互联网金融生态的创新发展。

（三）坚持网络中立原则，避免市场失灵

网络中立（Network Neutrality）是在互联网设计之初就确定的一个基础性原则，近十年来成为欧美国家的网络规制热点，美国、荷兰等国家均通过了关于网络中立的法规条例。网络中立的概念最早于2002年11月在美国宽带用户和创新联盟（CBUI）致美国联邦通信委员会（FCC）的第一次评论中出现。该组织认为：FCC应采取措施，防止网络所有者歧视不附属于网络运营商的网站、应用、服务或设备，即网络应该保持中立性。2010年11月，FCC发布了《开放互联网报告和命令》，又称为网络中立条例，主张采取重要步骤来维护互联网，使互联网成为创新、投资、创造就业、经济增长、竞争和自由表达的开放平台，并具体阐述了网络中立三原则：透明度原则、非阻挡原则和非合理歧视原则。[1]

---

[1] 透明度原则是指固定和移动宽带提供商必须公开网络管理行为、表现特征及其宽带服务的条款和限制。非阻挡原则是指固定宽带提供商不能阻挡合法的内容、应用、服务或无害的设备，其要受到合理的网络管理的限制；移动宽带提供商不能阻挡合法的网站，或阻挡与其声音或视频电话服务相竞争的应用。非合理歧视原则是指固定宽带提供商不得对合法的网络流量传输进行不合理的歧视。

陈富良、王林（2013）指出，由于网络中立涉及的问题比较复杂，涉及的利益主体和学科领域众多，不同利益主体、不同学科的代表对"网络中立"有不同的认识角度。经济学家关注的是双边市场、价格歧视、市场效率、投资激励、拥堵经济学等问题，法学研究者更关注言论自由、宽带计划、版权和隐私权、规制手段等问题。关于网络中立的争论意味着，网络运营商将来可能会根据不同的业务、不同的应用和设备来对其（IP包或者数据元）进行区别对待，以及实施带宽歧视等。

从我国实际情况看，互联网金融生态圈中的各类互联网金融机构包括本身就提供网络服务、同时又提供互联网金融服务的电信运营商，这导致网络中立原则成为互联网金融生态发展中的一个重要问题。如果对此问题不予以规制，极有可能出现网络提供商、电信运营商对其他需要利用ICT技术、网络的互联网金融生态参与主体设置歧视性条款，如对带宽予以限制等，从而必将导致市场失灵。建议我国相关部门加大对网络中立原则在互联网金融生态演化发展中的应用研究，并在此基础上制定科学合理的规制原则，促进互联网金融生态的可持续发展。

第三节 法律规制原则

由于互联网金融生态是跨界、融合、创新的智能化系统，涉及领域较多，目前的法律体系难以全面有效地对其予以规制，在部分互联网金融模式和业务领域，甚至出现了法律规制的"真空地带"。根据安邦坤、阮金阳（2014）的研究，当前我国关于互联网金融的法律规范主要包括三大类：一是旨在鼓励、扶持互联网金融发展的规范。此类规定零星散见于国务院颁布的行政法规、国务院各部委的部门规章、地方政府规范性文件中。如《国务院关于促进信息消费扩大内需的若干意见》、中国人民银行发布的《关于推动移动金融技术创新健康发展的指导意见》、保监会发布的《关于规范人身保险公司经营互联网保险有关问题的通知（征求意见稿）》、工业和信息化部发布的《信息化和工业化深度融合专项行动计划（2013—2018年）》、上海市政府发布的《关于促进本市互联网金融产业健康发展的若干意见》、《浙江省促进互联网金融持续健康发展暂行办法》等。二是与互联网金融消费者利益保护相关的零星规范。此类条文散见于《消费者权益保护法》、《中国人民银行法》、《商业银行法》、《证券法》、《证券投资基金法》、《保险法》、《银行业监督管理法》、《全国人大常委会关于加强网络信息保护的决定》以及《刑法》、《最高人民法院关于审理非法集资刑事案件具体应用法律若干问题的解释》等法律、法规中。三是与互联网金融基础设施建设相关的零星规范。如《电子签名法》、《支付机构互联网支付业务管理办法（征求意见稿）》、《中国移动支付系列技术标准》、《电子银行业务管理办法》、《网上银行业务管理暂行办法》、《互联网保险业务监管规定（征求意见稿）》、《证券投资基金销售机构通过第三方电子商务平台开展证券投资基金销售业务指引（征求意见稿）》、《关于做好个人征信业务准备工作的通知》等。

总体来看，当前关于互联网金融规制的法律规范尚不成体系，适应性和针对性不强，迫切需要健全完善相关法律体系。考虑到立法、修法需要较长的时间，为更好地适应和促进互联网金融生态的发展，建议尽快明确以下法律规制原则。

（一）将互联网金融生态纳入现行分业监管体制，尽快从立法层面明确界定互联网金融机构的法律地位、市场准入及退出机制

从当前情况看，现有互联网金融模式中，第三方支付的法律地位较为明确。2010年，中国人民银行颁布了《非金融机构支付服务管理办法》，对第三方支付进行了定义，明确其可以从事网络支付、预付卡的发行与受理、银行卡收单以及人民银行确定的其他支付服务。同时，规定第三方支付机构必须取得"支付业务许可证"，依法接受人民银行的监督管理。目前人民银行已经对第三方支付发放了支付牌照。但是其他互联网金融模式，如P2P网络借贷平台、众筹等尚没有明确的法律能够界定其法律地位。按照目前的法律框架，P2P网络平台只能是居间人，给投融资方提供签订借款合同的

机会和信息,而不能吸收存款或变相吸收存款,不能提供担保,不能用自有资金放贷,也不能线下分拆转让。

李麟(2014)指出,P2P到底是债还是股,搞清P2P的本质,对于规制的制度安排有着重要意义。众筹的情况更为复杂,从模式看就可以分为债券众筹、股权众筹、回报众筹、捐赠众筹等,运转模式游走在法律的边缘地带。目前,P2P和众筹领域集聚了较高的法律风险,部分机构甚至涉嫌非法吸收公众存款、非法集资等。因此,建议国务院尽快发布《互联网金融监管分工指导意见》,按照已有分业经营、分业监管体制,将已有的互联网金融形态纳入现有的监管体制之中:即除了第三方支付由人民银行监管已经很明确外,还应明确银监会对于P2P和互联网理财的监管职责,证监会对于众筹的监管职责,以及保监会对于互联网保险的监管职责。2010年,中国人民银行颁布了《非金融机构支付服务管理办法》,正式确立了人民银行对第三方支付的监管权力。对于P2P和互联网理财应当由银监会监管;对于众筹应当由证监会监管;对于互联网保险应当由保监会监管。在条件成熟的将来,与混业经营、混业监管相对应(例如可能形成"一行一会",即中央银行、金融监督管理委员会),互联网金融生态也可以由一个统一的监管机构监管,新的统一监管机构一会不仅包括原来的"三会",还应当包括互联网技术监管机构(如工信部)的部分职能。

此外,当前急需以立法的形式明确互联网金融机构的性质和法律地位,对其组织形式、资格条件、经营模式、风险防范和监督管理等做出规范。此外,我国目前还没有较为系统、明确、可操作性强的关于金融机构退出机制的法律规定,为促进互联网金融生态的健康和可持续发展,还应建立完善关于互联网金融机构市场退出机制的法律法规。

(二)确定金融消费者主权理念,加强互联网金融消费者权益法律保护

主权主要是金融民主的体现。互联网金融并不因为其高科技性而降低其风险属性,信用风险、市场风险、操作风险、流动性风险、信息科技风险等传统风险类型照样存在于互联网金融领域,并且在新一代互联网技术的作用下,其风险表现形式更加复杂、更加隐匿、外溢效应更大、传递效

应更快。

现阶段，由于监管覆盖范围尚待完善，针对互联网金融机构的信息披露机制尚未建立起来，导致互联网金融机构客观上存在故意传播虚假信息、隐藏风险信息，引诱客户购买金融产品的行为。在互联网金融消费的过程中，消费者面临着主体地位名义平等但实际并不平等，以及格式条款或格式合同大量出现的困境。同时，我国理财产品市场方兴未艾，但消费者还不具备系统的金融知识，特别是在刚性兑付的预期下，消费者风险意识淡薄，过度追求高收益，金融消费者教育工作可谓任重道远。这就导致一旦发生互联网金融风险事件，如果失控的话，极易引发群体性事件，对经济社会稳定造成冲击。李麟（2014）指出，消费者并非符合充分信息假设，并没有那么聪明和专业，如 P2P 的利率很高，其背后的风险并非被消费者所充分认知，必须要靠法律和监管，才能充分保护消费者。

在金融消费者保护立法方面，消费者主权不仅应当规定在《消费者权益保护法》之中，还应当上升到宪法层面。我国 2013 年修改的《消费者权益保护法》没有将金融消费者纳入其保护范围。现有的情况是，金融监管机构内部设立了相应的金融消费者保护机构，但现有的内部机构对于金融消费者保护没有得到相应的上位法授权，因此只能局限在现有的法律框架下，对于互联网金融消费者的保护无能为力。2013 年 5 月制定的《中国人民银行金融消费权益保护工作管理办法（试行）》指出，金融消费者是指在境内购买、使用金融机构销售的金融产品或接受金融机构提供的金融服务的自然人。这一界定并没有包括网络支付、网络借贷等非金融机构或准金融机构消费者。在金融消费者保护机构方面，虽然"一行三会"均设立了金融消费者权益保护专门机构，但在运作机制方面还缺乏有效的协同，距离构建完备的金融消费者权益保护体系仍有较大的差距，特别是在互联网金融消费者权益保护领域较为薄弱。

因此，迫切需要在借鉴英国 FSA 和美国《多德—弗兰克法案》有益经验的基础上，建立统一的、专门的金融消费者保护局，将对互联网金融消费者的保护职能纳入其中，以充分保护互联网金融消费者的财产安全权、知情权、自主选择权、公平交易权、获得赔偿权、人格尊严及民族风俗习惯得到尊重的权利、个人信息依法得到保护权、结社权和受教育的权利。

(三) 赋予互联网金融消费者民事损害求偿权

当前已有的部分互联网金融监管规则多为宣示性条款，特别是未规定民事法律责任或虽有规定但民事责任畸轻，这显然不利于对互联网金融的监管。互联网金融监管只有最终回归到法律责任上，尤其是具体落实到民事责任上，通过民事损害赔偿请求权的行使，才能兼收减少损害与吓阻不法之功效，使互联网金融真正步入依法健康发展的快车道（安邦坤、阮金阳，2014）。"有权利必有救济"是民事权利保护的本质要求。当互联网金融消费者合法权益受到侵害时，应当赋予其要求赔偿的权利。特别是当互联网金融经营者欺诈消费者时，根据《消费者权益保护法》、《侵权责任法》的精神，应当赋予消费者有权要求惩罚性赔偿的权利。这种惩罚性的赔偿不因承担了金融监管机关的行政罚款和人民法院的判处的罚金而豁免。金融监管机关的行政罚款和人民法院的判处的罚金应当优先支付给互联网金融消费者。

此外，建议在民事赔偿诉讼中应当采取举证责任倒置和集体诉讼制度。举证责任倒置即由互联网经营者承担未涉嫌欺诈的举证责任。集体诉讼制度可以适应互联网时代金融消费者众多的要求，可以降低互联网金融消费者维权成本，同时也能够提高司法部门审判此类案件的效率。

(四) 采取事前监管和事后监管相结合的原则，强化自律监管

根据党的十八届三中全会和四中全会精神，在实践中，无论是法律规制，还是金融规制，对于金融机构市场准入均实行正面清单和负面清单相结合的制度。凡是国家法律及行政法规规定必须取得金融许可证的，必须取得金融许可证才能经营，即事前监管；凡是国家法律及行政法规没有规定必须取得金融许可证的，都可以自由经营，并采取备案制度，即事后监管。自律监管是一种"内部控制"，始于1949年美国会计师协会发表的一份专门报告。1988年巴塞尔委员会引入了内部控制制度的概念，强调了董事会成员和高级管理人员对内控的影响，并第一次将内部控制引申为一种

结构和环境,从而将内部控制和防线管理有机结合起来,认为金融机构应以具备有效的内部控制制度作为统一框架。

从我国互联网金融法律规制的现状来看,第三方支付已经采取金融许可证制度,但其他互联网金融模式还未实行金融许可证制度。由于事后监管更多地赋予了作为市场主体的金融机构自律监管的权利和义务,因此对于除第三方支付以外的互联网金融机构可以通过加强自律监管来实现事后监管,这也符合人民银行倡导的政府监管与行业自律并举的互联网金融监管原则。因此,一方面应着力推动互联网金融机构建立内部控制制度,推出相关的指引;另一方面,应积极推动互联网金融行业协会发展,通过加强行业自律,积极构建互联网金融生态的伦理规范,推动形成统一的行业准则和规范,强化内部约束,提升行业整体信用度,引导互联网金融企业履行社会责任。目前,国内已成立多家全国性或区域性的互联网金融行业自律组织,在促进互联网金融规范发展方面做出了积极的贡献。如中国小额信贷联盟、中国互联网金融行业协会、上海的网络信贷服务业企业联盟、北京的中关村互联网金融行业协会和P2P网贷协会、广东互联网金融协会等。在P2P行业自律方面,中国小额信贷联盟于2014年11月5日发布了《小额信贷信息中介机构(P2P)行业自律公约(修订版)》,对行业自律与管理、行业从业人员自律与管理、公约的实施等进行了规定。同时根据公约,中国小额信贷联盟及P2P行业委员会将负责监督实施本公约,负责向P2P信息中介机构传递行业管理的法规、政策及行业自律信息,维护P2P信息中介机构的正当权益,并对P2P信息中介机构遵守本公约的情况进行督促、指导和检查。

(五)实现行政规制和刑法规制的有机结合,加大对违法犯罪活动的打击力度

从我国的司法实践看,对金融业务的监管主要遵循的是"行政法规——刑法"的阶梯式监管体系。对于金融机构的相关业务主要由"一行三会"等行政部门进行监管。对于金融业务中一些社会危害性较小的金融违法行为,上述监管部门则可依据相关行政法规予以行政处罚;对于金融

业务中那些社会危害性较大的犯罪行为则由司法机关依据刑法的相关规定追究相关责任人员的刑事责任。

目前，在互联网金融生态的法律规制方面，应将行政规制和刑法规制有机地结合起来。一方面，对于互联网金融领域中社会危害程度较轻的违法违规行为，原则上应通过行政手段予以规制，这样不仅有利于提高执法效率，而且能够避免挤压互联网金融的创新空间；另一方面，对于互联网金融领域中社会危害性较大的犯罪行为，如非法集资、互联网欺诈、钓鱼、洗钱等涉嫌严重犯罪的行为，以及"黑客"针对互联网技术发起的黑客攻击，必须依据刑法加大打击力度，以保护善意的第三者（李麟，2014）。根据实际情况，可以根据需要将新型的互联网金融犯罪纳入刑法调整范围。例如，应及时对《证券法》规定的超过200人即为公募的规定进行调整。这项规定是在互联网没有得到充分发展时产物，200人本身并不是科学合理论证出来的，属于立法中的"事实问题"，不是法律问题。我们认为，在互联网时代，应当调整200人的限制性规定，可以将其扩大到2000人，甚至20000人，这才能适应互联网金融尤其是众筹发展的需要。

我国现行刑法中的相关罪名基本能满足规制涉互联网金融犯罪的需要，其中主要可以适用的罪名包括擅自设立金融机构罪、非法经营罪、非法吸收公众存款罪、擅自发行股票和企业债券罪、集资诈骗罪、洗钱罪等。当前，需要做的就是要加大对互联网金融违法犯罪活动的打击力度，给互联网金融生态的发展营造一个良好的法制环境。

（六）构建适应互联网时代的互联网金融生态跨国司法体系

互联网时代，资金是没有边界的，技术是没有国界的。互联网会超越一个国家主权管辖范围，阿里巴巴集团的发展已经证明了这一点。国际金融法律体系是由一系列规范国际金融秩序和国际金融交易行为的国际金融条约、国际金融规则、国际金融惯例、涉外金融立法等法律文件所构成的一个系统，其所涵盖的范围主要包括国际商业银行、国际货币、国际借贷及担保、国际结算与国际贸易融资、国际证券融资以及国际金融组织法律制度等内容。

随着互联网金融在中国等发展中国家的普及和推广，传统国际金融法律规范在调整国际互联网金融新秩序方面出现了许多新的盲点和空缺，传统国际金融法律制度的这种局限性与互联网金融交易行为亟须法律规范调整之间的矛盾和冲突将越来越突出。但是对于网上第三方支付、P2P网络众筹融资、新型电子货币等金融互联网新模式，《巴塞尔协议Ⅲ》所确立的金融监管法律制度仍存在适用性问题。例如，从事新型互联网金融业务的公司，大多以商业公司而非以银行的身份开展业务，其行为规范并不受《巴塞尔协议Ⅲ》中有关资本充足率、杠杆比率以及流动性监管等新规则的约束。在这样的国际金融法律环境下，势必造成银行与开展互联网金融业务的公司之间的不公平竞争，导致银行等传统金融机构的手脚被束缚。

同时，为了推动我国互联网企业包括互联网金融企业在全球的发展，应当从国家层面采取积极措施，构建有利于我国互联网企业发展的跨国司法体系，包括跨国民事诉讼、国际仲裁、国际执行、其他国家法律查明等制度。

第四节　金融规制原则

目前，在互联网金融规制方面还没有建立起一个系统的规制框架。值得注意的是，中国人民银行副行长潘功胜在国务院政策例行吹风会上表态，人民银行牵头银监会、证监会、保监会等相关部门，初步制定了关于促进互联网金融健康发展的指导意见，并将尽快完善和推出。潘功胜指出，下一步将按照适度监管、分类监管、协同监管、创新监管的原则，建立和完善互联网金融的监管框架，科学地界定各种业态的业务边界和准入条件，落实金融监管部门之间的相互分工和责任。同时，明确底线，保护合法经营，打击违法和违规经营。从互联网金融生态的金融本质出发，我们认为科学有效的金融规制应体现以下原则。

（一）防范系统性风险，维护金融稳定，增强宏观调控的有效性

综合来看，互联网金融至少从以下几个方面衍生出了巨大的系统性风险隐患：第一，快速增加的海量数据带来新的不对称信息，在信息失真和信息传递成本极低的情况下，由此激发的新的逆向选择和道德风险极易演变为互联网上的金融恐慌事件，并有可能传递到线下金融系统。第二，构建在平台经济和网络效应理论基础之上的互联网金融机构，在整个互联网金融生态系统具有牵一发而动全身的系统重要性。互联网金融机构一旦发生风险事件，不但会涉及其本身，更重要的是会涉及平台所连接的多边市场，在巨大的网络效应下，整个生态系统都有可能被摧毁，由此引发的系统性风险甚至可能会溢出到金融系统之外。第三，互联网金融是聚焦于长尾市场的，而这一市场的参与者主要是风险抵御能力较弱、风险意识淡薄但维权意识较高、人数众多的"草根"。这就决定了互联网金融的风险事件天然是系统性的，一旦发生必然会对经济社会稳定带来极大的冲击。龚明华（2014）也表达了类似的观点。第四，作为互联网金融模式一个细分领域的互联网货币，对现有的货币经济学理论框架带来新的挑战。部分互联网货币，如"比特币"甚至具有"去中心化"的特征，对货币主权、货币理论与政策乃至宏观调控产生了干扰和冲击，而且还带来了与犯罪、恐怖活动等密切相关的洗钱风险。因此，对互联网金融的监管必须在遵循宏观审慎监管原则的前提下，更加重视对系统性风险的防范，以实现维护金融稳定，增强宏观调控有效性的目的。

（二）应体现线上和线下一致性原则，防止监管套利

虽然互联网金融本质上仍然是金融的属性并没有改变，但是也必须认识到互联网金融生态确实表现出了与传统金融模式诸多相异的特征，部分商业模式甚至有颠覆现有模式的可能。究其原因，一方面是互联网金融生态实现了平台经济、长尾理论、网络效应等理论与实践的完美结合；另一方面，更重要的则是现有金融规制框架对其的监管出现了监管真空，没有遵循线上和线下一致性原则。目前，部分互联网金融业务已实现了混业经营，并且在平台经济和网络效应的驱动下互联网金融的跨界经营已形成蔓

延之势，系统性风险隐患不断积聚。在当前我国金融混业经营仍在试点阶段时，互联网金融却以一种近乎失控的方式"野蛮生长"，这实际上是对互联网金融机构的高风险经营给予了先行先试的制度激励，形成了事实上的监管套利，而这是有违公平竞争原则的，也是对现有金融秩序的破坏。因此，对互联网金融生态的金融规制应体现线上和线下一致性原则，在持牌经营、业务准入、信息披露、监管标准等方面实现统一，防止监管套利，促进形成公平、有序的市场竞争环境，维护正常的金融秩序，更好地支持实体经济的发展。

（三）加强监管协调，机构监管、功能监管和行为监管并重，积极探索互联网金融生态的新监管范式

互联网金融生态规制的方法论取决于我们如何看待互联网金融。从当前情况来看，至少有三个视角：第一，从机构视角看。在互联网金融概念下，有众多不同类型的互联网金融机构。这些机构的业务产品、细分市场、运营技术，特别是商业模式都有很强的异质性，对其很难形成统一、明晰的监管标准。第二，从功能视角看。互联网金融所能提供的金融功能不外乎支付、结算、转账、投融资、理财等传统金融功能，并没有超越传统金融功能的范畴。第三，从行为视角看。在新一代互联网技术提供支撑以及存在监管真空的情况下，互联网金融机构的行为异化更为明显，违反监管规则、恶意欺诈等行为更具有隐匿性。现阶段，我国实施的分业监管模式已经难以适应混业经营的发展趋势，更不论这一监管模式对互联网金融规制的适用性了。因此，互联网金融规制应适应我国建立金融业综合监管框架的发展趋势，进一步加强监管协调，机构监管、功能监管和行为监管并重，积极探索互联网金融的新监管范式：第一，当前宜以机构监管模式为主对互联网金融机构进行监管。其优点是有利于和现有监管框架对接，体现监管的效率，但缺点是可能会对互联网金融的创新形成限制。第二，未来则应推动监管模式由机构监管向功能监管转型。这代表了我国金融监管规制模式的发展方向，优点是能够很好地适应互联网金融混业经营的发展趋势，使得监管更具协调性、连续性和一致性，缺点是需要完善的配套机

制建设，实施的难度较高。第三，无论是当前还是未来，在实施机构监管和功能监管的同时，必须对互联网金融实施严格的行为监管，确保其行为合法合规，避免其恶意行为给正常的金融秩序带来毁灭性破坏。第四，积极运用新技术手段，创新对互联网金融业务的监管方法。例如，在互联网安全技术方面，当前的指纹识别、虹膜识别、语音识别、脸相识别等技术已经能够通过交叉验证来确定互联网金融客户的真实身份，从而能够实现以"网签"的形式代替现在监管部门要求的"面见、面签"。再如，随着O2O模式的兴起和爆发式增长，人们的生活将全面互联网化，在O2O模式基础上衍生出来的C2B、C2C、C2M等模式也将成为互联网金融生态中的主流模式。由此必将对网络身份认证、携号转网以及最根本的支付结算问题提出进一步优化完善的需求。对此，监管部门应积极适应技术的发展趋势，对监管制度进行适当的调整优化。

（四）在强化市场治理的基础上，坚持"栅栏原则"，确定系统重要性互联网金融机构标准，防范"大而不倒"的风险

从产业规制和市场竞争的角度来看，对互联网金融生态的理解应跳出传统的线性产业链思维模式，而应以平台经济的思维模式来理解。陈威如、余卓轩（2013）指出，平台商业模式的兴起，为商业竞争的格局带来了重大变革。商业竞争不再只是企业与企业之间的肉搏战，而是更全面、更深层的盈利模式之间的战争，甚至成为跨产业联盟之间的大混战，是生态圈与生态圈之间的战争，存在"赢家通吃"的可能。这一点在互联网金融领域体现得尤为明显，互联网金融在新一代互联网技术的支撑下更容易形成技术垄断，实现"赢家通吃"的障碍很小，最终导致出现"大而不倒"的互联网金融机构。Rochet 和 Tirole（2003）的研究表明，双边市场中的平台竞争行为、策略及其影响因素更为复杂，这一观点对互联网金融的市场竞争也是适用的。因此，对互联网金融的监管有必要在强化市场治理的基础上，对互联网金融进行科学合理的规制，促进形成良好的市场竞争格局：第一，强化市场治理的基础性作用，推动互联网金融机构按照市场化原则公平、有序地开展竞争；第二，坚持"栅栏原则"，合理设定互联网金融的

业务边界，在有效隔离风险的同时，防止互联网金融的无序扩张，抑制其规模冲动；第三，深入研究互联网金融生态系统及各子系统之间的生态关系，厘清监管可能带来的外溢效应，对互联网金融进行科学合理的规制，最小化社会福利损失；第四，参照系统重要性金融机构标准，确定系统重要性互联网金融机构名单，并按照规模、关联度、可替代性、业务复杂性等纬度对其实施审慎监管；第五，要求互联网金融机构设立生前遗嘱，防止"大而不倒"带来的系统性风险。

（五）探索实施负面清单监管模式，鼓励互联网金融创新，促进金融普惠

互联网金融在一定程度上能够缓释信息不对称程度、降低交易成本、增加"草根"和小微企业的金融资源可得性，有利于促进金融普惠，支持实体经济发展。因此，对于互联网金融总体上应持鼓励其创新发展的原则。刘士余（2013）指出，互联网金融有两个底线绝不能碰：一是非法吸收公共存款，二是非法集资。因此，可以在坚持底线思维的前提下，对互联网金融实施负面清单监管模式，鼓励互联网金融创新，促进金融普惠：第一，研究制定互联网金融业务的负面清单，适当扩大其准入空间，给予互联网金融创新较大的自由度；第二，注意结合互联网金融的技术特征和商业模式进行监管，适当提升对互联网金融的风险容忍度；第三，对互联网金融创新的鼓励，必须以遵循前述的监管原则为前提。

附录一　上海新金融研究院简介

　　上海新金融研究院（Shanghai Finance Institute，SFI）是一家非官方、非营利性的独立智库，致力于新金融领域的政策研究。研究院成立于2011年7月14日，由中国金融四十人论坛（China Finance 40 Forum，CF40）举办，与上海市黄浦区人民政府战略合作。研究院的业务主管单位是上海市金融服务办公室，登记管理机关是上海市社团管理局。

　　研究院的宗旨是：探索国际金融发展新趋势，求解国内金融发展新问题，支持上海国际金融中心建设。作为独立、专业、开放的现代化智库，上海新金融研究院努力提供一流的研究产品和高层次、有实效的研讨活动。研究院业务主要包括：SFI闭门研讨会、上海新金融年会、互联网金融外滩论坛、课题研究、《新金融评论》、新金融书系、媒体专栏、学术论文等。

　　中国金融四十人论坛是一家非官方、非营利性的独立智库，专注于经济金融领域的政策研究。论坛成立于2008年4月12日，由40位40岁上下的金融精锐组成，即"40×40俱乐部"。本智库的宗旨是：以前瞻视野和探索精神，致力于夯实中国金融学术基础，研究金融领域前沿课题，推动中国金融业改革与发展。

附录二　上海新金融研究院组织架构与成员名单（2015 年）

研究院顾问委员会成员（按姓氏拼音排序）：

1　方星海　中央财经领导小组办公室国际经济局局长
2　胡怀邦　国家开发银行董事长
3　姜　洋　中国证券监督管理委员会副主席
4　屠光绍　中共上海市委常委、常务副市长
5　王　江　美国麻省理工学院斯隆管理学院金融学教授
6　吴晓灵　全国人大财经委副主任委员、中国人民银行原副行长
7　阎庆民　天津市副市长
8　易　纲　中国人民银行副行长、国家外汇管理局局长
9　袁　力　国家开发银行副行长

研究院理事长：

　　万建华　国泰君安证券股份有限公司董事长

研究院副理事长：

1　郑　杨　上海市金融服务办公室主任
2　王海明　中国金融四十人论坛秘书长

研究院常务理事（截至 2015 年 2 月，按姓氏拼音排序）：

1　陈继武　上海凯石益正资产管理有限公司总经理

2	高克勤	农银金融租赁有限公司总裁
3	关达昌	东亚银行（中国）行长
4	侯福宁	上海农村商业银行行长
5	计葵生	平安陆金所董事长
6	兰 荣	兴业证券股份有限公司董事长
7	李建国	上海银行副行长
8	李 麟	上海浦东发展银行战略发展部总经理
8	李思明	恒信金融租赁有限公司首席执行官
10	李迅雷	海通证券副总裁、首席经济学家
11	连 平	交通银行首席经济学家
12	潘卫东	上海国际信托有限公司董事长
13	潘鑫军	东方证券股份有限公司董事长
14	彭 蕾	阿里小微金融服务集团首席执行官
15	裘国根	上海重阳投资管理有限公司董事长
16	许罗德	上海黄金交易所理事长
17	许 臻	上海清算所董事长
18	杨华辉	兴业国际信托有限公司董事长
19	姚文平	德邦证券有限责任公司董事长
20	赵令欢	弘毅股权投资管理（上海）有限公司总裁
21	周 雄	中泰信托有限责任公司总裁
22	周 晔	汇付天下总裁

理事（截至 2015 年 2 月，按姓氏拼音排序）：

1	郭宇航	点融网联合首席执行官、共同创始人
2	李国红	山金金控资本管理有限公司董事长、总经理
3	盛 佳	网信金融集团首席运营官
4	唐 宁	宜信公司创始人、CEO
5	姚乃胜	京东金融集团副总裁

附录二　上海新金融研究院组织架构与成员名单（2015年）

研究院学术委员会主席：

　　钱颖一　上海新金融研究院院长

研究院学术委员会成员（按姓氏拼音排序）：

1　李迅雷　海通证券首席经济学家
2　连　平　交通银行首席经济学家
3　廖　岷　中国银监会上海监管局局长
4　马　骏　中国人民银行研究局首席经济学家
5　缪建民　中国人寿保险（集团）公司总裁
6　张　春　上海交通大学上海高级金融学院执行院长
7　郑　杨　上海市金融服务办公室主任
8　钟　伟　上海新金融研究院副院长

研究院监事长：

　　许　臻　上海清算所董事长

研究院监事会成员（按姓氏拼音排序）：

　　管　涛　国家外汇管理局国际收支司司长

研究院院长：

　　钱颖一

研究院副院长：

　　钟　伟

研究院常务副院长：

　　王海明

附录三　课题组成员简介

李麟：北京大学管理学博士，现任浦发银行战略发展部总经理、高级经济师、中国金融四十人论坛特邀成员、上海新金融研究院常务理事。主要研究领域为银行战略管理、互联网金融、信贷管理、风险管理。曾在《国际金融研究》、《中国金融》、《21世纪经济报道》、《国际金融报》等学术期刊及专业财经报纸上发表文章100余篇。曾出版《企业价值评估与价值增长》、《移动金融：创建移动互联网时代新金融模式》等著作，以及《十字路口的资本主义》、《超级大循环：正在改变全球市场和投资策略的新经济力量》等译著。其中，《移动金融：创建移动互联网时代新金融模式》曾获得首届中国银行业发展研究优秀成果评选特等奖、2013年上海金融业改革发展优秀研究成果评选一等奖。

刘春彦：同济大学管理学博士，上海交通大学法学硕士。同济大学法学院副教授、民商法专业硕士生导师、院长助理。担任远闻（上海）律师事务所执业律师、高级顾问，上海律师协会期货专业委员会副主任及多家公司的独立董事职务。担任中国银行法研究会理事、中国证券法研究会理事、上海市法学会金融法研究会理事、上海市法学会银行法律实务中心副主任等学术职务。主要研究领域为民法、证券法、公司法、期货交易法、互联网金融法律等。在《中国金融》、《国际金融研究》、《期货日报》、《国际金融报》等报刊发表多篇学术文章，参加多项省部级课题和地方政府委托课题。

索彦峰：南京大学经济学博士、高级经济师，现任职于浦发银行战略发展部。主要研究领域为货币经济学、银行战略管理、互联网金融等。曾深度参与多项国家自然科学基金项目、社会科学基金项目、智库和政府决策咨询项目，在《金融研究》、《经济科学》、《国际金融研究》、《南开经济研究》等经济金融类核心期刊发表学术论文30余篇。

钱峰：北京大学光华管理学院博士后，现任职于浦发银行战略发展部。有着多年金融行业、通信行业等跨领域的咨询和研究经验。目前重点关注互联网金融的发展创新研究。

谢响：现任职于浦发银行战略发展部，从事战略管理、行业发展、同业竞争等领域的研究，并承担过战略规划制订、战略合作推进、对外投资管理等工作。在中国人民大学商学院获得经济学学士学位，在复旦大学经济学院获得经济学硕士学位。

参考文献

[1] CF40 要报:《客观认识互联网金融的本质和阶段性》,2014 (12)。

[2] IBM 商业价值研究院:《智慧地球赢在中国》,2009。

[3] IBM 商业价值研究院:《智慧的银行》,2009。

[4] IMT–2020 (5G) 推进组:《5G 愿景与需求白皮书》,2014–05。

[5] 蔡伟鸿:《移动支付掘金移动支付产业链》,国信证券专题报告,2014–07。

[6] 艾瑞咨询 a:《2014 年中国第三方支付行业年度监测报告》,2014–08。

[7] 艾瑞咨询 b:《2014 年 P2P 小额信贷典型模式案例研究报告》,2014–01。

[8] 安邦坤、阮金阳:《互联网金融:监管与法律准则》,载《金融监管研究》,2014 (3)。

[9] 博迪:《金融体系的功能观点》,载廖理、汪韧和陈璐著《探求智慧之旅:哈佛、麻省理工著名经济学家访谈录》,北京,北京大学出版社,2000。

[10] 曾刚:《互联网金融需要适度监管》,载《新经济导刊》,2013 (10)。

[11] 曾刚:《积极关注互联网金融的特点及发展——基于货币金融理论视角》,载《银行家》,2012 (11)。

[12] 陈富良、王林:《网络规制背景的网络中立及互联网产业链变革》,载《改革》,2013 (2)。

[13] 陈威如、余卓轩:《平台战略》,北京,中信出版社,2013。

[14] 陈运红：《智慧城市专题报告——开启万亿级市场空间，积极布局正当时》，载《齐鲁证券行业专题研究报告》，2014-06。

[15] 道格拉斯·诺斯：《制度、制度变迁与经济绩效》，上海，上海三联书店，1994。

[16] 德勤咨询：《"Bank3.0"时代，银行网点将何去何从?》，2014-12。

[17] 邓建鹏：《互联网金融的发展趋势与风险》，载《互联网金融》，2014（3）。

[18] 第一财经金融研究中心：《中国P2P借贷服务行业白皮书（2013）》，北京，中国经济出版社，2013。

[19] 弗里德里希·冯·哈耶克：《货币的非国家化》，北京，新星出版社，2007。

[20] 宫晓林：《互联网金融模式及对传统银行业的影响》，载《南方金融》，2013（5）。

[21] 龚明华：《互联网金融：特点、影响与风险防范》，载《新金融》，2014（2）。

[22] 郝志运、黄迪：《预先承诺、肥尾效应和监管范式——基于Agent的互联网金融监管仿真研究》，载《金融监管研究》，2014（7）。

[23] 侯维栋：《互联网金融不同于金融互联网》，网易财经，2013-06-29。

[24] 胡庆康、刘宗华、魏海港：《金融中介理论的演变和新进展》，载《世界经济文汇》，2003（6）。

[25] 霍学文：《互联网金融的发展框架与哲学思考》，2014。

[26] 卡尔·夏皮罗、哈尔·瓦里安：《信息规则：网络经济的策略指导》，北京，中国人民大学出版社，2000。

[27] 凯文·凯利：《新经济新规则——网络经济的十种策略》，北京，电子工业出版社，2014。

[28] 克里斯·安德森：《长尾理论》，北京，中信出版社，2012。

［29］李煜、吕廷杰、郝晓烨：《双边市场理论与应用研究现状综述》，载《首都经济贸易大学学报》，2013（2）。

［30］李麟：《互联网金融发展中存在的问题及风险》，载《CF40 研究周报：2014 中国金融四十人论坛年会特辑》，2014（246）。

［31］李麟：《互联网革新让银行只能再活二十年》，搜狐财经，2014。

［32］李麟、冯军政：《互联网金融：为商业银行发展带来"鲶鱼效应"》，载《上海证券报》，2014-01-22。

［33］李麟、钱峰：《移动金融：创建移动互联网时代新金融模式》，北京，清华大学出版社，2013。

［34］励雅敏、黄耀锋、王宇轩：《招商银行小企业 e 家：打造银行线上小微供应链金融旗舰门户》，载《平安证券专题研究报告》，2014-06。

［35］李真：《互联网金融：内生性风险与法律监管逻辑》，载《海南金融》，2014（3）。

［36］廖岷：《点评互联网金融监管需要思考的前瞻性课题》，载《CF40 研究周报：2014 中国金融四十人论坛年会特辑》，2014（246）。

［37］林采宜：《互联网金融只是信息时代的一种金融模式》，载《CF40 研究周报》，2013-04-25。

［38］刘士余：《在互联网金融·中国峰会 2013 上的讲话》，2013-08-13。

［39］罗伯特·斯考伯、谢尔·伊斯雷尔：《即将到来的场景时代》，2014-05。

［40］罗纳德·科斯：《企业的性质》，上海，上海三联书店，上海人民出版社，1994。

［41］马云：《金融行业需要搅局者》，载《人民日报》，2013-06-21。

［42］麦肯锡全球研究院：《中国的数字化转型：互联网对生产力与增长的影响》，2014-07。

［43］奥兹·夏伊：《网络产业经济学》，上海，上海财经大学出版社，2002。

［44］平迪克：《微观经济学》，北京，中国人民大学出版社，2000。

［45］清科集团：《中国众筹商业模式月度统计分析报告》，2014-05。

［46］钱德勒：《企业规模经济与范围经济——工业资本主义的原动力》，北京，中国社会科学出版社，1999。

［47］埃森哲：《全时银行》，2014-07-28。

［48］埃森哲：《物联网银行》，2014-04-25。

［49］上海市人民政府：《关于促进本市互联网金融产业健康发展的若干意见》（沪府发〔2014〕47号），2014-08-04。

［50］孙力、祁益峰：《P2P网贷行业将进入快速成长期——看好陆金所平台转型》，载《莫尼塔金融创新研究报告》，2014-07。

［51］孙明春：《互联网金融的是与非》，载《CF40研究周报——互联网金融的监管与创新》，2014（243）。

［52］陶娅娜：《互联网金融发展研究》，载《金融发展评论》，2013（11）。

［53］万建华：《金融e时代：数字化时代的金融变局》，北京，中信出版社，2013。

［54］王曙光：《互联网金融的哲学》，载《中共中央党校学报》，2013（12）。

［55］奥利佛·威廉姆森：《交易费用经济学：契约关系的规制》，载《企业制度与市场组织——交易费用经济学文选》，上海，上海三联书店，上海人民出版社，1996。

［56］闻中、陈剑：《网络效应与网络外部性：概念的探讨与分析》，载《当代经济科学》，2000（6）。

［57］吴晓灵：《从互联网金融看新金融的发展空间》，在"第一届新金融联盟峰会"上的演讲，2014-06-29。

［58］吴晓求：《中国金融的深度变革与互联网金融》，载《2014年中国资本市场论坛报告》。

［59］谢平、邹传伟、刘海二：《互联网金融手册》，北京，中国人民大

学出版社，2014。

［60］谢平、邹传伟：《互联网金融模式研究》，载《金融研究》，2012（12）。

［61］徐晋：《平台经济学：平台竞争的理论与实践》，上海，上海交通大学出版社，2007。

［62］徐诺金：《论我国的金融生态问题》，载《金融研究》，2005（2）。

［63］阎庆民：《互联网金融热潮：根源、风险与监管》，载《CF40研究周报：互联网金融的发展、风险与监管》，2014（260）。

［64］杨再平：《互联网金融之我见》，载《证券时报》，2013-10-16。

［65］易观智库：《基于LBS的O2O发展专题研究报告》，2013。

［66］浙江省人民政府：《浙江省促进互联网金融持续健康发展暂行办法》（浙金融办〔2015〕8号），2015-01-29。

［67］中国人民银行：《中国金融稳定报告2014》，2014-05。

［68］钟伟：《互联网金融理论支撑：复杂系统论和平台经济学》，载《第一财经日报》，2014-04-02。

［69］中信证券研究部：《移动互联决胜O2O》，2014-05。

［70］张杰：《金融中介理论发展述评》，载《中国社会科学》，2001（11）。

［71］张维迎：《詹姆斯·莫里斯教授与信息经济学》，载《詹姆斯·莫里斯论文精选》，商务印书馆，1997。

［72］张五常：《交易费用的范式》，载《社会科学战线》，1999（1）。

［73］张晓朴：《互联网金融监管的原则：探索新金融监管范式》，载《金融监管研究》，2014（2）。

［74］周小川：《完善法律制度，改善金融生态》，载《金融时报》，2004-12-07。

［75］Alchian, Armen. Uncertainty, Evolution and Economic Theory. Journal of Political Economy, 1950, 58 (6): 211-221.

[76] Armstrong, M. Competition in Two-sided Markets. University College, London, 2004.

[77] Bodie, Z. and Merton, R. C. Pension Benefit Guarantees in the United States: A Functional Analysis. In R. Schmitt, Ed., The Future of Pensions in the United States, Philadelphia, PA, University of Pennsylvania Press, 1993.

[78] Bodie, Z. and Merton, R. C. Finance, First Edition, Prentice Hall, Inc., 2000.

[79] Carl J. Dahlman. The Problem of Externality. The Journal of Law and Economics v22. 148, 1979.

[80] Caillaud, B. and B. Jullien. Chicken & Egg: Competition among Intermediation Service Providers. RAND Journal of Economics, 2003, (24).

[81] Diamond, D. W., Dybvig, P. H. Bank Runs, Deposit Insurance and Liquidity. Journal of Political Economy, 1983, 91 (3), June, 401-419.

[82] Ecnomides, Nicholas. The Economics of Networks. International Journal of Industrial Organization, 1996, 14 (2).

[83] General Electric. Industrial Internet: Pushing the Boundaries of Minds and Machines, 2012.

[84] Jean-Jacques Laffont, Jean Tirole. Using Cost Observation to Regulate Firms. Journal of Political Economy, 1986, 94 (3): 614-641.

[85] Jean-Charles Rochet and Jean Tirole. Platform Competition in Two-Sided Markets, Journal of European Economic Association, 2003, (01).

[86] Katz, Michael L. and Shapiro, Carl. Network Externalities, Competition, and Compatibility, American Economic Review, June 1985, 75, 424-440.

[87] K. Arrow. The Organization of Economic Activity. Issues pertinent to the Choice of Market Versus Nonmarket Allocation. In Joint Economic Committee, United States Congress, The Analysis and Evaluation of Public Expenditure: The PPB Systems, Vol. 1, 47-64. Washington, D.C: Government Printing Office, 1969.

[88] Leland, H, Pyle, D. Informational Asymmetries, Financial Structure and Financial Intermediation. Journal of Finance, Vol. 32, No. 2, 1977.

[89] Liebowitz, S. J. and Stephen E. Margolis. The Fable of the Keys. Journal of Law and Economics, April, 1990.

[90] Liebowitz, S. J. and Stephen E. Margolis. Network Externality: An Uncommon Tragedy, Journal of Economic Perspectives, Volume 8, Number 2, Spring 1994.

[91] Liebowitz , S . J. and Margolis, Stephen E. Are Network Externalities a New Source of Market Failure. Research in Law and Economics, 1995 , (17) .

[92] Michael C. Jensen and William H. Meckling. Theory of the Firm: Managerial Behavior, Agency Costs, and Ownership Structure Economics Social Institutions. Rochester Studies in Economics and Policy Issues Volume 1, 1979, 163 – 231.

[93] Merton, R. C. and Bodie, Z. Deposit Insurance Reform: A Fundational Approach. In A. Meltzerand C. Plosser. Eds. , Carnegie Rochester Conference Series on Public Policy, Vol. 38 (June), 1993.

[94] Merton, R. C. and Bodie, Z. A Framework for Analyzing the Financial System. In Crane at al. , Eds. , The Global Financial System: A Functional Perspective, Boston. MA, Harvard Business School Press, 1995.

[95] Merton, R. C. 1995. A Functional Perspective of Financial Intermediation. Financial Management, Vol. 24, No. 2, Summer, 1995, 23 – 41.

[96] Nelson Richard R. , Sidney G. Winter. An Evolutionary Theory of Economic Change. Cambridge, Mass, Belknap Press, 1982.

[97] Panzar John C, Willig Robert D. Economic of Scale and Economic of Scope in Multi – output Production. Economics Discussion Paper, No. 33, Bell Laboratories, 1975.

[98] Preserving the Open Internet, GN Docket No. 09 ~ 191, WC Docket No. 07 ~ 52, Report and Order, 25 FCC Rcd 17905, 2010: 43 ~ 112.

[99] Rochet, J. and J. Tirole. Platform Competition in Two - sided Markets. Journal of European Economic Association, 2003, (1).

[100] Roson, R. Auctions in a Two - sided Network: The Case of Meal Vouchers. Ca'Foscari University of Venice, 2004.

[101] Shapiro, C. and Varian, H. R., Information Rules: A Strategic Guide to the Network Economy. Cambridge, MA: Harvard Business School Press, 1999.

[102] Shy, Oz. The Economics of Network Industries. Cambridge, UK: Cambridge University Press, 2001.

[103] Sun, Mingchun. Weaving a Two - sided Network: Winning Strategies in Network Platform Competition, VDM Verlag Dr. Muller, 2007.

[104] The Industries 4.0 Working Group. Recommendations for Implementing the Strategic Initiative, INDUSTRIE 4.0, April 2013.

后　　记

　　战略是一门科学，同时也是一门艺术。为密切跟踪、评估、顺应信息通信技术（ICT）对商业银行经营及战略的影响，本人一直对信息科技领域保持着浓厚的兴趣。从在工商银行总行信贷管理部负责电信行业信贷业务管理算起，至今已持续跟踪研究 ICT 技术发展 15 年有余。一直以来，浦发银行都对 ICT 技术的发展保持了高度关注，并将 ICT 技术的应用拓展到战略的高度。从此，ICT 技术与浦发银行的战略管理结下了不解之缘。2008 年至 2009 年，浦发银行战略发展部按照全行战略的统一部署，加大了对移动金融的研究。2010 年，部门作为牵头单位参与了浦发银行引入中国移动作为战略投资者项目的整个流程。浦发银行也以此为契机，与中国移动在移动金融方面展开了全面的战略合作，全面迎接移动社会的全面到来。

　　在此过程中，战略发展部的互联网课题研究团队对移动支付、移动银行模式、移动金融进行了较为系统的研究，在推动和促进浦发银行与中国移动的战略合作中发挥了积极的作用。战略发展部的许多同事利用业余时间阅读了大量相关材料，撰写了多篇内参文章，形成了互联网金融研究的"蘑菇"效应。其中一些文章，比如《互联网金融为商业银行发展带来"鲶鱼"效应》等引起了社会的广泛关注。我本人参加的一些论坛，相关内容也在各类月刊、报纸及网络媒体上转载。2013 年，在以往研究的基础上，由浦发银行吉晓辉董事长作序，本人和钱峰博士撰写的《移动金融：创建移动互联网时代新金融模式》一书正式出版。该书是国内第一本移动金融领域的理论著作，建立了移动金融的基础研究框架，并系统化地提出了现阶段我国商业银行移动金融的发展策略，具有一定的开创性意义。该书获得了首届中国银行业发展研究优秀成果评选特等奖,以及2013年上海金融业改革发展优秀研究成果评选一等奖。

2013年可谓是互联网金融元年。在大数据、云计算、社交网络、移动互联网、物联网等新一代互联网技术快速发展的支撑下,互联网金融迎来爆发式发展,相关的理念开始引爆,商业模式创新风起云涌。在这一背景下,我们承接了上海新金融研究院关于互联网金融研究的内部课题,并荣幸地邀请到天津市副市长、中国银监会原副主席阎庆民作为课题的学术顾问。2014年12月6日,上海新金融研究院与中国金融四十人论坛在上海联合召开了内部课题评审会暨互联网金融外滩论坛,会议主题为"互联网金融时代的银行业:机遇与挑战"。在这次课题评审会上,我们正式提出了互联网金融的生态观,并对互联网金融生态的定义、理论基础、特点、内涵、范围及相应的规制问题进行了初步的阐述。天津市副市长、中国银监会原副主席阎庆民,中国人民银行副行长潘功胜,中国投资有限公司副总经理谢平,国泰君安证券董事长万建华,上海银监局局长廖岷,中国人民银行金融研究所副所长温信祥等领导和专家参加了这次会议。按照上海新金融研究院内部评审程序,多名评审专家以及学术委员会均对该研究课题进行了指导,并提出了进一步完善的建议。

在中国金融四十人论坛秘书长、上海新金融研究院常务副院长王海明同志的大力推动下,我们根据课题顾问阎庆民副市长及各位评审专家的意见,对课题进行了进一步的修改完善,最终形成了呈现在诸位面前的内容。在此,我代表我们的互联网课题研究团队对上述领导、专家致以衷心的感谢!

本书的创新之处主要体现在以下几个方面:第一,提出了一个不同于当前研究的新的互联网金融定义。我们认为,互联网金融是传统金融功能在与新兴的ICT技术叠加与嬗变的基础上形成的,能够以便捷、低成本、高效率方式服务于互联网生态,既包括传统实体经济,又涵盖互联网制造、互联网贸易、互联网生活等新兴领域的新型金融模式。第二,首次提出了互联网金融的生态观,并对互联网金融生态的内涵、范围、理论基础和特点进行了系统全面的论述。解决了互联网金融产品创新的跨界经营问题，从理论上解释了平常大家经常说的"羊毛出在猪身上，猴数钱、牛买单"现象，为互联网金融产品设计提供了"场景"背景和理论依据。第三，对构成互联网金融生态的子系统——比特世界、互联网生活、互联网制造的内涵及其与互联网金融生态的作用和相互影响进行了系统和全面的分析。说明了互联网金融赖以生存的生态体系以及潜在的客户对象和产品市场。第四，基于互联网金融生态，指明了互联网金融模式的创新发展方向。本书认为，在新一代互联网技术快速发展的背景下，互联网金融模式创新将依托互联网金融生态系统，沿着比特世界、互联网生活、互联网生产和互联网金融自身进化四个维度发展。就具体的创新领域而言，互联网金融至少会在比特世界、大众客户、小微企业、科技企业、制造企业、智慧城市、直销银行、金融同业八个领域演化发展出新的创新模式。第五，构建了互联网金融生态的整体规制框架，同时在产业规制、法律规制、金融规制三个方面提出了系统的规制原则，对于促进我国互联网金融生态的健康和可持续发展具有重要的政策借鉴意义。

  本书的基础框架和论证思路是我本人在各类论坛的演讲基础上形成的。在前期思路形成的过程中，钱峰博士、聂召博士、刘彬博士多次参与PPT制作，对有关文字材料进行初步整理和完善；在中期课题立项以及本书的撰写过程中，索彦峰博士承担了大量组织协调工作，负责本书立项的文字材料准备、全文梳理以及与出版社联系的各项具体事项。同济大学法学院的刘春彦副教授作为跨学科的受邀专家，和浦发银行的索彦峰博士、钱峰博士、谢响一起参与了整个课题的讨论、评审，并分别承担了主要章节的撰写任务。刘彬博士、聂召博士负责全书的图表绘制、资料收集和格式规范等具体工作；上海交通大学高级金融学院MBA赵云松、浦发银行的吴娇也参与了部分问题的讨论，并对书稿内容做出了积极贡献。

  在本书的写作过程中，得到了浦发银行的有关领导和同事的大力支持。感谢吉晓辉董事长始终给予的鼓励和指导，可以说没有吉晓辉董事长的关心和支持，就不会有面前这本书的面世。感谢姜明生副行长在本书撰写框

后 记

架和内容上给予的整体把握和积极建议；感谢电子银行部丁蔚总经理富于创意的观点碰撞以及能够为本书提供的鲜活素材和案例。浦发银行领导以及同事对研究团队的支持，使本书的内容能够成为理论加实践的范例。

最后，感谢中国金融四十人论坛王海明秘书长、上海新金融研究院院长助理郭峰博士、中国金融四十人论坛编辑部马冬冬女士为本书出版所付出的辛苦工作。中国金融出版社张铁为本书出版做了大量的编辑、校对工作，在此也一并表示感谢。

本书是中国金融四十人论坛、上海新金融研究院的内部课题研究成果，仅代表我们的学术观点，不代表我们所在单位、中国金融四十人论坛、上海新金融研究院的立场。

李麟

2015 年 3 月于黄浦江畔